ルソーと方法

Rousseau et la méthode | *Masashi Fuchida*

淵田 仁

法政大学出版局

ルソーと方法◉目次

第二部　歴史の方法

凡例

引用

1 外国語文献の邦訳を引用する場合、特に断りなく訳文を改める場合がある。
2 外国語文献を参照する際に、既存の邦訳がある場合はその書誌情報および頁数を〔 〕内で示す。

表記

1 〈 〉は、句節を強調するときに用いる。
2 傍点は、文章を強調するときに用いる。
3 引用内の傍点は原文の強調ないしイタリックの箇所を指し、傍線は引用者による強調を指す。
4 引用内の〔 〕は、(i) 引用文の原語、(ii) 引用者による言い換え、補足を意味する。
5 引用内の斜線(／)は引用元の改行を意味する。
6 引用内の(……)は、省略を意味する。
7 原語を〔 〕で示す際、読みやすさを考慮し、動詞を不定詞にて示すことがある。
8 原語に関しては、現代表記を用いる。
9 『 』は、書名、紙誌名を示すときに用いる。作品内作品や単一の著作として見なされえない場合は、「 」を使用することもある。
10 フォリオ版など引用元が二段組みの場合、同一頁の左欄をa、右欄をbとして頁数の末尾に表記する。

略　記

ルソーの著作

1 引用は、主にプレイヤード版全集を用いる。邦訳としては『ルソー全集』（白水社）を用いる。
2 引用する際には、「仏語作品名、略記＋巻数、頁数〔邦訳全集版巻数、頁数〕」を示す。
3 他のエディションを用いる場合は適宜示す。

OC : *Œuvres complètes de Jean-Jacques Rousseau*, édition publiée sous la direction de Bernard Gagnebin et Marcel Raymond, 5 vols., Paris, Gallimard, « Bibliothèque de la Pléiade », 1959–1995.

CC : *Correspondance complète de Rousseau*, édition critique établie et annotée par Ralph Alexander Leigh, 52 vols., Genève, Institut et Musée Voltaire, 1965–1998.

ET : *Œuvres complètes*, éd. thématique du Tricentenaire, 24 vols., Genève, Slatkine / Paris, Honoré champion, 2012.

他の略記

1 引用する際には、ルソーの著作と同様に、「仏語作品名、略記＋巻数、頁数」を示す。邦訳が存在する場合は適宜〔　〕内で示す。

AJJR: *Annales de la société Jean-Jacques Rousseau*, Genève, Droz, 1905–.

AT : DESCARTES, René, *Œuvres de Descartes*, 11 vols., éditées par Charles Adam et Paul Tannery, Paris, Vrin, 1996.

Enc. : *Encyclopédie, ou Dictionnaire raisonné des sciences, des arts et des métiers, par une société de gens de lettres*, 17 vols., in-fol., Paris, Briasson, David, Le Breton, Durand, 1751–1765.

HN : BUFFON, Georges-Louis Leclerc, *Œuvres complètes, Histoire naturelle, générale et particulière, avec la description du Cabinet du Roy*, 10 vols., Texte établi, introduit et annoté par Stéphane Schmitt avec la collaboration de Cédric Crémière, Paris, Honoré champion, 2007–.

OP : CONDILLAC, Étienne Bonnot de, *Œuvres philosophiques*, éditées par Georges Le Roy, Corpus général des philosophes français, 3 vols., Paris, PUF, 1947–1948.

SVEC : *Studies on Voltaire and the Eighteenth Century*, Oxford, The Voltaire Foundation.

ルソーと方法

j'ai le sentiment intérieur qui ne s'arrange pas par syllogismes,
mais qui convainc plus que le raisonnement.

私には三段論法によってはどうにも整序できない内的感覚があるが、
これは推論よりも説得力がある。

――ルソー、手稿断片

je ne dispute jamais,
persuadé que chaque homme a sa manière de raisonner qui lui est propre en quelque chose,
et qui n'est bonne en tout à nul autre que lui.

私は決して議論をいたしません
と申しますのも、各々の人間は何においてもその人なりの推論する方法を持っており、
その方法は各人以外の何者にもまったく良いものではない、ということを私は確信しているからです。

――ルソー、カロンドレ神父への手紙

はじめに

哲学とは何か――。この問いを発することは控えよう。

では、次のような問いに対しては何を語れるだろうか。哲学的に考えるとは何か――。

私たちが何かについて哲学的に考えようとするとき、実際にはどのように思考しようとしているのだろうか。例えば、〈論理的に考える〉がこの場合の〈哲学的に考える〉を意味すると言えるかもしれない。あるいは、何らかの事物について根源まで遡ってその本質を捉えようとする行為が〈哲学的に考える〉ことになるのかもしれない。つまり、表面的にではなく深く、厳密に思考しようとする行為が哲学的に考えることだと言える。

もっと別の考えは存在しないだろうか。つまり、〈哲学的に〉という表現には日常生活における思考とは別種のニュアンスが存在するのではないか。つまり、私たちの日常には〈深さ〉は必要ないという信念である。なんとなく行動し、他者との社会的なコミュニケーションをなんとかやり過ごし、機械的にものを食べ、なにかを消費する日々。こうした描写がすでにある種の凡庸な哲学性を帯びてしまうとは言え、なるほど〈哲学的に考える〉とはこうした生活世界とは無縁であるというのが、哲学することを望む者たちの欲望ではないか。

ところで、こうした発想は哲学をなにか高尚なもの、脱社会的なもの、純粋なものとみなす考えに由来している。つまり、哲学的に考えることとは真剣になされなければならず、表層的な緩さは許されない、そういう規範性が前提とされている。それは真理を探究する者の定めである――。

だが、この哲学的な行為そのものもひとつの社会的な振る舞いのあり方とは言えないだろうか。それは何かの身振りとして、演技として、社会のなかで機能することを欲しているのではないか。ここで私が言いたいのは、真理を探究する偉大な哲学者として見られたいという凡庸な欲望についてではない。そうではなく、自らの思考の軌跡を言葉として表現する際に、その言葉の裏に厳密な思考が存在するのだと他者に伝え知らしめたいという欲望である。

穿った見方だろうか。私は哲学を貶めていないだろうか、と不安になる。しかし、私は哲学書と呼ばれる書物を読む時、こうした欲望を感じとってしまう。眼前にあるテクストを哲学的なそれとして読もうとするときに、私はそのテクストに付随する著者のイメージや活字の雰囲気等々からその哲学的な姿勢を読み取ろうとしてしまう。つまるところ、哲学的に思考しているかどうかを私たちは書かれたものの意味内容それ自体だけからではなく、ときに様々な要素から受け取ってしまう。哲学者がどれだけ哲学的に厳密さをもってテクストを書いたとしても、読み手はテクスト内容の外から応答しうる。

当たり前のことにすぎないこの着想は、哲学思想史というある程度固着した歴史のなかにも適応できるのではないだろうか。つまり、思想史上展開されてきた議論は、厳密になされてきた思惟の連鎖などではなく、その歴史は人々が互いに反応しあう――ときに黙殺し合う――コミュニケーションの歴史であったはずだ。そのとき、哲学者たちがどのような仕方で書き伝えようとしたのか、その方法を浮き彫りにする必要がある。内容それ以上に方法が問題なのだ。方法とは、身振りとして、演技として、テクスト上で意味を産出していくコードである。つまり、方法とはひとを真理へと誘うものであると同時に、あるものを真理と思わせる武器でもある。

十八世紀フランスにおいて、ひとは哲学者《フィロゾーフ》という語に特別な意味を与えていた。この語には哲学する人に対する羨望、期待、侮蔑等々、様々なコノテーションが付与されていた。あるフィロゾーフは、既存権力と対峙するために哲学し、別のフィロゾーフは反権力的フィロゾーフを論駁することに専念していた。社会から隠遁し、静かな生を過ごしつつ思索に耽るような哲学者はフィロゾーフと呼ばれるには値しなかった。どのような立場であろうと、彼らは動くことをやめなかった。否、やめることができなかった、という方が適切であろう。というのも、啓蒙の世紀のフィロゾーフたちは否が応でも言論空間という公共的なスペクタクルのなかに巻き込まれてしまうからだ。

この意味において、本書が分析の対象とするジャン゠ジャック・ルソーはまさしくこうした言論空間に囚われ続けたフィロゾーフであった。『学問芸術論』で華々しくデビューし、ヴォルテールやディドロといったフィロゾーフたちと激しく論戦し、ときに疲れ果て、引き篭もり、しかしまた『社会契約論』といった概念の武器庫とも言える哲学書を書き、同時に『新エロイーズ』という恋愛書簡小説を書き、晩年には狂ったように自己の歴史を書き続け死んだ。彼はつねに舞台の上のひとであった。

それでは、このような生を駆け抜けたルソーのテクストをどう読めばよいのか。人々からの様々な視線に晒され続けた彼が書いたテクストを厳密な思惟の反映としてのみ読むのではなく、別なる可能性として読むこと。それが方法という観点を本書で導入する理由である。これ以上は序論をお読みいただき、その意義の評価については読者の判断をお待ちする。

本書は、序論から順に読まれることを欲している。一見、無関係そうな複数の主題から各章は構成されているが、第一章から第六章まで議論は一本の線になるよう織られている。また、ルソーのテクストに馴染みがある人々にとって、本書の議論は奇異なものに映るであろう。社会を批判し、人民主権を打ち立てた勇ましい思想家の姿は本書には存在しない。あまりにも些細で、たわいもない彼のテクスト群が引用されながら、本書の議論は展開してゆく。あえてルソーの思想に正面から挑むことを避けつつ、迂回しつつ弧を描くようにルソーを読むこと。それこそ、本書が目指す読解の方法である。

序論　方法をめぐる問い

第一節　問題構成

本書は、ジャン＝ジャック・ルソー（Jean-Jacques Rousseau, 1712–1778）のテクストを方法 méthode の観点から読むことを目的としている。私たちの問いをより明確にするためには、まず方法という言葉で私たちが何を想定しているかを言明しなければならないだろう。ただ注意すべきは、本書はルソーの方法を彼のテクスト全体から切り取ることを目的としているのでもなく、ルソー哲学全体を貫く方法を明らかにすることを目指すわけでもない。問いは、ルソーと方法である。

それでは、本書の軸をなす方法とは何か。この点を明確化するために、私たちの問題意識をいくつかのトピックに分割しつつ議論を進めていこう。そしてこの問題設定の作業を通じ、私たちはルソーのテクストを読む上で、なぜ方法の観点が重要となるのかを知ることになるだろう。

（a）方法への嫌悪とその不在、山師ルソー

方法を主題に設定しルソーのテクストを横断的に読解することが本書の目的であるのだが、まず指摘しておくべきことは、ルソーが方法に対して嫌悪を感じていたこと、かつ自らのテクストには方法は存在しないとルソーが述べていたことである。その例証としてベネディクト会修道士ドン・デシャン（Dom Léger Marie Deschamps, 1716–1774）へ宛てたルソーの書簡を引用したい[1]。一七六一年九月十二日付書簡にて、『エミール』出版をめぐる諸々の困難から精神的に困憊していたルソーは、次のような自虐的な自画像を提示している。

> 私の推論〔raisonnement〕が不正確であると貴方はたいそうご親切に私を叱りつけます。お気づきになりましたか、私はある種の対象を実によく見ることはできる〔voir〕のですが、それを比較する〔comparer〕ことは少しもできないのです。命題はかなり豊富に湧き出るくせに、帰結は一向に見えないのです。貴方がたが神のように崇める秩序や方法〔ordre et méthode〕は私にとって忌み嫌うべきものなのです。私の頭に浮かぶのはばらばらなことばかりで、私の著書のなかで観念を結びつけるというよりは、私は山師のやり口のような〔命題の〕つなぎ方[2]〔charlatanerie de transitions〕を使い、貴方がた大哲学者たちはまっさきに騙されてしまわれるのです[3]。

この名もなき対話者に宛てた書簡のなかで、ルソーは自らの執筆スタイルについて語っている。いわば、これは一種の種明かしとして機能することを欲しているような書簡である。ジャン＝ジャックにとってのルソーとは、

対象を「よく見る」ことはできるが「比較する」ことはできない人間、頭のなかで数多くの「命題」を思いつくことはできるが「帰結」を引き出すことはできない人間である。ルソーによれば、そのような人間には「秩序や方法」といったものは存在しない。彼にあるのは「ばらばら」な思考でしかない。そして、その断片的な思考を

（1）ドン・デシャンおよび彼とルソーの往復書簡の発端については第一部第二章第一節を見よ。

（2）この訳については幾分説明が必要であろう。« charlatanerie de transitions » は直訳すれば、「移行の山師的振る舞い」とでも訳せようか。« transitions » について、ここではばらばらな状態にある複数の観念を結びつける、ないしある観念から本来は結びつかない別の観念へと飛躍することを「移行〔transitions〕」という語を用いて表現したと考えられる。« charlatanerie » に関しては、ディドロ執筆による『百科全書』項目「山師のやり口」を参照することが有益であろう。これは公衆の面前でテーブルを浮遊させるような山師の手口を意味するが、ディドロは山師 charlatan と衒学者 pédant の区別を指摘している。後者は「取るに足らないことを買いかぶり、それを素晴らしいものだと心から思う」のに対し、山師は「自らが買いかぶっているものの価値がないことを知っている」人間である（DIDEROT, *art.* « CHARLATANNERIE », *Enc.* III, 1753, p. 210a）。この対比は、項目「博物誌の陳列室」（ドーバントン執筆）の末尾でのディドロによる項目介入においても登場する（ディドロはしばしば他の執筆者項目にアステリスク（*）を付し、その項目に介入する）。「衒学的なやり口は誠実な人間を不愉快にさせ、山師のやり口は学問の進歩を遅らせる」（DIDEROT, * *art.* « CABINET D'HISTOIRE NATURELLE », *Enc.* II, 1752, p. 490b）。以上の記述から、「山師」とは自らの行為の欺瞞性を認識しつつ行為することであり、学問の進展を阻害する悪徳であるといえよう。ゆえに、「山師のやり口」とルソーが書くとき、そこには〈分かってやっている〉という自己意識のコノテーションが強く表れていると言える。

（3）*Rousseau à Dom Léger-Marie Deschamps*, le 12 septembre 1761, n° 1490, *CC* IX, pp. 120–121.〔十三、五三九頁；『ドン・デシャン哲学著作集』、野沢協訳、法政大学出版局、二〇〇七年、四五一頁。〕

あえて「山師のやり口」によって他者に示すことがルソーのやり方なのだ。(4)

ところでドン・デシャンとのやり取りの後に出版された『エミール』において、ルソーは「鎖」の比喩を用いて「哲学者たちの方法」について言及している。

あらゆる学問を共通の原理に結びつけ、それら学問を次々と発展させていく一般的真理の鎖〔une chaîne de vérités générales〕がある。この鎖が哲学者たちの方法〔méthode〕なのである。(5)

この二つの引用からルソーが「方法」という語で具体的に何を指し示していたかは定かではないが、少なくともルソーにおいて方法とは〈バラバラな諸要素を一なるひとつの全体性へと繋ぎ合わせる〉ないし〈非連続的なものを連続的なものにする〉ことであると言える。これらの知的方法によってこそ、ひとは何らかの「帰結」を引き出すことができる。ゆえに、哲学を生み出す哲学者《フィロゾーフ》は方法を持たねばならない。けれども、ジャン＝ジャックにとってルソーとはそのような哲学者ではなかった。むしろ、哲学者になることをルソーは常々否認していた。(6)だがこれらの自己表象から、ルソーは方法を完全に放棄していたと言えるだろうか。少なくとも見かけ上、ルソーは他者に対して方法を有する哲学者として振る舞っていた。ないし、他者の目にはルソーは方法を有する哲学者に映っていた。ヤニック・セイテによれば、当時多くの哲学者たちは断想形式によって書くことを好んでいたが、ルソーはこの風潮を軽蔑していた。「十八世紀の多くの著者とは逆にルソーは、繋がった言説こそ、自らの作品に与えている社会的効用の企てに最も適したものだと考えている」(7)。ディドロやヴォルテールらの断想形式の作品が流行していた時代状況を鑑みれば、ルソーのドン・デシャンへの〈告白〉はこの断想形式への軽視と解釈できる。上手く繋ぐことはできないかもしれないが、ばらばらなものをひとつに繋ぎ合わせようとする掟を自らに課している、というルソーの自意識の表れとして考えることもできよう。このように考えれば、ルソーの「山師のやり口」は「哲学者の方法」として彼らの間で機能することを欲していた。少なくとも、ルソーは他

(4) この書簡の内容と類似するものとして、断片集『我が肖像』を指摘することもできる。「散歩のとき以外に私は何もしない。田園が私の書斎である。机や紙、書物といった光景は私をうんざりさせ、仕事道具は私の気力を失わせる。ものを書こうと腰を落ち着けたとしても、何も浮かんでこないし、才気を働かせねばならぬ必要がその才気を私から奪ってしまうのだ。ばらばらで脈絡のない私の思考を紙切れに投げつけ、それからそれらすべてをなんとかつなぎ合わせ、そうして私は一冊の書物を作り上げる。どんな書物か判断してみたまえ。瞑想し、探求し、考えだすのは楽しいが、これらを秩序立てるのは苦痛である。私が推論よりも才気をより多く持ち合わせているという証拠に、〔ばらばらな思考を〕つなげること〔transitions〕はつねに私にとってもっとも辛いことなのである。頭のなかでは思考が互いに結びついているのに、うまくいかない。その上、生来の頑固さから、この厄介さにあえて自分で抗ったりしているものだから、自分の書いたものすべてに続きを書きたくなってしまう。これ〔『社会契約論』〕は私が章ごとに分けて書いた初めての作品である」(Rousseau, *Mon portrait*, OC I, pp. 1128–1129.〔三、三九九—四〇〇頁〕)。

(5) Rousseau, *Émile*, OC IV, p. 436.〔六、二二四頁。〕

(6) 「私は哲学者になろうと希ったことはけっしてありませんし、そのように見せようとしたこともけっしてありません。私は哲学者であったことも、あることも、また、あろうとも思いません。」(*Rousseau à Charles-Hubert Méreau*, le 1er mars 1763, n° 2519, CC XV, p. 249.〔十四、一二八頁。〕)

(7) ヤニック・セイテ「分離した言表から分離可能な言表へ」(増田真訳)、『ルソーと近代』、永見文雄・三浦信孝・川出良枝編、風行社、二〇一四年、六八頁。

者からそう思われるような戦略をとっていたことをドン・デシャンに打ち明けていた。ゆえに、〈ルソーと方法〉という問いを検討する際には、単なる〈方法の嫌悪〉が問題となるだけではなく、〈方法の偽装〉という問題も同時に立ち現れることになる。(8)

(b) ヴァンセンヌのイリュミナシオン、方法なき哲学者の起源

私たちはドン・デシャンへの手紙で書かれた方法を拒否するルソーの態度を、彼の作家人生——もしくは偽‐哲学者人生——の起源として名高いエピソードのなかにも見いだすことができる。それが〈ヴァンセンヌのイリュミナシオン〉である。

一七四九年の夏、ディドロは『盲人書簡』の無神論的かつ唯物的内容を当局に摘発され、ヴァンセンヌ城に幽閉された。当時、ルソーは友人ディドロと面会するため、パリから離れたヴァンセンヌ城へよく散歩をしていた。ある日、ルソーはいつものようにディドロに会いに散歩へと出掛けた。たまたま持っていた『メルキュール・ド・フランス』紙を歩きながら読んでいると、ディジョン・アカデミーの懸賞論文の問題がルソーの目にとまった。その問題とは「学問芸術の進歩は、習俗を堕落させたか、それとも純化させたか」(9)であった。その時のことをルソーは「マルゼルブ租税法院院長への手紙」(一七六二年一月)のなかで以下のように回想している。

突然の霊感に似たものがあったとすれば、それはこれ〔懸賞論文問題〕を読んだ私のうちに生じた動きです。急に私は幾千もの光に精神が照らされるのを感じました。生き生きとした無数の観念が同時に力強く、混

沌とした形で精神のうちに湧き上がり、私はえもいわれぬ混乱のうちに投げ込まれました。そして私は自らの頭が酩酊にも似た陶酔状態にあると感じました。(……)歩きながら呼吸することがもはやできなくなったので、私は道端の木の下に倒れ込みました。(……)あぁ、あの木の下で私が見たこと、感じたことの四分の一でも書くことができたなら、私は社会制度のあらゆる矛盾をどれほどはっきりと示したことでしょう。(……)十五分のあいだにあの木の下で私に光明を与えてくれた〔illuminer〕無数の偉大な真理のうちから私が再び捉えることができたことのすべては、まったく弱々しい形で、私の主要な三著作〔『学問芸術論』、『人間不平等起源論』、『エミール』〕のなかに散らばっております。(10)

ルソーは自らのうちに突然生じたイリュミナシオンを自身の思想家としての出発点であると後年『告白』のなかで語っている。「これ〔懸賞論文問題〕を読んだ瞬間、私は別の世界を見、別の人間になったのである」(11)。彼の語り

(8)〈山師〉のモチーフについては桑瀬章二郎の研究に多くを負っている(桑瀬章二郎『嘘の思想家ルソー』、岩波書店、二〇一五年)。私たちはルソーの言説を「ルソーが詐欺師にして虚言者であるのか、それともルソーを虚言者であると秘かに告発する者が詐欺師であるのか」(同書、二四〇頁)というゲーム構造において読まねばならないだろう。すなわち、ルソーが自ら山師の方法を用いていると対話者に語りかけるその時、対話者自身が山師と見なされてしまう。私たちはルソーのテクストを読むとき、こうした〈鏡〉としての機能を有する彼の言説戦術を意識せねばならない。

(9) *Mercure de France*, Paris, Cailleau, Pissot, Nully, Barrois, 10/1749, p. 154.

(10) ROUSSEAU, *Lettres à Malesherbes*, OC I, pp. 1135–1136.〔二、四七二頁。〕

口は、まるで聖人の宗教的回心のそれである[12]。ルソー自身の言葉によれば、彼の思想家としての出発は思惟ではなく体験であり感覚であった。若きルソーの為すべきことは、このイリュミナシオンにおいて「見たこと、感じたこと」をテクストとして書くことであった。イリュミナシオン以後、ルソーは『学問芸術論』に取り組むことになるのだが、ルソーは「ベッドのなかで目を閉じたまま瞑想[13]」し、頭で文章を考え、記憶のうちに留めておき、その脳内での文章に満足のいった場合に伴侶テレーズの母親に口述筆記させるという「非常に独特なやり方[14]」でこの論文を完成させたのであった。ルソーに言わせれば、『学問芸術論』は「熱と力で満ちてはいるが、論理と秩序〔de logique et d'ordre〕はまったく欠けている[15]」作品であった。

先のドン・デシャン宛書簡と同様、ルソーのテクストは方法や秩序、論理によって書かれたものであるというよりは、彼が見たもの感じたものを〈ディスクール〉らしき体裁にしたもの、という自己意識がつねに彼のなかにはあったと言うことができるだろう。そしてその言説は「山師のやり口」で作られている。

思考における方法の欠如という要素は、〈感情の人〉、〈矛盾の人〉または〈ロマン主義の先駆者〉などと形容されるルソー像と調和しやすい。事実、「私の観念はすべてイメージ〔images〕の形を取っている[16]」という自己表象は、ルソーの思考がばらばらなイメージの寄せ集めであるということを私たちに示そうとしている。そこには理性的な方法など存在せず、イリュミナシオンによって生まれた思考の煌めきだけが存在する。このような考えはルソーの同時代人たちにも共有されていた[17]。

しかし同時に、私たちは自伝作品においてルソーが数々の印象操作、自己演出をしていたという事実も知っている[18]。ゆえに私たちは、ルソーが自らの思考における方法の欠如を表明したという自伝的言説をそのまま素直に受け取ることはできない。事実、『学問芸術論』執筆以前、デュパン夫人の秘書を務めていたルソーは、書物の執筆を目論んでいた彼女のために、『一冊の本を構成するための方法に関するアイデア』[19]（一七四五年頃）という小編を書いている。そこでルソーは題材の配置の仕方、説得的かつ効果的な引用の仕方、読者を楽しませる方法などを記していた[20]。

（11）ROUSSEAU, *Confessions*, OC I, p. 351.〔1、三八一頁。〕
（12）佐藤淳二「声と転倒――ルソーの自伝作品と「真理」の問題」『北海道大学文学研究科紀要』、第一〇四号、二〇〇一年、九五―一〇一頁。
（13）ROUSSEAU, *Confessions*, OC I, p. 352.〔1、三八二頁。〕
（14）*Ibid.*〔同書、同頁。〕
（15）*Ibid.*〔同書、同頁。〕
（16）*Ibid.*, p. 174.〔同書、一九五頁。〕
（17）「著者〔ルソー〕の哲学は彼の頭よりも彼の魂のなかにある。」（D'ALEMBERT, *Jugement sur Émile*, dans *Œuvres de D'Alembert*, t. IV, Genève, Slatkine reprints, 1967, p. 463.）
（18）Morihiko KOSHI, *Les images de soi chez Rousseau : l'autobiographie comme politique*, Paris, Classiques Garnier, 2011.
（19）ROUSSEAU, *Idée de la méthode dans la composition d'un livre*, OC II, pp. 1242–1247.
（20）この小編のなかでルソーは、私たちが本書で検討することになる方法に関連する決定的な語を用いている。「哲学者の本はこの〔叙述を繋げるという〕主題についての法則と原則で満ち溢れている。この主題は一般的な二つの方法に関わる。ひとつが総合と呼ばれる方法または構成の方法であり、それによって単純なことから複雑なことへとひとは進んだり、自らが知っていることを他者に教えたりすることができるのである。もうひとつは分析と呼ばれる方法または分解の方法であり、これによって知らないことを自ら学ぶことができるのである」（*ibid.*, p. 1244.）。とはいえ、ここでは「分析／総合」が教科書通りに用

このような事実を鑑みた場合、私たちは〈ヴァンセンヌのイリュミナシオン〉と呼ばれる起源の物語がルソーの言説を特権化する装置の役割を果たしている、と考えることができる。私たちは、書簡や自伝作品でのルソーの振る舞いのなかに自らの言説における方法の不在を読者に感じさせたいという欲望を感じずにはいられない。モーリス・ブランショの言葉を借りるならば、ルソーの身振りは方法からの「見せつけがましい逃亡」[21]である。方法の嫌悪は方法への固執にほかならない。もしそうだとするならば、私たちはルソーが批判する方法そのもの、ないし自らのテクストにおける方法を否認するルソーの意図、そして哲学者たちに見せかけの方法を示した山師ルソーの戦略を検討せねばならない。

（c）体系と方法

反‐知性的振る舞いの裏にあるルソーの欲望から、私たちは古典的な主題である〈体系 système〉の問題を想起することだろう。ルソーは学説的にも[22]、書物という物質的なものにおいても[23]統一的な体系性を希求した者としてよく知られている。同時に、私たちは体系と呼ぶにはほど遠い、数多くの矛盾をルソーのテクストのなかに見出してしまう。体系性への希求とテクスト上に散らばる矛盾をいかに解消するかが、エルンスト・カッシーラーによって「ジャン゠ジャック・ルソー問題」と呼ばれ、この問題が今日の私たちの〈読み方〉まで――その問いに挑むにせよ、その問いそのものを無視するにせよ――規定してしまっている[24]。

ゆえに、私たちもこの問いに対して何らかの態度決定を強いられることになる。私たちはルソーの統一的・体系的読解を目指さない。かつ、私たちはルソーの体系ではなく方法に着目する。体系とは哲学的言説の中身を意味し、方法はその中身を支える容器を意味する。私たちの主題は、統一的な方法をルソーのテクストから取り出すことを意味するのではない。むしろ、表向きは方法を放棄するルソーがいかなる「山師のやり口」で自らの言説を作り上げるのか、と私たちは問いたいのである[25]。この作業は、統一性の神話から私たちを解放してくれるだろう。このように考えれば、体系の希求というルソーの態度それ自体がひとつの方法的戦略である、と言えよう[26]。

いられているにすぎない。また、この秘書時代（一七四五—一七五一年頃と推定される）にルソーは様々な時代の文献を渉猟し、同時に化学実験等もおこなっていた。

(21) Maurice BLANCHOT, « Rousseau », dans *Le livre à venir*, Paris, Gallimard, 1959, p. 61.〔モーリス・ブランショ「ルソー」『来るべき書物』、ちくま学芸文庫、二〇一三年、九五頁。〕

(22)「私はさまざまな主題について書いてきましたが、しかしつねに同じ原理に基づいて書いてきました。つねに同じ道徳、同じ信仰、同じ格率、そしてお望みであれば、同じ見解〔opinions〕を書いてきました。にもかかわらず人々は私の諸著作について、あるいはむしろそれらの著者について相反する判断を下しました。」（ROUSSEAU, *Lettre à C. de Beaumont*, OC IV, p. 928.〔七、四四一頁。〕）

(23) 学説上の統一性に留まらず、ルソー自身による〈全集〉の作成という観点からルソーにおける〈統一性〉神話の形成過程を捉え直す研究としては桑瀬章二郎のものがある。桑瀬章二郎「ルソーの「統一性」再考——体系・全集・自伝」『思想』、岩波書店、二〇〇九年十一月号、四五—六四頁。

(24) Ernst CASSIRER, *Le problème Jean-Jacques Rousseau*, tr. Marc B. de Launay, Paris, Hachette, 1987 [1933].〔エルンスト・カッシーラー『ジャン＝ジャック・ルソー問題』、生松敬三訳、みすず書房、一九七四年。〕

(25) この研究手法は、序論第二節で言及するガブリエル・ラディカのそれに負っている。

しかし、このような言い方をした場合、方法とレトリックの差異とは何かという問題が生じる。つまり、それは単なる言語表現の違いにすぎないのではないかという疑問である。この疑問に対し、厳密ではないが大まかな指標を明記しておく。レトリック（修辞学）は聞き手を説得するといった効果に重きが置かれるが、方法の場合は他者への効果よりも思考のプロセスを意味する。もちろん、思考のプロセスが文章として叙述されて初めて〈哲学〉になるという意味においては、方法もまたひとつの効果をもたらすレトリック的なものとも言える。だが、方法は効果に還元しきれないし、哲学は方法を捨象することができない。この点を確認するために、ルソーの生きた啓蒙の世紀までの、哲学と方法の関係性について概略的に見ていくことにしよう。

（d）哲学と方法

先のテクスト群においてルソーが方法と秩序を有する「哲学者」に言及するとき、彼は誰のことを想定していたのだろうか。まず思い起こされるのは『方法序説 *Discours de la méthode*』（一六三七年）のルネ・デカルトであろう[27]。表題からも明らかなように、スコラ学からの脱却を目指し新しい学を構築しようと努めていたデカルトにとってまずもって打ち立てるべきは新しい「道[28]」としての「真なる方法[29]」であった。

> 若いうちからたまたまいくつかの道に立ち入ることになりましたが、それらの道が私をいろいろな考察と格率へ導いてくれ、そこから私はひとつの方法〔Méthode〕を作り上げたのです。この方法によって、私はどうやら自分の知識をだんだんに増やしていき、私の精神はつたなく生涯は短くとも、そのかぎりで到達できる

(26) ルソーは〈体系〉という語を自らの特異性を強調するために用いている。この点について、浅見臨太郎はルソーにおける「体系」概念に百科全書派批判のための認識論的用法だけではなく、自伝的言説における修辞的用法の側面があることを指摘している。すなわち、『ルソー、ジャン＝ジャックを裁く——対話』において自らの体系性を強調することで、ルソーは読者に「解釈の方法」を示している（浅見臨太郎「ルソーの体系概念」『社学研論集』、早稲田大学大学院社会科学研究科、vol. 28、二〇一六年、四一頁）。浅見のこの解釈に同意しつつ、私たちはこの「解釈の方法」の提示について別の角度から第六章にて論じる。

(27) 後世のデカルト評価について言えば、彼の自然学よりもむしろ彼の方法が議論の対象となっていた。例えば、フォントネルはデカルトの厳密な言葉の運用を評価し、以下のように述べている。「デカルトこそがこの推論の新しい方法をもたらしたのであり、それは彼の哲学そのものよりも評価に値する。彼が我々に教えた彼自身の諸規則に従えば、彼の哲学の大部分は誤謬ないし不確実なものである」（FONTENELLE, *Digression sur les Anciens et le Modernes*, dans *Œuvres complètes*, texte revus par Alain Niderst, t. II, Paris, Fayard, 1991, p. 420）。

(28) 〈方法 méthode〉はギリシャ語の〈メトドス μέθοδος〉に由来する。μέθοδος はメタ μετά とホドス ὁδός の二語から構成される語である。μετά は trans- や per- といった接頭辞であり、ὁδός は道を意味する。ギリシャ哲学におけるメトドスの意味とそれと連関する語の哲学的な関係については以下の論文を参照せよ。加藤伸朗「ホドスとメトドス」『哲学の道——初期哲学論集』、創文社、一九九七年、三—五三頁。また、ローマ期の著述家はメトドスのラテン語訳〈methodus〉よりもその同義語としての〈理性 ratio〉や〈道 via〉を好んで用いていたようである。中世に入ると方法は、アルベルトゥス・マグヌスらによってギリシャ期の真理の探究という意味合いよりも知の集積を適切にまとめるという意味合いの方が顕著になった。近代初期に至ると、この語はラムス主義の勃興により修辞学を排した新しい論理学の方法という意味合いが強まった。このような歴史のなかからデカルトの世紀が準備されることになった。以上の記述は山口正樹の研究に依拠している。また方法に関する哲学史研究もいくつか列挙しておく。山口正樹『初期近代における方法の概念の誕生と智恵の伝統——ホッブズとヴィーコを中心にして』、博士論文、早稲田大学、二〇〇七年、二七—三八頁；Neal Ward GILBERT, *Renaissance concepts of Method*, New York/London, Columbia

最高の点にまで自分の知識をすこしずつ高める手立てが私にはあると思われるのです。(30)

さらに『精神指導の規則』第四規則は「事物の真理の探究には方法〔Methodus〕が必要である」と題され、「方法なしに事物の真理を探求するよりは、いっそ事物の真理を探求しようなどとは考えぬ方がはるかにましなのである(31)」とデカルトは言う。

イヴォン・ベラヴァルが書いているように、デカルトの世紀である十七世紀とは「方法の世紀」であった。そもそも学問は、その急激な発展期に直面するたびごとに、自らについて反省を加えようとして方法に関する自己吟味をおこなうものであるが、十七世紀におけるこの激変期は、我々にとっては特別に重要である。(32)

スコラ哲学からの脱却および諸学問の基礎付けを図るために、デカルトがおこなったことは方法の整備であった。(33)この意図の下、『方法序説』第二部においてデカルトは四つの準則、すなわち明証性の規則、分析の規則、総合の規則、枚挙の規則および方法的懐疑を提示した。(34)そしてこれらの方法を用いてこそ、デカルトは唯一の確実な〈コギト・エルゴ・スム〉という原理を打ち立てることができたのである。(35)

デカルトによって引き起こされた方法への眼差しはデカルト以後の哲学者にとっても重要な問題であった。例えば、アルノー＝ニコルの『論理学もしくは考える技術』（通称『ポール・ロワイヤル論理学』、一六六二年）では最終部の第四部が「方法について」と題されている。そこでは、デカルトが論じなかった蓋然的知識の確実性を担保する方法や経験に基づく判断の蓋然性について論じられている。(36)方法という語の意味について言えば、『ポー

University Press, 1960 ; Sophie ROUX, *L'essai de logique de Mariotte : archéologie des idées d'un savant ordinaire*, Paris, Classiques Garnier, 2011.

（29） DESCARTES, *La Discours de la Méthode*, AT VI, p. 17.〔『方法序説』、『デカルト著作集』一、白水社、二〇〇一年、二五頁。〕

（30） *Ibid.*, p. 3.〔同書、一三頁。〕

（31） *Id.*, *Regulae ad directionem ingenii*, AT X, p. 371.〔『精神指導の規則』、『デカルト著作集』四、二三頁。〕

（32） Yvon BELAVAL, *Leibniz critique de Descartes*, Paris, Gallimard, 1960, p. 23.〔イヴォン・ベラヴァル『ライプニッツのデカルト批判』上、岡部英男・伊豆藏好美訳、法政大学出版局、二〇一一年、一九頁。〕

（33） 松枝啓至は基礎付け主義的な意図をもつデカルトの方法が不可避的に反基礎付け主義的な要素も抱え込まざるを得ないことをセラーズの分析哲学的議論を用いて論証した。この帰結は方法という知の正当化のプロセスが最初からその失敗を運命付けられているということを意味する。ある意味で、本書で私たちが問題にすることとは、ルソーが方法のこの不可能性とどのように対峙していたのかということである。松枝啓至『デカルトの方法』、京都大学学術出版会、二〇一一年。

（34） DESCARTES, *La Discours de la Méthode*, AT VI, pp. 18–19.〔『方法序説』、『デカルト著作集』一、二六頁。〕

（35） もちろん、このようなデカルト観は単純化された一面的なものでしかない。例えば、ライプニッツはこの準則のうちの明証性の規則と懐疑を批判しつつ分析を賞賛していたし、デカルト自身もこれら準則のみを自身の方法としていたのではない。とりわけ、『省察』の答弁のなかで方法についてデカルトは吟味を重ねていた。これらの点に関しては以下の文献を参照せよ。Martial GUEROULT, *Descartes selon l'ordre des raisons*, t. I, *L'âme et Dieu*, Paris, Aubier, 1953 ; 村上勝三「デカルト形而上学の方法としての「省察 meditatio」について、あるいは、形而上学は方法をもたないこと」『国際哲学研究』、三号、二〇一四年、一四三—一五五頁 ; 松枝啓至『デカルトの方法』、京都大学学術出版会、二〇一一年 ; 松枝啓至「デカルト『省察』における「分析」概念——「方法的懐疑」と「蜜の分析」」『思想』、岩波書店、二〇一七年一月号、二五—四五頁。また、デカルトの方法を数学に特化して論じたものとしては佐々木力の研究がある。佐々木力『デカルトの数学思想』、東京大学出版会、二〇〇三年、二〇八—二一五頁。デカルトの方法が誤謬からの回避と認識の普遍性を要請するだけではなく、主体の徳の育成にも関与する点を指摘する研究としては津崎良典の研究がある。津崎良典「デカルト『方法序説』第二部における方法と徳について」『哲

ル・ロワイヤル論理学』第一部前文においてアルノー＝ニコルは簡単な定義を示している。

> 人間の身体についてと同様に、同一の主題について様々な観念や様々な判断そして様々な推論を持つ場合、この主題を知るためにもっとも適したやり方でそれら観念や判断を配置するような精神の活動は秩序づける〔*ordonner*〕と呼ばれる。これは方法〔méthode〕とも呼ばれる。[37]

ルソーが嫌悪していた「秩序と方法」がこの一文で登場する。「秩序づける」は『ポール・ロワイヤル論理学』における主要な精神作用のひとつであるが、他の精神作用である観念や判断を上位の審級から束ねるのが「方法」の効果であると言えよう。また『ポール・ロワイヤル論理学』と共に十七世紀と十八世紀をつなぐ思想的「蝶番」[38]として名高いニコラ・マルブランシュも主著『真理の探求について』（一六七五年）の最終巻を「方法について」（第六巻）と題している。[39]そこでは認識の明証性を確保する方法として「注意〔attention〕」が挙げられている。[40]

このように方法の哲学的問題はデカルト以降も盛んに論じられたのである。しかし私たちはデカルトの系譜とは別に、ニュートンに代表される自然哲学、実験哲学もまた現象の記述に関する新しい方法を打ち立てようとしていたことを忘れてはならない。一七〇四年の『光学』以後、〈ニュートン主義〉と呼ばれる知的運動が勃興した。[41]

一般的に、十八世紀フランス哲学は、感覚や実験、経験による知に基づいて世界を理解しようとする経験主義に立脚し、生得観念といった普遍原理から出発する十七世紀合理主義哲学に対抗していたと理解されている。こ

學』、日本哲学会、五九号、二〇〇八年、二一一—二二六頁。他にもデカルトと方法をめぐる研究は枚挙に暇がないが、ここでは哲学史において方法が喫緊の問題になった契機としてデカルトの存在が大きいということだけを指摘するに留めたい。

(36) 宮原琢磨「ポールロワイヤル論理学序説III——方法について」『精神科学』、日本大学哲学研究室、三六号、一九九七年、一三—一四頁。もちろん『ポール・ロワイヤル論理学』第四部でのアルノーの主眼は認識論的問題だけではなく、人間の証言に基づく人間的信仰をめぐる論点にもある。この点についてはピエール・ベール『歴史批評辞典』邦訳に付された野沢協による解説を見よ。野沢協「解説」『ピエール・ベール著作集』第三巻、法政大学出版局、一九八二年、一一七九—一一八三頁。

(37) Antoine ARNAULD et Pierre NICOLE, *La logique ou l'art de penser*, édition critique par Pierre Claire et François Girbal, Paris, Vrin, 1993, p. 38.

(38) André CHARRAK, *Rousseau : de l'empirisme à l'expérience*, Paris, Vrin, 2013, p. 24.

(39) 自著の最後に方法について語るという哲学的伝統はコンディヤックの『人間認識起源論』にも受け継がれている。

(40) Ferdinand ALQUIÉ, *Le cartésianisme de Malebranche*, Paris, Vrin, 1974, pp. 29–35.

(41) この歴史についての研究は、思想史および科学史の領域において膨大に存在するが代表的なものをここでは挙げておく。また第一部第一章でも再度私たちはニュートン主義の方法を採り上げることになるだろう。Ernst CASSIRER, *La philosophie des lumières*, tr. Pierre Quillet, Paris, Fayard, 1966 [1932]〔エルンスト・カッシーラー『啓蒙主義の哲学』上下、中野好之訳、ちくま学芸文庫、二〇〇三年〕; エルンスト・カッシーラー『認識問題——近代の哲学と科学における』二—二、須田朗、宮武昭、村岡晋一訳、みすず書房、二〇〇三年、第一章; ピーター・ゲイ『自由の科学——ヨーロッパ啓蒙思想の社会史』全二巻、中川久定他訳、ミネルヴァ書房、一九八二—一九八六年; チャールズ・C・ギリスピー、『客観性の刃——科学思想の歴史[新版]』、島尾永康訳、みすず書房、二〇一一年、第三章; 長尾伸一『ニュートン主義とスコットランド啓蒙——不完全な機械の喩』、名古屋大学出版会、二〇〇一年; 森岡邦泰『増補版　深層のフランス啓蒙思想——ケネー、ディドロ、ドルバック、ラ・メトリ、コンドルセ』、晃洋書房、二〇〇三年、序章。

のような「原理から経験へ」という知的転回が哲学史のなかで起きたことは周知の事実である。しかし実際には、両者の哲学的立場は明確に分けられるものではない。カッシーラーが指摘したように、啓蒙期の経験主義哲学は数学・物理学由来の「分析」や「明証性」概念にもとづいてその理論が構築されてきた。だが、この方法はデカルトによって確立され、マルブランシュ、ポール＝ロワイヤル学派によって彫琢されたものであり、十八世紀の経験論は十七世紀の知的枠組みのなかで構築されたことになる。

啓蒙の時代において方法をめぐる思索を展開した哲学者はエチエンヌ・ボノ・ド・コンディヤック（Étienne Bonnot de Condillac, 1714-1780）であった。一七四六年に出版された『人間認識起源論』において、コンディヤックは自身の感覚論哲学を打ち立て、ジョン・ロックの経験論に欠けていた認識生成論を展開した。その際に、コンディヤックに必要不可欠であったのが方法の定式化、すなわち分析的方法の確立であった。一般的に、分析的方法とは〈複雑なものを単純なものへと分解することで対象を認識しようとする方法〉である、と認知されている。自らの感覚論的立場を正当化するために、コンディヤックはニュートン主義に由来するこの分析的方法を用いた。私たちの見立てでは、ルソーの方法をめぐる思考のなかにはこのコンディヤックの分析的方法への目配りがあったと考える。様々なテクストにおいて、ルソーは分析的方法に対して批判を加えている。ただ、なぜルソーがこの方法を批判したのかについて答えることは容易ではない。というのも、そもそもコンディヤックの分析的方法とは何かについて検討を加えておかねば、私たちはルソーの批判の具体的意味も理解できないからである。ゆえにこの点を私たちは第一部第一章にて論じることになるだろう。

ここまで私たちはデカルト以降の哲学史を方法の観点から確認してきたが、以下では方法と哲学の奇妙な関係について言及しておきたい。先に十七世紀に対するイヴォン・ベラヴァルの診断を紹介したが、彼は十七世紀を単純に「方法の世紀」と断言することには幾分躊躇していた。というのも、方法には両義的な意味があるからである。

> 方法は、一方では認識のある理念を、あるいはこう言った方がよければ、一種の衛生学、予備教育、（……）「精神の療法」（*Medicina Mentis*）、精神の回心を意味するが、他方では、ある種の技術を意味するのである。第一のパースペクティヴにおいては、方法はある目標を指し示す。すなわち、方法は、全霊を傾けて真なるものへと向かう決意を確固たるものとし、ある選択を、すなわち、ある哲学なり、ある思考のスタイルなりの選択を、決定づける。第二の局面のもとでは、方法は、というよりむしろ、ある方法は、この目標へと接近するための実践的な手段を意味する。(42)

ベラヴァルは、方法における二つの意味として理念と技術を挙げる。私たちの叙述に従えば、デカルトやマルブランシュは方法を真の認識のための理念として解しているように見え、コンディヤックや経験論者の方法は技術として位置づけられているように見える。だが、ベラヴァルも認めるように、この二つの方向性は不可分である。なぜならば、適切な認識のために哲学は方法を必要とするし、方法もまた認識の理念として何らかの哲学的要請を必要とするからである。ゆえに、私たちが本書で方法を検討する際に、私たちは単なる技術的な方法論を検討

(42) BELAVAL, *Leibniz critique de Descartes*, p. 25.〔ベラヴァル『ライプニッツのデカルト批判』上、二一頁。〕

しているのではない。方法の検討は哲学的内容そのものの検討と同義なのである。この点を踏まえて、私たちが〈ルソーの方法〉と言う場合、それは単に方法論を意味するのではないということは強調しておく必要がある。

（e）本書の問い

以上の問いの領野から、本書は十八世紀の言説空間における方法に対するルソーの振る舞いを彼のテクストに従いながら浮き彫りにすることを目指す。より明確に言えば、私たちは以下の二つの作業をおこなう。（一）啓蒙期の哲学が称揚した方法に対するルソーの批判を明確にし、この批判がルソーの諸テクストにおいていかなる形で表出しているかを明らかにすること。（二）ルソーが自らのテクストにおいて機能していると言う「山師のやり口」とは何かを明らかにすること。

次に、私たちのこれらの問いをルソー研究史上に位置づけるために、これまでの方法にまつわる諸解釈を見ていく。

第二節　方法をめぐる諸解釈

（a）発生論的／系譜的方法というイメージ

ルソー自身が方法への嫌悪と自らの思考の無秩序さを強調していたとしても、彼の解釈者たちはルソーのテクストのなかに彼の思想的特徴である何らかの方法を取りだそうと試みてきた。これまでルソーの方法としてもっとも着目されてきたものは、「発生論的方法／系譜的方法」である。この解釈を明確に打ち出したのはロベール・ドラテであった。ルソーの政治思想解釈を決定づけた大著『ルソーとその時代の政治学』のなかでドラテは、『人間不平等起源論』（以下、『不平等起源論』と略記）にて展開されたルソーに先行する政治思想家たちへの彼の批判の要点が〈方法の問題〉と関係していると述べる。

ところでルソーもまた自然状態が平和の状態であることを認めるにもかかわらず、ホッブズの理論だけでなくロックやプーフェンドルフのそれをも拒絶する。彼らの結論がいかに対立的であろうとも、これらの著述家たちはすべて、方法上の同じ誤りをおかしたのである。彼らのいかなる者も、自己改善能力の観念や、人間本性が社会生活から蒙る深い変化を、考慮に入れることができなかったのである。彼らは「人間の諸観念の自然的増加を識別すること」[43]を彼らに可能ならしめたはずの発生論的方法〔méthode *génétique*〕で人間を研究する代わりに、分析的に〔*analytiquement*〕ことをおこなったのである。（……）この「分析的方法〔méthode analytique〕」[44]が、彼らが真の自然状態にまで遡るのを妨げたのだ[45]。

ドラテによれば、ルソーの批判はホッブズやロック、プーフェンドルフの「分析的方法」に向けられている。すなわち、結果であるはずのものを原因と取り違えてしまったがために、ホッブズらは誤謬を犯した。ゆえに、現状から出発し基礎的なものへと遡るホッブズ的な〈分析〉ではなく、ルソーの思想は〈原初〉から出発する発生論的な方法によって構築されている、とドラテは主張した。またドラテは上の引用に注を付し、ルソーの『ボーモンへの手紙』による一節を根拠に自説の正当性を示した。

『不平等起源論』においては、後の『エミール』同様に、ルソーの方法は本質的に発生論的方法〔méthode *génétique*〕である。彼自身『ボーモンへの手紙』で書いている。「私は、人間の心のせいにされているすべての悪徳が、その心にとって少しも自然的なものではない、ということを示し、それらの生じ方を語り、いわばその系譜〔*généalogie*〕をたどったのです。そして私は、人々の本源的な善性のあいつぐ変質によって、いかにして彼らがついには現在のような姿になったのかを示したのです」[46][47]。

ここでドラテが「発生論的」と「系譜」という言葉の差異に言及することはなかった。とはいえ、〈分析的方法を批判し、発生論的方法に与するルソー〉というイメージはドラテの研究を通じて広く共有されたものであると言えよう。

『透明と障害』においてルソー研究のひとつのメルクマールを打ち立てたジャン・スタロバンスキーもドラテ

の解釈を引き継いだひとりである。ドラテの主眼は政治思想家ルソーにあったが、スタロバンスキーの場合はそこから作家ルソーにまで射程範囲を広げ、ルソーの方法が「発生論的方法」であることを指摘した。つまり、スタロバンスキーは『告白』においてルソーが自己のエクリチュールを成功させるには発生論的方法が必要不可欠であったと考える。『透明と障害』から引用しよう。

> すくなくとも、ルソーにとって問題なくひとつの原則が課せられている。すなわち、かれの意識の発展を年代的にたどり、かれの進歩の跡を再構成し、思想と感情の自然のシーケンスを巡歴し、彼の性格と運命を決定した原因と結果の連鎖を記憶によって追体験することである。こうした原則は、現在の瞬間を生み出した必然的な理由を見出すために起源にさかのぼろうとする「発生論的〔génétique〕」な方法である。そしてまた、ルソーが『人間不平等起源論』において歴史に適応した方法でもある。(48)

(43) ROUSSEAU, *Que l'état de guerre naît de l'état social*, OC III, p. 612.〔四、三八四頁。〕
(44) *Ibid.*〔同書、同頁。〕
(45) Robert DERATHÉ, *Jean-Jacques Rousseau : la science politique de son temps*, 2e éd, Paris, Vrin, 1970 [1950], p. 132.〔ロベール・ドラテ『ルソーとその時代の政治学』、西嶋法友訳、九州大学出版会、一九八六年、一二一頁。〕
(46) ROUSSEAU, *Lettre à C. de Beaumont*, OC IV, p. 936.〔七、四五〇頁。〕
(47) DERATHÉ, *Jean-Jacques Rousseau : la science politique de son temps*, p. 132.〔ドラテ『ルソーとその時代の政治学』、四一一頁。〕
(48) Jean STAROBINSKI, *Jean-Jacques Rousseau : la transparence et l'obstacle, suivi de Sept essais sur Rousseau*, Paris, Gallimard, 1971, pp. 230–231.〔ジ

〈私〉という人間を他者に知らしめるためには、〈私〉の生の「原因から結果への継起[49]」を提示することが重要であり、この継起を構成すること自体がひとつの生の意味を作り出す。ゆえに、スタロバンスキーは『不平等起源論』で用いられた「発生論的方法」が『告白』においてもルソーにとって重要な方法であったと考えるのである。

このドラテとスタロバンスキーが〈発見〉したルソーの方法は、ルソー解釈史のひとつのキーワードとなっていった。例えば、近年の研究史上ではガブリエル・ラディカの仕事がこの系譜に位置づけられるものであろう。『理性の歴史――ルソーにおける人間学、道徳、政治』におけるラディカの読解戦略とは、ルソーの諸テクストが発生論的方法によって構成されていると見なし、規範（道徳）と理性の問題にまつわるルソーの学説の体系化（ないし統一化）を目指そうとする試みである[50]。この作業によって、ラディカは様々なテクストから思想の統一体を取り出そうとする「普遍主義」的読解ではなく、規範が状況に応じて生成するという「反普遍主義」的なルソー読解を目指した[51]。このようなラディカの見立ては、ルソーの思想を貫くとされる「発生論的方法」から出発している（ゆえに書名が「理性の歴史」なのである）。だが問題は、彼女の解釈の根幹にある「発生論的方法」が本書のなかでマジックワードのように使用されているという点にある。

作品によって発生論的方法〔méthode génétique〕それ自体は変化する。第二『論文』〔『不平等起源論』〕は人類と社会の仮説的歴史および自然法にまつわる諸規則の継起的な制度の仮説的歴史を提示した。『社会契約論』は、国家のなかの正義の規範、すなわち一般意志を明るみにすることを可能にする個別利益の一般化の手続きについて語っている。『エミール』は、個人の能力と性向の（コンディヤック的な意味での）分析〔analyse〕をおこなっている。最後に、『新エロイーズ』は道徳的規範と決断のひとつの生成、つまり登場人物たちの徳化にまつわる真の小説である。[52]

確かに、これら各作品は発生論的な叙述スタイルで記述されているように見える。だが、そもそもいったい「発生論的方法」とは何であろうか。もし発生論的方法という枠組みからルソーのテクストを解釈するというのであれば、ある程度〈発生論的方法とは何か〉ということについて答えておかねばならない。しかしながら、ラディカはこの問題に関して明確に語ることはなかった。

この点に関するラディカの軽視は、彼女自身の問題というよりは先に述べたドラテ＝スタロバンスキーが定式化したものに由来していると考えるべきであろう。すなわち、〈ルソーは分析的方法ではなく発生論的方法に依拠して自らの思想体系を開陳している〉という漠としたイメージである。[53] だが、ラディカ同様、ドラテ＝スタロ

ャン・スタロバンスキー『透明と障害』、山路昭訳、みすず書房、一九七三年、三一一頁。〕

（49） *Ibid.*, p. 232.〔同書、三一二頁。〕

（50） Gabrielle RADICA, *L'histoire de la raison : anthropologie, morale et politique chez Rousseau*, Paris, Honoré champion, 2008, pp. 16–21.

（51） *Ibid.*, p. 18. ラディカの手法の特徴は〈思想史〉という星座のなかにルソーが用いた概念を位置づけたり比較したりすることにあるのではなく、テクスト上におけるルソーの発話énoncéの修辞学的効果を重視するという点にある（*ibid.*, p. 21）。この意味において、ラディカの研究スタイルは私たちの導きの糸である。

（52） *Ibid.*, p. 19.

（53） とはいえ、発生と分析が解釈者の間でつねに対概念であったわけでもない。むしろ、それらは同一のものとしても考えられ

バンスキーもこの発生論的方法および分析的方法に対して深く検討することはなかったように思われる。

このような研究状況に対して、方法の観点からのルソー解釈を推し進めたのが、アンドレ・シャラクである。『ルソー——経験論から経験へ』のなかでシャラクはルソーの思想展開を同時代〔とりわけコンディヤック〕の経験論のラディカルな発展と見なす。「ルソーは〔コンディヤックの〕分析的方法を——それを使用しつつかつ変形したという二重の意味で——細工した〔*manipuler*〕」[54]。基本的に私たちもシャラクのこのテーゼに同意する。シャラクは『エミール』から『孤独な散歩者の夢想』に至る思想的変遷を重視する立場を採用する。以前にコンディヤックの経験論哲学を丹念に分析したシャラクは[55]、ルソーのこの知的変遷をコンディヤックや経験論者の哲学への批判的介入と見る。別の著作でシャラクは十八世紀フランス・ドイツの経験論をブリテンの経験論と区別し、大陸側の経験論を「生成の経験論〔*empirisme des genèses*〕」と「構成の経験論〔*empirisme de la constitution*〕」という二つの観点から検討したが[56]、経験論に対するルソーの批判的介入はこの前者「生成の経験論」に向けられているとシャラクは指摘する。『ルソー——経験論から経験へ』第一章はこの議論に費やされている。つまりシャラクは、ルソーがコンディヤックらの分析的方法では正義や法の問題は説明不能であると認識していたと主張する[57]。しかし、ルソーは完全に経験論を放棄したわけではなかった。むしろ晩年のルソーの思考にも経験論の方法との知的格闘の痕跡が見いだせるとシャラクは考える。晩年へと至るなかで経験論が問題とすることができなかった実存的生と死の経験へ自己愛を接続することで経験論の内的打破を可能にしたというのがシャラクのルソー解釈であった。アンリ・グイエに代表されるルソーのデカルト主義的解釈[58]に反旗を翻すシャラクのこの着想は、すぐ後で見る『不平等起源論』をルソー哲学の軸に据えるゴルドシュミットの解釈からの離脱を意味することは間違いないが、しかし、私たちが着目したいルソーの分析的方法の〈細工〉や分析に対する彼の批判の理論的理由についてシャラク

はあまり明確に説明していないように思われる。ゆえに、私たちはシャラクのこのテーゼを深化させねばならない。(59)

てきた。例えば、十八世紀の教育思想の展開を記したマルセル・グランディエールは、ルソーの教育方法がコンディヤックやシャルル・ボネの「分析的方法」にその多くを負っていることを強調し、啓蒙期の教育学説におけるルソーの方法の特殊性を矮小化した。グランディエールのその立論自体には概ね同意できるが、彼のなかでは分析／発生という着想それ自体への反省はなかったと言ってよい。Cf. Marcel GRANDIÈRE, *L'idéal pédagogique en France au dix-huitième siècle*, *SVEC* 361, 1998, pp. 129–137. 同様のことは他の研究においても見られる。「『不平等起源論』におけるその方法は、この時期ルソーが活発に交流したコンディヤック、ダランベールらの方法と軌を一にし、それらはいずれも内容的にみて生成史的方法と称されるべきものである」(小笠原弘親『初期ルソーの政治思想——体制批判者としてのルソー』、御茶の水書房、一九七九年、一一六頁)。

(54) André CHARRAK, *Rousseau : de l'empirisme à l'expérience*, Paris, Vrin, 2013, p. 27.

(55) *Id.*, *Empirisme et métaphysique. L'Essai sur l'origine des connaissances humaines de Condillac*, Paris, Vrin, 2003.

(56) *Id.*, *Empirisme et théorie de la connaissance : réflexion et fondement des sciences au XVIIIe siècle*, Paris, Vrin, 2009.「生成の経験論」とはロックとライプニッツの論争に端を発する認識の起源とそのメカニズムを解明することを目的とする経験論であり、「構成の経験論」とは十八世紀後半に勃興し始めた実証科学を意味し、それらの科学＝学問は「生成の経験論」が基礎となっている。このような着想からシャラクは新しい経験論の歴史を叙述しようとしている。

(57) 同様の趣旨の議論を私たちは本書第二章で展開する。

(58) Henri GOUHIER, *Les méditations métaphysiques de Jean Jacques Rousseau*, Paris, Vrin, 1970.

(59) シャラクの研究以外にも、経験論を我有化しつつもそれを内在的に乗り越えようとした哲学者としてルソーを哲学史上に位置づけようとする研究としてはマルタン・リュエフの名を挙げることができよう。リュエフはルソーの哲学をロックの経験とはいえラディカが言うように、確かに哲学的論証や歴史、人間論といった様々な領野に対して、ルソーは発生論的方法を横断的に用いていたように見える。このようなルソーの方法には様々な名が与えられてきた。例えば、チャールズ・エドウィン・ヴォーンは「『不平等起源論』は最初の頁から最後の頁まで、幾分風変わりではあるにせよ、進化論的方法〔evolutionary method〕の見事な手本である」と評している。[60] あるいは、ルソーの系譜的方法をニーチェの系譜学――そして、ミシェル・フーコーの系譜学にも――に近づける解釈も存在する。[61] このようにルソーの方法が様々な思想哲学に接続されてきた過去を私たちはよく知っている。こうした状況を鑑みれば、私たちは以下のように考えざるをえない。すなわち、通俗的な意味における時間的・歴史的な観点が彼の哲学的、人間学的叙述のなかに挿入されている事を理由にしてのみ、ルソーが発生論的ないし系譜的と呼びうる方法を用いていると解釈されてきたのである、と。

以上のルソー研究史において、ルソーと方法をめぐる問題圏を丹念に検討してきたのはヴィクトール・ゴルドシュミットであろう。『人間学と政治――ルソーの体系の諸原理』においてゴルドシュミットは、『不平等起源論』をルソーの思想の根幹に据え、ルソーの方法がドラテ゠スタロバンスキーが定式化した「発生論的方法」であるということを認めながらも、その内実の多様性を明らかにした。ゴルドシュミットはルソー自身が方法の不在を認めていた『学問芸術論』を古典やデカルトらの近代哲学、そして同時代の哲学者たちのものから成る「方法論的折衷」[62] の産物であると指摘しつつも、ルソーのこの折衷的態度が『不平等起源論』へと至るなかでいかに独自性溢れる思想へと昇華していったのかを本書全体を通じて検討している。原則として、私たちはゴルドシュミットの主張に同意し、かつ彼に大きく依拠しつつ議論を進めていくことになろう。[63] ただ、ゴルドシュミットの解釈はルソーの発生論的方法ないし思想全体をプラトン的二元論から捉えることを目的とするがゆえに、ルソー論を先鋭化しカントの批判哲学を予告するものという意味で「反省的経験論〔empirisme réfléchissant〕」と呼ぶ。Martin RUEFF, « L'ordre et le système : l'empirisme réfléchissant de J.-J. Rousseau », in *Rousseau anticipateur-retardataire*, sous la direction de Josiane Boulad-Ayoub, Isabelle Schulte-Tenckhoff et Paule-Monique Vernes, Saint-Nicolas/Québec/Paris, Presses de l'Université de Laval/L'Harmattan, 2000, pp. 275–344. 一見すると矛盾し合うような語彙を組み合わせたリュエフの命法が、以下で確認するゴルドシュミットのルソーの折衷主義同様、ルソー哲学の〈座りの悪さ〉を示している。

（60）Charles Edwyn VAUGHAN, *The Political Writings of Jean-Jacques Rousseau*, Cambridge, Cambridge University Press, vol. I, 1915, p. 123.

（61）Keith ANSELL-PEARSON, *Nietzsche contra Rousseau: a study of Nietzsche's moral and political thought*, Cambridge, Cambridge University Press, 1991 ; Katrin FROESE, *Rousseau and Nietzsche: toward an aesthetic morality*, Lanham, Lexington Books, 2001. ルソーの系譜学的方法（ないしルソーの哲学そのもの）をミシェル・アンリの現象学から読む研究としてはポール・オーディのものがある。オーディは『不平等起源論』のルソーの方法がフーコー的〈考古学〉ではないことに注意を促している（Paul AUDI, *Rousseau : une philosophie de l'âme*, Lagrasse, Verdier, 2008, p. 63）。

（62）Victor GOLDSCHMIDT, *Anthropologie et politique : les principes du système de Rousseau*, Paris, Vrin, 1974, pp. 31 et 36.

（63）「ルソーにとっての原初的事実とは、規範と我々の本性のあいだの隔たりの経験のなかにあるのではなく、我々を規範からではなく我々自身、つまり規範への我々の一致から引き離す社会的抵抗と自然的規範とのあいだの隔たりの経験のなかに存する」（*ibid.*, p. 353）という難解なゴルドシュミットのルソー解釈について、古茂田宏は以下のようにパラフレーズしている。「こうしてゴールドシュミットはルソーを啓蒙主義者と区別しつつ、同時にカントとも区別しつつ、ルソーの二元論を形而上学的二元論としてではなく、方法論的二元論として特徴づけようとする。啓蒙主義が率直に肯定した「この世」に人間の分裂と悲惨以外のものを見ることができず、にもかかわらず原罪の教義を受け入れることもできないルソーのディレンマから生み出された、それは一つの新しい論理であったのである」（古茂田宏「ルソーにおける「情念」概念の構造」『倫理學年報』、第二九号、一九八〇年、二六頁）。

における自然と社会の〈切断〉を強調しすぎるあまり、一方から他方への移行をルソーがどのように考えていたかという〈生成〉の観点を矮小化しすぎているように思われる(64)。

(b) 方法としての起源の探求

発生論的方法／系譜的方法という記述の方法を考える際に、私たちはルソーに限らず同時代の多くの哲学者たちがこの手法を採用していたのではないかという疑問を抱く。この点に関して、スタロバンスキーは哲学的作品や自伝作品におけるルソーの方法が「世紀の精神」であるとも主張している。

彼〔ルソー〕は最初の項〔terme〕からはじまる、厳密に関係づけられた原因と結果の連鎖を展開する系譜的説明〔explication généalogique〕をすべて求めている。このような点において、彼はみずからの世紀の精神と一致している(65)。

スタロバンスキーがここで語る「世紀の精神」とは「起源の探求」という方法のスタイルである。残念なことに、この小論のなかでスタロバンスキーは「世紀の精神」について詳述していない。とはいえ、彼の言う「世紀の精神」が事物の起源を探求する態度であることは正しいであろう。事実、『ルソー――孤独と共同体』のなかでブロニスラフ・バチコは、「啓蒙思想の進展は「起源」の問いの増加、つまりその〔問いの対象の〕社会現実全体への漸進的拡大の形で現れる(66)」と主張する。バチコのこのテーゼは、啓蒙の世紀が王権や宗教的権威もしくは社会的不平等であれ、それらを〈自明のもの〉として眼差すことを拒否するということを意味する。言い換えれば、この知的態度は〈自然nature〉を〈本来的なもの〉としては見なさない態度を指す。逆に言えば、王権等の既存のものを正統化する理路においても〈起源〉は重要であった。この点についてはルイ・アルチュセールの言葉を引用すれば事足りる。「起源の思考は、起源を自然＝本性と同一視し、この自然を権利主体にとって自明とみなす思考であり、そのようなものとして、当時十七―十八世紀の哲学的思考の特権的形式だった（……）」[67]。つまり、〈起源〉をめぐる様々な哲学的・政治的言説が啓蒙の世紀を貫いていたのである。

もちろん、〈起源〉を問いに付すこの精神は、十八世紀に始まったことではない[68]。とはいえ、十八世紀に至るとこの精神は実際の「危機」を社会にもたらし始めた[69]――そして新しい〈起源〉が一七八九年に突如として表出

（64） GOLDSCHMIDT, *Anthropologie et politique*, pp. 773–783.

（65） Jean STAROBINSKI, « Rousseau et la recherche des origines », *Jean-Jacques Rousseau : la transparence et l'obstacle, suivi de Sept essais sur Rousseau*, Paris, Gallimard, 1971, p. 324.〔ジャン・スタロバンスキー「ルソーと起源の探求」（山路昭訳）、『現代思想』、一九七四年五月号、二一一頁。〕

（66） Bronisław BACZKO, *Rousseau : solitude et communauté*, tr. C. Brendhel-Lamhour, Paris, Mouton, 1974, p. 61.

（67） Louis ALTHUSSER, *Cours sur Rousseau*, édition établie par Yves Vargas, Paris, Le Temps des Cerises, 2012, p. 51.〔ルイ・アルチュセール「ルソー講義（一九七二）」『政治と歴史――エコール・ノルマル講義1955–1972』、市田良彦・王寺賢太訳、平凡社、二〇一五年、四〇三―四〇四頁。〕

（68） Paul HAZARD, *La Crise de la conscience européenne (1680–1715)*, Paris, Fayard, 1961 [1935], p. 9.〔ポール・アザール『ヨーロッパ精神の危機――1680–1715』、野沢協訳、法政大学出版局、一九七三年、五頁。〕

した。ここで重要な点とは、十八世紀における自己意識の再帰的な「客観化」である。[70] この意識は自らの情況を認識するために、あらゆるものの〈生成過程〉と〈存在理由〉を直視しようとする。[71] このような知的雰囲気のなかでは、歴史《イストワール》だけではなく歴史記述《イストリオグラフィ》そのものも問題となる。[72] すなわち、いかにして起源の歴史を叙述することが可能であるかという方法の問いが生まれてくる。ある歴史的事象を正当化するにせよ、批判するにせよ、この種の実践は方法の問題と切り離すことはできない。

　ルソーの名は、このような「世紀の精神」の首領として掲げられているのである。[73] しかし、このようなルソー評価は果たして正しいのだろうか。ルソーが「啓蒙のイデオローグであると同時に、啓蒙のイデオロギーのただなかにあってそれに対立した哲学者」[74] であるとすれば、私たちは〈起源の探求〉という「世紀の精神」に対してルソーがどこまで一致し、どこで対立するのかを検討する必要があるだろう。この点に対して、イヴ・ヴァルガスはひとつの注目すべき論点を提出している。[75] 彼は、ルソーが『山からの手紙』においてジュネーヴ政体に関する歴史記述を描く際、因果論的説明を放棄していることを指摘している。通常、〈起源の探求〉をする際、私たちは因果論的に生成を説明するのだが、ルソーはその方法を採らなかった。この解釈が正しければ、スタロバンスキーの説には修正が加えられねばならない。ただヴァルガスの指摘は断片的なものに留まっているために、私たちは彼の議論を他のルソーのテクストにおいても検証し、その方法の意義を描き出さねばならないだろう。

(69) ラインハルト・コゼレックは、多くの啓蒙思想家が穏当な形で革命について語るなかでルソーのみを〈危機〉としての革命概念を提示した思想家と見なしている（ラインハルト・コゼレック『批判と危機――市民的世界の病因論』、村上隆夫訳、未來社、一九八九年、一七五―一七九頁）。もちろん、このようなルソーと革命を結びつける考えはジョナサン・イスラエルの一連の研究によって近年退けられているということは付け加えておかねばならない（ジョナサン・イスラエル『精神の革命――急進的啓蒙と近代民主主義の知的起源』、森村敏己訳、みすず書房、二〇一七年）。だが、革命とルソーという問題は私たちの議論の対象ではない。

(70) ヘーゲル『歴史哲学講義』下、長谷川宏訳、岩波文庫、一九九四年、三五一頁。

(71) この意味において、レヴィ＝ストロースはルソーを正当化のロジックに留まらない〈起源の探求〉を実行した人類学の創始者として位置づけた。Claud LEVI-STRAUSS, « Jean-Jacques Rousseau, fondateur des sciences de l'homme », in *Jean-Jacques Rousseau*, Neuchâtel, La Baconnière, 1962.〔クロード・レヴィ＝ストロース「人類学の創始者ルソー」（塙嘉彦訳）、『未開と文明　現代人の思想15』山口昌男編、平凡社、一九六九年。〕

(72) 十六世紀から十八世紀フランスにおける歴史記述／編纂に関するモノグラフィーとしてシャンタル・グレルのものがある。この問題については第二部第四章で論じる。Chantal GRELL, *L'histoire entre érudition et philosophie : étude sur la connaissance historique à l'âge des Lumières*, Paris, PUF, 1993.

(73) 起源の神話に潜む〈人為性〉を暴露したい欲望が、逆に起源の〈人為性〉を再補強してしまうことをルソーのテクストから示したのがジャック・デリダの『グラマトロジーについて』であることは言うまでもない。ニーチェ、アルチュセール、フーコー、デリダ、スティグレールらの主眼は、ルソーを用いて〈起源への探求〉に潜む倒錯性を示すことにあったと言うことができるだろう。

(74) Louis ALTHUSSER, « Rousseau et ses prédécesseurs : la philosophie politique au XVIIe et au XVIIIe siècle (1965–1966) », *Politique et histoire, de Machiavel à Marx : cours à l'École normale supérieure de 1955 à 1972*, Paris, Seuil, 2006, p. 301.〔ルイ・アルチュセール「ルソーとその先行者たち――一七―一八世紀における政治哲学（一九六五―一九六六）」『政治と歴史』、三〇〇頁。〕ここでのアルチュセー

第三節　本書における方法と限界

方法をめぐる問いを探求する私たちも、やはり私たちの方法についてあらかじめ――それが〈ルソーを読む〉という経験から事後的に思いつかれたものだとしても――語らねばならないだろう。本書では方法の観点からルソーの諸テクストを読解するために二つのカテゴリーを設定する。ひとつは認識であり、もうひとつは歴史である。

認識のカテゴリーにおいて、私たちは啓蒙の世紀がいかなる方法で世界を眼差していたかを問いの対象に据える。すなわち、観念ないし知識や私たちの精神の内部で生じる作用をいかにして記述するかについての議論を検討する。歴史のカテゴリーにおいては、ある対象の変化をどのように記述するかという問題を対象とする。ルソーの場合、人類史と自己の形成史が記述すべき対象となる。これら二つのカテゴリーは共に〈生成するもの〉が問題となる。ゆえに、先行研究がこれまで問い続けてきたルソーの「発生論的方法／系譜的方法」ないし「起源の探求」を再度検討するには、この二つの視座を設定することが適切である。そして、この枠組みはそのまま本書の第一部と第二部という形で展開される。

本書におけるテクストの扱い方について説明する必要があるだろう。第一に、私たちはルソーのテクストを年代的ないし発展的に論じることをしない。もちろん、実際の読解においてテクスト成立の年代をまったく考慮せずに議論することは不可能であるが、私たちはルソーの思想を単線的に発展するものとしては見ない。つまり、ルソーの諸テクスト間には回帰や逆行、反復の運動があると考える。第二に、テクストをできる限り論争的に読むという姿勢である。ここでいう「論争」とは通時的かつ共時的な意味を有する。すなわち、私たちはルソーが書く時、彼が何から思考を受け取り、誰に向けて書いているのかという視点を重視する。第三に、私たちはルソーの諸テクストが属する界域（手紙、作品、断片等）をある程度無視せざるをえない。本書は作品の体系的読解ではないがゆえに、界域の異なる複数のテクストを同一平面に置き、議論することになる。それゆえ、私たちはルソーのエクリチュールの総体のなかで各テクストがどのような位置を占めているかという問題について答えることができない。

第四節　論文構成

本書は二部から成る。

第一部は〈認識の方法〉を問題にする。そこでは主に分析的方法が主題となる。デカルト以来の方法をめぐる問いにおいてその中心的概念であった〈分析〉という世界を観る知的枠組みがルソーの同時代においてどのような意義を有していたのか、そしてその時代の趨勢に対してルソーがいかなる反応をとったのか。これを明らかに

ルの関心もルソーにおける〈起源の探求〉の独自性である。この点については第五章で論じることになる。

(75) Yves VARGAS, « A propos des "causes insensibles" : politique et philosophie dans les *Lettres écrites de la montagne* », *AJJR* 48, 2008, pp. 339–359.

することが第一部の課題である。まずは啓蒙期における哲学的方法の大家と言えるコンディヤックの「分析的方法」がどのようなものであるかを検討する。その際、コンディヤックの方法に潜む理論的問題点を明確にする（第一章）。次いで私たちはルソーの能力論に着目する。具体的には、『不平等起源論』、『エミール』等で展開されたルソーの能力生成論の構造ないし特徴を描き出す。この作業を通じて、私たちは方法と能力の関係性を理解することができるだろう（第二章）。そして第一部の最後に、私たちはルソーの分析的方法に対する懐疑的態度の理由を『道徳書簡』や『化学教程』の読解から解明する（第三章）。ここでの私たちの主眼はルソーの分析批判を彼の感情優位という実存的姿勢や人間関係の論争的側面から検討することではなく、その批判が哲学的・認識論的な理由に根付いていることを強調する点にある。この認識の方法をめぐる問いから、ルソーの様々なエクリチュールが生成されることを私たちは第二部において示していきたい。

第二部は〈歴史の方法〉を問題にする。先行研究で問われつづけてきたルソーの「発生論的方法」がいかなるものであるのかを解明することが第二部の課題となる。まず『エミール』の読解を通じて、ルソーにおける〈歴史家〉という形象《フィギュール》を提示する。ここで、ある事物の来歴を〈語る〉という行為に内在する権威の問題が浮上することになるだろう（第四章）。この作業から、私たちは〈歴史の方法〉をめぐる二つの問いを設定する。ひとつが『不平等起源論』における歴史記述の問題（第五章）と、もうひとつが自伝における自己の歴史記述（第六章）である。これらの主題において、ルソーは啓蒙の方法を用いて啓蒙の世紀の対話者たちに語りかけようとした。ルソーの手つきはまさに「山師のやり口」であり、そこから読む者の方法を〈我有化 appropriation〉しようとするルソーの戦略を読み取ることができるであろう。

以上が本書の大まかな内容である。一見するとルソーのエクリチュールにおいて些末に思える方法という問題圏から彼の思想を捉え直したとき、そこに広がるのは啓蒙の言説空間が緩やかに共有していた世界の見方とそれを見るルソーの姿である。そこから私たちは、〈啓蒙の批判者〉や〈時代に取り残された者〉ないし〈時代の先行者〉といったイマージュとは異なる、〈時代とアイロニカルに向き合うルソー〉の姿を知ることになる。合理主義者か感情主義者かといった学説の分類によってルソーを捉えようとすれば、彼の思想そのもののダイナミズムを摑み損ねてしまう。

また、本書を〈認識〉と〈歴史〉の二部に分けて論じる理由には、私たちがテクストと向き合う際に無意識に選び取ってしまうディシプリン的眼差しへの反省という側面もある。私たちはデカルトやスピノザのテクストと向き合うときには哲学として読もうとし、バルザックやスタンダールであれば文学として読もうとする。では、ルソーの場合はどうだろうか。『エミール』であれば教育的観点から読もうとするだろうし、『社会契約論』であれば政治学・法哲学の観点、『告白』であれば自伝文学として読もうとしてしまう。だが、視点の取捨選択は歴史的な仮構物でしかない。むしろ、デカルトであれ、バルザックであれ、ルソーであれ、あらゆるテクストが書かれる〈その時〉、それらは何か特定のディシプリンによって書かれるのではない。この意味において、哲学か文学か歴史かといった既存のディシプリンによる不動の眼差しがルソーのテクストの豊穣さをいかに見落としてしまうかということを、本書の分析視角である概念未満の方法は私たちに示してくれるだろう。

第一部　認識の方法

問題設定

第一部では、〈認識の方法〉をめぐってルソーがいかに思考していたかを同時代の、あるいは彼に先立つテクストを通じて検討する。十七世紀の合理主義哲学から十八世紀の経験論哲学へと思想潮流が変化するなかで、世界の認識方法もまた大きく変化した。とりわけ、哲学的伝統をもつ〈分析的方法〉は、コンディヤックにおいて定式化され、啓蒙の世紀を代表する知的方法として多くのフィロゾーフによって認められた。もちろん、この分析的方法は一枚岩ではなく、フィロゾーフたちによって異なる様相を持つ方法であった。いわば、分析的方法を検討することは世界への眼差し方を議論することである。あるいは、こう言ってよければ、〈分析的方法〉はある種のスローガンとして啓蒙の世紀の〈言説のエコノミー〉においてつねに流通していた言葉であった。

こうした時代背景のなかで、分析的方法がルソーの思想においてどのように吟味されていたのかを検討することが第一部の課題となる。先行研究においても指摘されているように、ルソーは分析的方法を繰り返し批判していた。しかし単なる〈批判者〉としてルソーを捉えるだけでは問題は明確にならない。いかなる理由において彼が分析的方法を批判し、その批判を踏まえ自らの思想内容を形成したかを捉えなければ、ルソーにおける認識の方法は明らかにはならない。

以上の問題設定を鑑み、本書はルソー研究であるにもかかわらず、まず最初にコンディヤックの分析的方法を検討する。すなわち第一章では、十八世紀の認識論を支える方法として広く共有されていた分析的方法を定式化したコンディヤックの議論そのものを検討する。この〈遠回り〉な作業を通じて、分析的方法そのものが内包する理論的問題点を明確にする。

第二章ではルソーの認識を把握するための予備作業として、彼の人間学における能力論を検討する。認識する主体がいかなる能力をどのように持ちうるのかを『不平等起源論』および『エミール』の読解を通じて明らかにする。そこで、私たちは感覚論的人間論においては推論技術の獲得は不可能であるとルソーが示していることを知るであろう。

以上の前提を踏まえ、第三章で私たちは、『道徳書簡』というマイナーな小品を通じてルソーの認識論を論じる。そこで私たちはルソーの批判が理由なきものではなく、知的伝統と理論的な議論に依拠する形で展開されているのを見るであろう。この点を様々なテクストから浮き彫りにし、認識の方法に対するルソーの立ち位置を明確にすることが、第一部の課題となる。

第一章　コンディヤックの分析的方法

本章では、ルソーにおける認識の方法をめぐる問題圏を浮かび上がらせるために、彼の同時代人であるコンディヤックの「分析的方法 méthode analytique」について検討する。

これまでのコンディヤック研究において、分析的方法はコンディヤック哲学の核と看做されてきた。『コンディヤック哲学著作集』の編集校訂者であるジョルジュ・ル・ロワは、コンディヤックはジョン・ロック、ニュートンの方法を極限にまで推し進めることで人間知性の各機能を連続的に説明することに成功した、と評した。[1] それに対し、山口裕之の『コンディヤックの思想』はル・ロワによる心理学[2]としてのコンディヤック哲学解釈に疑

（1）Georges LE ROY, *La psychologie de Condillac*, Paris, Boivin, 1937.

（2）山口はル・ロワの心理学的解釈そのものを批判しているのではなく、ル・ロワがコンディヤック哲学を「スピリチュアルな地平に立つ心理学」と見なしていることを批判している。山口自身もコンディヤック哲学の心理学的側面をもちろん認めているが、それは「分析的方法」に基づく近代的な意味における心理学である。山口裕之『コンディヤックの思想――哲学と科学

問を呈し、その哲学の最重要点として分析的方法を挙げ、ロック哲学の批判的受容者および近代科学の礎としてのコンディヤック像を描いた。また、哲学史的にもコンディヤックの分析的方法が、後代の観念学派（イデオロジスト、イデオローグ）(3)に多大な影響を与えたことは周知の事実である(4)。

このように、コンディヤックの分析的方法が彼自身の哲学の核となっていることは、各先行研究が指摘している通りである。しかし、その分析的方法の中身そのものとその理論的問題点に重点を置いた研究は少ない。例外的に先に挙げた山口は、コンディヤックにおける分析的方法の理論的問題を三つの点から検討している。第一の問題点として山口は単純観念の定義上の問題を挙げている。すなわち「分析は、知覚的対象の側において初めから分節されている単純観念を単に発見するだけなのか。感官に直接与えられるものは分割不可能な「単純観念」なのか」(5)という問題である。第二の問題は記号の問題であり、コンディヤックにおいて観念の成立と観念の取り扱いにおいて記号がどう働くのかを山口は検討している。最後は、分析的方法によって得られるとされる体系 système をめぐる問題である。山口はこの問題圏のなかでコンディヤックにおける分析の秩序と体系の秩序の関係性を再検討し、コンディヤックが明示していない体系の哲学的意味を明確にした。

このような先行研究の状況において、本書はどのような立場からコンディヤックの分析的方法を検討することになるのだろうか。本章ではコンディヤックにおける分析的方法の意味内容を精査し、そこからその方法が内包している〈原理〉を描き出すことを目的とする。言い換えれば、いかなる根拠において分析的方法が哲学的に正当な方法でありうるとコンディヤックが考えていたかを明確にする。

結論を先取りすれば、私たちはこの〈原理〉が〈自同性原理 principe d'identité〉であると考える。この自同性原理と呼ばれるものによってこそ、分析的方法は成功し十八世紀哲学の方法的基礎になることができた、と私たちは考える。コンディヤック哲学においてこの原理がつねにすでに先行することを指摘したのは、言うまでもなくジャック・デリダであった。(6) デリダのコンディヤック哲学への一連の指摘は私たちにとって非常に有益である。とはいえ、デリダが指摘する自同性原理がコンディヤック自体の議論からいかにして導出されるかについて、デリダ自身あまりその多くを語ってはいない。ゆえにコンディヤックのテクストに沿いながら、自同性原理が根源的問題として浮上する現場を記述することが私たちの役目となるであろう。そして誇張した言い方を用いれば、デリダの着想それ自体の起源としてルソーの思考があったのではないか、と私たちは考える。

あらかじめ、コンディヤックのテクストの取り扱い方を示しておく。本章ではコンディヤックの様々なテクストを同時並行的に取り上げていくが、このやり方はコンディヤック哲学の時間的変遷を無視することになるだろ

のはざまで』、勁草書房、二〇〇二年、一三―一四頁。

(3) 例えば、ラヴォワジエ、ラグランジュ、ジョセフ・ラカナル、デステュット・ド・トラシーら。

(4) コンディヤックと観念学派の関係に関しては以下の文献を参照。村松正隆「観念学派とその周辺」『哲学の歴史――知識・経験・啓蒙』第六巻、中央公論新社、二〇〇七年、五七二―五九七頁；松永澄夫『哲学史を読む』II、東信堂、二〇〇八年。

(5) 山口『コンディヤックの思想』、三二頁。

(6) デリダのコンディヤック論は、ガリレ社から出版された『人間認識起源論』に付された五つの章から成る序文として世に出た (CONDILLAC, *Essai sur l'origine des connaissances humaines*, précédé de *L'archéologie du frivole* par Jacques Derrida, Paris, Galilée, 1973)。次いで、それら序文は同社から『たわいなさの考古学』と題され出版された (Jacques DERRIDA, *l'archéologie du frivole*, Paris, Galilée, 1990.［ジャック・デリダ『たわいなさの考古学――コンディヤックを読む』、飯野和夫訳、人文書院、二〇〇六年］)。本書では後者のテクストを引用元として扱う。

う。しかし、本書ではこの点を問題視しない。もちろん私たちの主題がルソーの思想の方にあってコンディヤックのそれではないという理由も大きいが、多くの研究者が指摘するように、コンディヤックの哲学的方法は『人間認識起源論』において大まかに完成し、その後のテクストはその緩やかな変奏であるという理由に拠るところも大きい(7)。こうした意味で、コンディヤック哲学の変遷そのものの問題は本書以後の私たちの課題としておきたい。

第一節　経験論と分析

十八世紀の経験論について検討する場合、経験論の諸学説（感覚論、独我論等）そのものを議論するだけではなく、経験論の方法をも議論しなければならない。その方法こそが「分析〔analyse〕」であり、分析が思考形式としての経験論を基礎付けている(8)。まずは啓蒙の時代における分析の語彙論的定義から始めよう。『百科全書』項目「分析」（ダランベール執筆）において、それはまずもって数学用語として定義されている。« analyse »が「解析」とも訳されるように、分析（解析）は数学の一分野であった(9)。次いで、項目「分析」は文法的、論理学的、文学的そして化学的用語として定義されている(10)。そして「分析」概念の多義性については、アリストテレスの議論にまで遡ることができる(11)。

ところで、この概念の政治学的領域への適応を確立したのはトマス・ホッブズである。この点について、カッ

（7）「三十年を隔てて、『論理学』は『〔人間認識〕起源論』の一般的規則を提示していることになる。事後的にではあるが、この一般性に対応しており、わずかの変更も加えてはない。」（Derrida, *l'archéologie du frivole*, p. 29.〔デリダ『たわいなさの考古学』、二三頁。〕）もちろん、モリヌークス問題に対するコンディヤックの考えが『人間認識起源論』から『感覚論』へと至るなかで変化したという点などを踏まえれば、思想そのものは変容したと言わねばならないだろう。『人間認識起源論』でコンディヤックは目が見えるようになった先天的盲人は球体と立方体を区別できると考えていたが、『感覚論』では両者を区別できないと主張を変えた。この点については古茂田による注釈を見よ。コンディヤック『人間認識起源論』上、古茂田宏訳、岩波文庫、一九九四年、二九四―二九五頁。

（8）本書では十八世紀啓蒙主義の時代であるフランスを対象とするが、『言葉と物』においてフーコーは十七世紀をも含む古典主義時代におけるエピステーメーの条件として「分析」を挙げている。この観点からフーコーのコンディヤック読解を取り上げている研究としては以下のものがある。手塚博『ミシェル・フーコー——批判的実証主義と主体性の哲学』、東信堂、二〇一一年、第一章。

（9）学問分野の「解析」は当時厳密に画定されていたわけではなく、当時の各辞書においてその定義には混乱が見られる。Cf. Christian Gilain, « La place de l'analyse dans la classification des mathématiques : de l'*Encyclopédie* à la *Méthodique* », *Recherches sur Diderot et sur l'Encyclopédie*, 45, 2010, pp. 109–128.

（10）『百科全書』項目群「分析」における項目順序と分類および執筆者は以下のようになっている。項目「ANALYSE（解析）」（数学、ダランベール）、「Analyse（要約）」（文法、ダランベール）、「L'Analyse（分析）」（論理学、イヴォン師）、「Analyse（概要）」（文学、執筆者不明）、「Analyse（分類索引）」（文学、マレ）、「Analyse（分析）」（化学、マルアン）。『百科全書』の各項目名は、キャピタルやスモールキャピタル等の表記によって階層化されている。この階層化の意義と問題については以下の文献を見よ。逸見龍生、小関武史編『百科全書の時空——典拠・生成・転位』、法政大学出版局、二〇一八年。

（11）Cf. Olivier Dubouclez, *Descartes et la voie de l'analyse*, Paris, PUF, 2013, chap. I.

シーラーは以下のように記している。

国家についての真の学問的認識に到達するためには、ガリレイが物理学の分野に適応したあの総合的ならびに分析的方法を、政治の分野に導入すること以外に何も必要ではない。この場合においても全体を理解するために我々はまずそれの構成部分へ遡及して、当初これらの部分を本来的に結びつけていた力、そしてさらにその結合を維持している力を考察しなければならない。そしてこの解析は勝手なある点での中断が許されず、実際的な構成的要素、つまりそれ以上分割不可能な絶対的な単位にまで到達して初めて停止する。我々が政治的・社会的な構成体を正しく認識しようとする場合には、それらを究極的な諸部分に分割することが必要である。(12)

「学問的認識」に至る方法こそ分析的方法である。だが、この方法には注意すべき点がある。それは分析の恣意的な中断である。「分割不可能な絶対的な単位」に至るまで分析は繰り返し実施されねばならない。問題はどこまでいけば分割不可能なものに行き当たるのか、である。無限に物体は分割可能であるとすれば、そのようなものは存在しないことになる。だとすれば、分析的方法は失敗を余儀なくされる。しかし、カッシーラーはここでは無限小分割の問題に触れることはない。よって、カッシーラーが理解する分析的方法は最小の要素へと人知が到達しうるということを前提としているということがわかる。(13)

話を戻そう。事実、ホッブズは機械学のアナロジーを用いて、国家のような事物の本性を認識するために分析的方法が重要であることを以下のように強調していた。

〔本書の〕論じ方についてはどうかというと（……）国家の素材そのものから始めて次に国家の発生と形態、ならびに正義の最初の起源へと進まなければならない、と私は考えた。なぜなら、各々の事物はやはりそれを構成しているものから認識されるのが最善だからであって、その理由は次の点にある。すなわち、自動式の時計やそのほかのもう少し複雑な機械の場合、各々の部分や回転板の働きがどのようなものであるかは、分解して諸部分の材質や形態や運動を別々に調べなければ知ることはできないが、それと同様に、国家の権利や市民の義務に関して探究するためには、なるほど国家をほんとうに解体する必要はないが、しかし少なくともそれをあたかも解体したかのようにして考察する必要があるからである。つまり、人間の本性がどのようなものであるか、どのようなものから国家を組み立てるのが適切または不適切であるか、また融合しようと欲する人々はどのような仕方で互いに統合されなければならないかを正しく理解する必要があるということである。(14)

このテクストに基づけば、機械をその構成要素へと分解するように国家を分析することによって「国家の発生と

(12) Ernst CASSIRER, *La philosophie des lumières, trad. Pierre Quillet, Paris, Fayard, 1966 [1932]*, p. 257.〔エルンスト・カッシーラー『啓蒙主義の哲学』下、ちくま学芸文庫、二〇〇三年、九九頁。〕

(13) この分割の問題については第三章で再び触れることになるだろう。

(14) Thomas HOBBES, *De Cive*, Oxford, Oxford Clarendon Press, 1983, p. 79.〔ホッブズ『市民論』、本田裕志訳、京都大学学術出版会、二〇〇八年、一七―一八頁。〕

形態、ならびに正義の最初の起源」を解明するために、ホッブズは市民社会の一部品として人間本性を理解しようと努めたのであった。

カッシーラーによれば、ホッブズの分析的方法はデカルトが『方法序説』においてその方法を用いるべきだとした形而上学の領域を超え出ている[15]。事物を認識することとは、「究極的な諸部分」にまで事物を分割することであり、観念論や経験論などの異なる複数の哲学的立場を超えて共有されていた方法が分析的方法である、ということが理解できよう。経験主義者たちにとって、分析的方法は現実の可感的現象、つまり「我々ノ前ニアルモノ」から出発して事物の本性へと至る〈道 voie〉である。

> 哲学の方法についての中心的な問題の解決は、デカルトの『方法序説』よりもむしろニュートンの『哲学の規則』に立ち戻っておこなわれ、その結果哲学は直ちに全く新しい方向に進むこととなった。というのはニュートンの方法は純粋な演繹ではなく分析の方法だったからである。まず最初にある特定の原理、特定の一般概念や公理をたてた後でそこから次第に抽象的な推論によって個別的なもの、「事実的なもの」の認識に至る道を均していく、という手続きを彼は採らなかった。彼の方法はこれと全く逆方向である。彼にとっては現象が所与であり、原理は探求の目標である。後者が自然ニトッテ先ナルモノ〔πρότερον τῇ φύσει〕であるならば、前者はつねに我々ノ前ニアルモノ〔πρότερον πρὸς ἡμᾶς〕である[16]。

デカルトからニュートンへ、哲学の方法は変化した。デカルトは公理から現象へと進み、ニュートンはその逆の道を歩んだ。ニュートンの「この新しい方法の計画」から、「観察は与件〔datum〕であり、原理と法則は目的物

〔quaestium〕」[17]になったのである。

そして、コンディヤックこそがニュートンが擁護した方法を十八世紀において基礎付けたのである。『百科全書』項目「分析」（分類、論理学）のなかで、執筆者のイヴォン師[18]はコンディヤックが分析を定義しているテクストへの参照指示を明記することなく、そのテクストを我有化して以下のように記している。

分析とは、我々の観念の起源に遡り、観念の生成を展開させ、観念を構成したり分解したりした後で、様々な構成物や分解物をそれらの諸関係を示してくれるあらゆる側面から比較することにある[19]。

念のため、『百科全書』に先立って刊行されたコンディヤックの『人間認識起源論』（一七四六年）を引用しよう。

（……）真理の探求において従わねばならない順序とは、すでに私が分析について述べた箇所で示したあの順

(15) CASSIRER, *La philosophie des lumières*, pp. 255–258.〔カッシーラー『啓蒙主義の哲学』下、九六―一〇〇頁。〕
(16) *Ibid.*, pp. 42–43.〔同書、上、二八頁。〕
(17) *Ibid.*, p. 43.〔同書、上、三〇頁。〕
(18) クロード・イヴォン（Claude Yvon, 1714–1789）は、感覚論、自然宗教を称揚したとしてソルボンヌ大学博士号を剥奪されたプラード師（Jean-Martin de Prades, 1720–1782）と共に『プラード師弁護』を執筆した人物。
(19) Claude YVON, *art.* « L'ANALYSE », *Enc.* I, 1751, p. 401b.

序[20]と同じである。分析とは、我々の観念の起源に遡り、観念の生成を展開させ、観念を構成したり分解したりした後で、様々な構成物や分解物をそれらの諸関係を示してくれるあらゆる側面から比較することにある。——[21]

傍線部分は一字一句イヴォン師の文章と符合する。このように『百科全書』項目「分析」におけるコンディヤックからの借用を踏まえれば、コンディヤックが十八世紀中葉から十九世紀初頭において分析的方法を重視する代表的哲学者と見なされていた、と考えることは妥当であろう。[22] また後年、ポーランド国民教育委員会の要請により執筆された『論理学——考える技術の初歩 *La Logique, ou les premiers développements de l'art de penser*』（一七八〇年出版）において、コンディヤックは分析を哲学者だけが知っている特権的方法として位置づけるのではなく、日常的に私たちが知らず知らずのうちに使っている方法であると見なし、分析的方法が思考の基礎を支えていると主張していた。[23] 以上の点から、十八世紀フランスの言論空間においてコンディヤックがいかに分析的方法を重視していたかということが分かるであろう。それでは次節において私たちはコンディヤックの分析的方法を具体的に検討していく。

第二節　分析的方法の内実

コンディヤックの分析的方法を検討するために、まずは哲学に対する彼の基本姿勢を概観しよう。『人間認識起源論』序文のなかで、コンディヤックは形而上学を二種類に区別する。一つ目の形而上学は「高望みをする形而上学」であり、それは「あらゆる謎を解明しよう」とするものである。この形而上学の目的は「存在するものの本性、本質、最も隠れた原因(24)」について思考することである。そして、もう一つの形而上学とは「より慎ましい〔plus retenue〕形而上学」であり、コンディヤックが評価する形而上学がこれである。後者の形而上学は、「知

(20)『人間認識起源論』第一部第二章第七節「様々な学問的原理の起源についての余談と、分析する働きについて」を指す。

(21) Condillac, *Essai sur l'origine des connaissances humaines*, *OP* I, p. 113a.〔『人間認識起源論』下、古茂田宏訳、岩波文庫、一九九四年、二三九頁。〕

(22) コンディヤックの分析が他のテクストに波及している例としては、シカノー (Didier-Pierre Chicaneau de Neuville, 1720–1781) の『哲学辞典あるいは人間認識入門』を挙げることができる。本辞典は一七五一年に第一版、一七五六年に第二版が出版されており、項目「分析」は存在するがそこでコンディヤックの名は登場していない。しかし、一七六二年第三版ではこれまでの記述に追加される形で大幅なコンディヤックの「分析」への言及が登場する。Chicaneau de Neuville, *Dictionnaire philosophique ou Introduction à la connaissance de l'homme*, 3e éd, Londres, 1762, pp. 34–35.

(23) Condillac, *Logique ou les premiers développements de l'art de penser*, *OP* II, p. 376a.〔『論理学――考える技術の初歩』、山口裕之訳、講談社学術文庫、二〇一六年、四二―四三頁。〕

(24) *Id.*, *Essai sur l'origine des connaissances humaines*, *OP* I, p. 3a.〔『人間認識起源論』上、一四頁。〕

りうることがらについては知りたいと望むが、人間の精神で捉えられるはずのないことがらについては、なおかつそれを知りたいと苛々することがない[25]。自らの能力の限界を超えたものについて欲望しないことを自らに課すこの形而上学は「事物をありのままでしか見ようとはしないので真理自体と同じくらいに単純[26]」である。この形而上学が拠って立つところが分析的方法である。そして、コンディヤックの目指す「形而上学」は、人間の本性や世界の成り立ちといった知識の総体を指すものではない。後年の作品『教程』のなかで、コンディヤックはこのような「慎ましい形而上学」を「心理学」と呼ぶ。

> 我々の観念が何でありいかにして形成されるのかを我々が知らなければ、我々のすべての観念を上手に分析することは不可能である。ゆえに、観念の起源と生成をまずもって知らねばならないのである。しかし、この対象を扱うこの学問には未だ名前が与えられてはいないし、新しい学問でもある。もし心理学〔psychologie〕という題名の何か良き書物を私が知ってさえいれば、私はこの学問を心理学と名付けたいところである[27]。

この「心理学」という用語に私たちは注意せねばならない。ル・ロワが指摘するように、コンディヤックにとって「心理学」とは心のなかに生じる観念そのものの〈生成〉の仕方を探求する学である[28]。心理学という「慎ましい形而上学」の観点から見れば、コンディヤックの分析的方法は観念のみを対象とする学であるように見受けられる。

しかし、コンディヤックの形而上学はこの観念の生成について検討する〈主体〉の側の反省的態度そのものをもその議論の射程に入れているということを忘れてはならない。すなわち、「分析する技術〔l'art d'analyser〕」とは

「思考の技術〔l'art de penser〕」ないし「推論する技術〔l'art de raisonner〕」でもある。というのも、「〔言語を通じて〕分析は認識獲得のメカニズムと同時にこのメカニズムの認識[29]」それ自体も記述するからである。〈言語〉という道具を用いて為される分析は私たちの思考の運動そのものを意味することになる。ゆえに『論理学』のなかで、コンディヤックは言語とは分析的方法であると主張する。彼によれば、「言語」は分析をおこなうための記号的道具である。

> （……）我々は言葉〔mots〕の助けなしに考えることはできない。このことから推論する技術は言語〔langues〕とともに始まったということは十分に理解される。そして推論の技術は、言語それ自体が進歩したのと同様にしか進歩できなかったということも理解される。結果として言語は正しく分析するにしても間違って分析するにしてもいずれにせよ分析するために我々が持ちうるすべての手段を内包しているに違いないということも理解される。[30]

（25）*Ibid.*〔同書、同頁。〕
（26）*Ibid.*〔同書、同頁。〕
（27）*Id.*, *Histoire moderne*, *Cour d'études*, *OP* II, p. 229b.
（28）Le Roy, *La psychologie de Condillac*, pp. 84–85.
（29）André Charrak, *Empirisme et métaphysique : l'essai sur l'origine des connaissances humaines de Condillac*, Paris, Vrin, 2003, p. 21.
（30）Condillac, *Logique*, *OP* II, p. 396b.〔『論理学』、一三〇頁。〕

『論理学』の別の箇所では以下のように言語と思考の相互依存をコンディヤックは主張している。

いかにして身振り言語〔langage d'action〕がひとつの言語であるのかということを理解し、身振り言語なしには人間は自らの思考〔pensée〕を分析できない状態にあったであろうことを理解すれば、なぜ言語〔langues〕が分析的方法と同じであるのかということは容易に理解できるだろう。身振り言語の代わりに分節音による言語によって補わなければ、話すことを止めることで人は思考を分析できなくなる、ということは認められるだろう。記号〔signes〕なしには分析は為されないし、為されえない(31)。

このテクストは、〈言語は分析的方法の道具である〉という以上のことを述べている。すなわち、〈言語は分析的方法それ自体である〉とまでコンディヤックは主張する。ゆえに、身振り言語であれ、分節音言語であれ、言語は「推論する技術〔l'art de raisonner〕」と共に始まる(32)。注意すべきは、叫びといった身体的言語は分析的方法ではないということである。コンディヤックによればこのような身体的言語は生得的言語でしかない。「私が生得的と名付ける言語とは、我々の身体構造からの自然で直接的な産物であるために、我々は学習せずとも持っている言語である。その言語は我々が感じたことをすべて同時に語る。つまりそれは分析的方法ではないし、我々の感覚を分解することもない(33)」。人間が観察によって身体的言語を身振り言語として理解し始めたその時、ひとはすでに分析的方法という操作を用いているのである。このことを松永澄夫は以下のようにまとめている。

しかして、『論理学』におけるコンディヤックの目は、記憶を可能にするものとしてよりは、分析の方法であるものとしての言語に向かうのだが、最初の分析とは行動の言語〔＝身振り言語〕であると彼は考えるのである。かくて、すでに生得的〔従って自然的〕言語である行動〔＝身振り〕を分解することを学ぶとき、人はその分解的行動において分析的言語を、『人間認識起源論』の言葉で言えば恣意的記号を手に入れる、これが彼が描く道筋である。(34)

このような〈分析的方法＝言語〉という言語観から、コンディヤックは未完成の遺作『計算の言語 *La langue des calculs*』において数学化された言語を構想したのであった。この作品冒頭で、言語と分析的方法の同一性が明確に述べられている。

> どんな言語もひとつの分析的方法であり、どんな分析的方法もひとつの言語である。単純かつ斬新なこれら二つの真理は証明されている。第一の真理は私の文法〔に関する議論〕のなかで証明されている。第二の真理

---

(31) *Ibid.*, p. 398b.〔同書、一四〇頁。〕
(32) *Ibid.*, p. 396b.〔同書、一三〇頁。〕
(33) *Ibid.*, p. 398a.〔同書、一三五頁。〕
(34) 松永澄夫「コンディヤックの記号論」『哲学史を読む』II、東信堂、二〇〇八年、二一頁。山口『コンディヤックの思想』、一三七—一四〇頁も合わせて参照せよ。山口は松永の議論を踏まえ、観念の形成が記号ではなく、操作と観察にあると結論づけた。

は私の論理学〔に関する議論〕のなかで証明されている。そして、これら真理が話す技術と推論する技術に対して広めた学識と〔話す技術と推論する技術を〕単一かつ同一のある技術にした学識を人々は認めることとなった。(35)

語の運用方法を画定する文法学（話す技術）と推論を適切に秩序立てる論理学（推論する技術）は、ひとつの学に単純化することができる。というのも、どちらの学も分析的方法の秩序に従っているからである。コンディヤックにとっての問題は、分析的方法によって運用される言葉の不明確さであった。ゆえにコンディヤックは「上手く作られた言語」(36)として数学的言語である代数を提案し、これを用いて分析的方法を展開することを主張したのであった。

コンディヤックの分析的方法は言語という記号を用いることで実行されるが、では具体的にその方法では何がおこなわれるのだろうか。それは「複合観念〔idée complexe〕」の分析によって「単純観念〔idée simple〕」にまで到達する知的作業を意味する。ジョン・ロックの『人間知性論』に依拠する形で(37)コンディヤックは「様々な知覚の集積体ないしは集合体を複合観念と呼び、まったく単一なものと見なされる知覚〔perception〕を単純観念と呼ぶ(38)」と定義している。

この定義に基づけば、分析されるべきものは複合観念であって、単純観念ではないということになる。なぜならば、単純観念は分解不可能な「単一なもの」であるからである。

複合観念を分析することなしには、今私が複合観念を限定したような意味において正しく理解することはできない。つまり、複合観念を構成している単純観念へとその複合観念を還元し、〔単純観念から複合観念への〕生成を追わねばならないのである。[39]

このように考えると、コンディヤックの分析的方法とは「記号」を通じて複合観念を分解する操作であると言える。一見するとこの認識論は凡庸そうなものに見えるが、その内実は複雑であり、コンディヤックの記述には多くの矛盾が存在する。本章ではこのコンディヤックの認識論をめぐる諸問題に一つひとつ言及することはできないので、私たちはひとつの問題に着目したい。それが分析的方法と推論の関係性である。というのも、観念の操作としての分析が言語という記号によって展開されるのであれば、分析は思考の技術としての推論 raisonnement ということになるからである。[40] ゆえに、コンディヤックの分析的方法を知るには、彼が推論をどのようなものと

(35) Condillac, *La langue des calculs*, *OP* II, p. 419a.
(36) *Id.*, *Logique*, *OP* II, p. 393.〔『論理学』、一一六頁。〕
(37) John Locke, *Essai philosophique concernant l'entendement humain*, traduit de l'Anglois de Mr. Locke, par Pierre Coste, Amsterdam, Pierre Mortier, 1735, p. 75.〔ジョン・ロック『人間知性論』一、大槻春彦訳、岩波文庫、一九七二年、一五八頁。〕十八世紀フランスにおける『人間知性論』仏訳の問題については第二章第二節を参照せよ。
(38) Condillac, *Essai sur l'origine des connaissances humaines*, *OP* I, p. 37a.〔『人間認識起源論』上、一五九頁。〕
(39) *Ibid.*, p. 38b.〔同書、一六四頁。〕
(40) 「観念はあらゆる思考の技術における軸〔pivot〕である。」(*id.*, *Traité des systèmes*, *OP* I, pp. 144a–144b.)

考えていたのかを検討せねばならない。

『人間認識起源論』第一部第二節においてコンディヤックはロックが『人間知性論』において見過ごしてきた「魂の様々な働きの生成」[41]を描くことを試みている。つまり、知覚から出発し知性 entendement へと至る生成過程の叙述である[42]。その第二節第七章においてコンディヤックは「推論の働き」[43]の検討を開始する。コンディヤックはまず推論を判断の集まりと定義する。

判断するという働きから、推論するという働きが生まれてくる。推論とは、互いに依存しあう諸判断の連鎖〔un enchaînement de jugements〕にすぎない[44]。

それでは推論を構成する「判断」とは何か。コンディヤックの説明を引用しよう。

我々が〔二つの〕観念を比較するとき、それら観念を注視するという局面において我々の意識〔conscience〕はこれら観念が同じ〔les mêmes〕であるということを我々に知らせてくれる。我々はこの事態を「である〔*est*〕」という言葉でこれら観念を結びつけることで言い表す。これは「肯定する〔*affirmer*〕」と呼ばれる。あるいは逆に、同じではないということを我々の意識が我々に知らせてくれる場合、このことを我々は「ではない〔*n'est pas*〕」という言葉で二つの観念を切断することで言い表す。これは「否定する〔*nier*〕」と呼ばれる。この二重の働きを我々は「判断する〔*juger*〕」と呼ぶ[45]。

推論を構成する判断とは観念同士の同一性／非同一性を発見することである。私たちの目の前に二つのモノがあり、どちらも私たちには赤くて丸い〈リンゴ〉という観念で呼ばれるモノであるとすれば、おそらく私たちはそれら二つのモノを〈一方のリンゴは他方のリンゴと同じである〉と意識するであろう。反対に他方の〈リンゴ〉が〈ミカン〉に置き換えられるとすれば、〈一方のリンゴは他方のミカンと同じではない〉と言明されることになる。ところで、判断が〈である／ではない〉によって観念同士を関係づける行為であるとするならば、判断とは語の集積から成る命題の体裁をとることになる。つまり、「推論とは諸命題〔propositions〕から成る。そして、命題は諸単語〔mots〕から成る。単語とは我々の観念の記号である」(46)。

コンディヤックは以上のように判断と推論を定義するのであるが、『人間認識起源論』において彼自身はこれらについてこれ以上説明する意志はなかったようである。

こうした判断や推論という働きは、魂の様々な働きのなかで、詳述する必要性がもっとも低いものである。

(41) *Id.*, *Essai sur l'origine des connaissances humaines*, *OP* I, p. 5b.〔『人間認識起源論』上、二二頁。〕
(42) 魂の働き、すなわち能力の問題に関しては、私たちは次章で論じる。
(43) *Ibid.*, p. 27b.〔同書、一一五頁。〕
(44) *Ibid.*〔同書、同頁。〕
(45) *Ibid.*, p. 27a–27b.〔同書、同頁。〕
(46) *Id.*, *Traité des systèmes*, *OP* I, pp. 144a–144b.

これについて論理学者たちが万巻の書物のなかで書いてきたことは、私には余計で無用なものに思われる。(47)

ここで念頭に置かれている「論理学者たち」が誰なのかに関してコンディヤックは明言していないが、おそらく当時の標準的な論理学の教科書であった『ポール・ロワイヤル論理学』が念頭に置かれているのであろう。四部から成るこの『論理学』はその第三部が「推論について」と題され、二十の章にわたって推論の規則が詳述されている。そこではストア論理学や伝統的な三段論法が検討の対象となっており、複数の判断から別の判断を形成する推論について論じられていた。(48)

『ポール・ロワイヤル論理学』の詳らかな議論とは異なり、コンディヤックは推論を説明するために上の簡素な定義と推論を実行する際の私たちの経験だけに言及する。この経験を語る上で、コンディヤックは推論に関する三つの問いを提起する。第一に、いかにして私たちは会話のなかで淀みなく長い推論を展開できるのか。第二に、その推論を構成する全部分は同じ瞬間に頭のなかに現前しているのか。そして最後に、同時に推論の全部分が現前しないとすれば、どのように私たちは順序よく推論を展開することができるのか、である。(49)

コンディヤックの解答は明解である。「ある人が推論をしようとするとき、彼はまず自分が証明したいと思う命題に注意を向ける。するとこの注意から、彼がしようとしている推論の様々な部分の結論であるいくつかの主要な命題が次々に見えてくる〔apercevoir〕」。(50) そうするうちに彼は最初に説明されるべき第一の命題を把握し、この命題を構成する諸観念が彼の精神に「結合関係の順序」に従って想起される。この操作を繰り返し第二の命題、第三の命題……と進み、最後には結論すべき命題へとたどり着く。ゆえに、これらの命題の連関が強ければ強いほど、私たちは彼が「あたかもそれら全体をいっぺんに見通しているかのように」思えてしまうのである。(51) すなわち、「彼の精神は〔結論の命題を構成する〕諸部分のすべてを同時に把握しているというわけではない」。淀みなく推論を展開できるかどうかは、彼にとってその話題が身近な話題かどうかに依るだけである。「そうではない話題について話す場合にはいつでも、人はつっかえながら話すものだ」[52]とコンディヤックは言う。

この説明における重要なポイントは、推論を構成する各命題が推論よりも先にあるのではなく、推論の実行中に各命題が作られていくという点にある。私たち自身の経験を振り返れば当たり前のことのように思えるが、論理学者たちがその説明に膨大な記述を割いてきた歴史のなかで、コンディヤックは推論の説明として上記のことだけを述べるに留まった。だが、私たちはコンディヤックのこの振る舞いにこそ注視せねばならない。なぜならば、この推論経験の記述は分析的方法の具体的プロセスを示しているからである。

第一節において確認したようなイヴォン師が我有化したコンディヤックの一節（「我々の観念の起源を遡り、起源からその生成を展開させ……」[53]）や分析的方法の基本テーゼから明らかなように、分析的方法は二つの動きからなる。

（47）*Id., Essai sur l'origine des connaissances humaines*, p. 27b.〔『人間認識起源論』上、一一五頁。〕
（48）宮原琢磨「『ポール・ロワイヤル論理学』序説」『日本大学人文科学研究所研究紀要』、第四五号、一九九三年、一三頁以下。
（49）CONDILLAC, *Essai sur l'origine des connaissances humaines*, *OP* I, p. 27b.〔『人間認識起源論』上、一一六頁。〕
（50）*Ibid.*〔同書、同頁。〕
（51）*Ibid.*〔同書、同頁。〕
（52）*Ibid.*〔同書、一一七頁。〕
（53）*Ibid.*, p. 113a.〔『人間認識起源論』下、二三九頁。〕

ひとつが後退的運動としておこなわれる分解的操作、もうひとつが前進的運動としての再構成的操作である。[54]

これら二つは、互いに独立した運動ではない。後退的運動とは、ひとつの現象から出発しその要素（すなわち単純観念）を見つける運動である。この探求は、私たちが体験する現象を分解 *dé*-composition することでなされる。とはいえ、現象の分解はその現象の再構築 *re*-composition をあらかじめ前提としている。このことをアンドレ・シャラクは以下のようにまとめている。「基礎的なもの〔l'élémentaire、すなわち単純観念〕は、その基礎的なものたちで全体を生み出すことができるようなやり方で選ばれなければならない[55]」。分解という作業には構成という作業があらかじめ内包されていなければならない。この意味においてこそ、私たちはコンディヤックの以下の言葉を理解することができる。

> 可能な限り事物の起源と生成を示すためにしか分析は分解をなさない。それゆえ、分析されたあらゆるものが再び生じるのを確認できるような視点のなかで、分析は部分的な観念〔idées partielles〕を提示せねばならないのである。でたらめに分解する者は抽象〔abstractions〕しかしていないのだ。[56]

「でたらめに分解する者」とは分析的方法の作業のひとつである前進的運動を無視する者を意味し、目的なき分析は分析的方法とは呼べない。例えば、時計を分解する場合、ネジや歯車といった様々な部品に分ける必要がある。しかし、ひとは一本のネジを細かく切り刻んだりするような最小単位以上の分解をすることはしない。なぜならば、後で時計を再構成する必要があるからである。すなわち、あらかじめ再構成の可能性を担保しつつ、ひとは分解の作業をおこなうのである。

続いて、分析的方法における前進的運動について検討しよう。前進的運動の目的とは、後退的操作によって発見された「基礎的なもの」である単純観念から出発し、もとの現象を再構成 *re*-composition することである。再構成の向かう先は、最初の出発点でなければならない。すなわち、時計の分解によって生じた様々な部品から携帯電話を構成してはならず、時計を再構成することが求められる。このように考えた場合、分解と再構成は相互に前提しあっていることになる。『体系論』のなかで、コンディヤックは分析のこの二つの運動について次のように述べている。

これら体系をつくるために私が用いる方法を私は分析と呼ぶ。分析が分解と構成という二つの操作を含んでいるということは知られている。分解を通じて、ひとつの主題〔sujet〕に属するあらゆる観念は分離され、他のすべてのものの芽〔germe〕となるべき観念を発見するまで諸観念は吟味される。構成を通じて、その観念の生成の秩序を辿ることで諸観念は配列される。しかし、分解がうまくなされなければ、観念の真の生成

(54) この表現はシャラクに負っている。Cf. Charrak, *Empirisme et métaphysique*, p. 22.
(55) *Ibid.*
(56) Condillac, *Art de penser*, *Cours d'études*, *OP* I, p. 769a. このテクストにおいて、コンディヤックは「抽象」を否定的な意味で用いている。しかしながら、コンディヤックは抽象がもたらす害悪と共にその重要性も認めている。抽象／抽象化に対するコンディヤックの両義性については、以下の文献を参照せよ。Cf. Alain Cernuschi, *Penser la musique dans l'Encyclopédie*, Paris, Honoré Champion, 2000, pp. 154–159.

を把握することからはますます遠のいてしまうだろう。(57)

このテクストに基づけば、分解と構成からなる分析的方法の目的とは観念の生成を把握することである。そして、この観念の生成こそコンディヤックが「体系 système」と呼んだものである。なぜならば、分析的方法が作り上げる観念の生成は、全観念が互いに結びつくことでひとつの円環をなすからである。この円環のイメージについてコンディヤックは『体系論』冒頭で、「ひとつの体系とはひとつの技術もしくは学問の様々な部分の配列以外の何物でもなく、その諸部分はすべてが相互に支え合っており、最後の部分は最初の部分によって説明される」と述べている。(58) この記述に従えば、「二つの操作」の複合体である分析的方法とは、一方の観念に基づいて別の観念が生起する、つまりひとつの円環の形成を目指す方法ということになる。

先ほどの推論に関する経験は、今しがた述べた分析的方法が生み出す円環的思考の具体的イメージである。ひとは「自分が証明したいと思う命題」を分解し、主要な第一命題(＝基礎的なもの)を発見する。コンディヤックによれば、推論はその実行中に各命題が作られていく知的操作であった。これは帰結したい命題と分解された命題が命題の連鎖として繋がっているかに注意しつつ、推論は実行されねばならない、ということを意味する。先に示した時計の例のように、分解と再構成の往復可能性という円環を保持することが分析的方法には不可欠なのだ。

以上の検討から、私たちはコンディヤックにおける分析的方法が各要素の連綿とした繋がりを円環的プロセスとして表出させる方法であると言うことができよう。分析的方法についてはこれまで、分解・再構成の側面が重視されて解釈されてきたが、私たちはそれ以上に分析的方法が前提とする円環をなす連続性という点を強調したい。なぜならば、この連続性という観点がコンディヤックの分析的方法を支えるものであり、かつコンディヤックが晩年に至るまで再考しつづけていたものであるからである。この点こそ、本章第四節以降からの私たちの議論の中心点をなすのであるが、その前にコンディヤックが自身の分析的方法とは別なるもの、批判すべきものとして言及していた総合的方法について検討したい。

第三節　総合的方法と原理批判

コンディヤックにおける分析的方法とは二つの側面（分解、再構成）からなり、分解と再構成の両者がひとつの円環を形成する知的操作であるということを前節で確認した。ところで通常、分析の対概念は〈総合synthèse〉と呼ばれる。例えば、イヴォン師による『百科全書』項目「分析」では、冒頭で「この方法〔分析〕によって、最も複雑なものから最も単純なものへと進む」[59]と記述され、分析と総合の対称性が指摘されている。[60] 総合では、最も単純なものから最も複雑なものへと進む。[61] だが、コンディヤックはこの対称性を認めてはいない。再構成の

（57）CONDILLAC, *Traité des systèmes*, *OP* I, p. 213.
（58）*Ibid.*, p. 121a.
（59）YVON, *art.* « L'AANALYSE », *Enc.* I, 1751, p. 401b.

側面をコンディヤックは総合と呼ぶことはない。それでは、コンディヤックは総合をどのように考えていたのだろうか。

『人間認識起源論』第一部第二節第七章「様々な学問的原理の起源についての余談と、分析する働きについて」のなかで、コンディヤックはデカルト、スピノザらが用いた「総合的方法 méthode synthétique」を批判している[62]。コンディヤックはこの方法を以下のように定義している。

> 総合的方法とは、無数の公理〔axiômes〕や定義、あるいは多産なと自称する様々な命題を山ほど前提とする方法であって、そのように見られなければ真理の名が廃るとでも考えているのか、それ〔単純さ〕を極力避けようとする方法のことである。数学の証明に見られる明証性〔evidence〕や、この数学的な推論の仕方に対してあらゆる学者たちが捧げる賞賛のことを考えると、それだけで、総合的方法を批判するこの私は解きがたい矛盾に陥っていることになるのではないかと、こう思われるかもしれない[63]。

総合的方法とは、「様々な命題を山ほど前提とする方法」である。コンディヤックはこのような命題を「一般的命題〔propositions générales〕」と呼ぶ。一般的命題とは、ひとが観念を「容易に抽象したり分解したりすることができるようになる[64]」段階で用いられる命題である。しかし、この命題はひとを誤謬に導きかねない。そして、その誤謬こそが総合的方法である。

総合的方法における一般的命題とは何か。コンディヤックは、この方法における一般的命題とはつねに正しいものであり、「我々の知識の真の源泉[65]」であると考えていた。そして、この命題は「原理〔principes〕」と呼ばれる。

ところで、コンディヤックによれば、これら命題――総合的方法における一般的命題――は抽象的なものにすぎない。

ここで私は原理を経験によって確証された観察とは少しも解していない。私は体系が構築される基礎となる一般的かつ抽象的命題を原理と呼ぶ諸哲学にとっておきまりの意味においてこの語を用いる。[66]

(60) イヴォン師は分析－総合の常識的な対称性を認めつつも、コンディヤックの説に依拠しているが故に以下のようにも述べている。「分析こそが真理の探究および真理を他者に教える方法そのもののなかで従うべき唯一のものであり、それは通常総合に払われる敬意である」(*ibid.*)。

(61) コンディヤックは積極的に「総合」という語を用いることはなかった。彼の『類義語辞典』では« SYNTHÈSE »という見出しは存在せず、« COMPOSER〔構成する〕»や« COMPOSITION〔構成〕»といった見出しのなかでも総合の語は登場しない。対して、『百科全書』項目「総合」(執筆者不明)では「この方法〔総合〕は構成の方法〔*méthode de composition*〕とも呼ばれる」と記述されている(ANONYME, *art.* « SYNTHESE », *Enc.* XV, 1765, p. 762b)。

(62) コンディヤックは彼らに加え、マルブランシュ、アルノーも総合的方法に依拠する哲学者として名指しで批判している。

(63) CONDILLAC, *Essai sur l'origine des connaissances humaines*, *OP* I, pp. 25a–25b.〔『人間認識起源論』上、一〇六頁。〕

(64) *Ibid.*, p. 24b.〔同書、一〇四頁。〕

(65) *Ibid.*〔同書、一〇五頁。〕

(66) *Ibid.*, p. 25b.〔同書、一〇五―一〇六頁。〕

ここで注意すべきは、一般的命題そのものをコンディヤックは批判しているわけではないということである。問題は一般的命題の生成の道筋を忘却してしまうという点にある。コンディヤックは学問の歴史を想定する。学問が未熟なころは、いかなる方法によらずとも単純な発見（コンディヤックの表現では「個別的知識〔connaissances particulières〕」）を繰り返し再現することが可能であった、とコンディヤックは考える。しかし、学問が進歩するにつれて、真理への到達の道筋は人々の間で忘却されるようになってしまう。この発見へと至る道――規則、方法――が忘れ去られた結果、「自分の発見の確実性〔certitude〕を証明するには、誰も疑うことができない一般的命題と自分の発見が一致しているということを示す以外の手段(67)」を持ちえなくなってしまった。この道程の忘却によってこそ、一般的命題の不変の正しさと確実性が正当化されることになる。ゆえに、命題を導出する道程を忘却し、命題を無批判に前提とする総合的方法はコンディヤックによって斥けられることになり、一般的命題が生み出される〈歴史〉を認識する手段として分析的方法が重要視されるのである。

ところで、前節では単純観念の発見が分析的方法の使命であると結論づけたが、総合的方法に対するコンディヤックの言説を通じて、分析的方法の第二の使命が垣間見えてきた。分析的方法は「原理」という語を完全に拒否することはない。先の引用で見たように、コンディヤックの分析的方法の「原理」とは「経験によって確証された観察(68)」である。そして「起源と生成」という語が分析の定義に用いられているように、コンディヤックの分析的方法は〈起源の探求〉を目的としている。ゆえに、コンディヤックは肯定的な意味における「原理」を説明する際に、「始まり〔commencement〕」や「最初のもの〔ce qui est premier〕」という表現を用いるのである。

道理が求められている諸現象を説明するために充分に多くの数の事実を持っている場合、体系はいわば完全に完成する。というのも、諸事実が互いに連続的に説明されうる秩序においてそれら事実が自分自身で調和する〔*se seraient arrangés*、互いに配置される〕からである。そのとき、どんな体系のなかにおいても人々は、最初の事実〔*un premier fait*〕が存在し、体系の始まりである事実〔*un fait qui en est le commencement*〕が存在すること、そしてそれゆえにその事実が原理と呼ばれることを知ることになったであろう。というのも、原理と始まりはもともと同じことを意味する二語であるからだ。(69)

総合的方法がひとつの「体系」を構築するとき、この方法は一般的命題という抽象的原理から始める。反対に、経験論者は観察によって発見されるひとつの事実から始めなければならない。しかしながら、「観察は試行錯誤によってのみ実行される(70)」のであるから、私たちは事実の確実性を漸進的にしか獲得しえない。すなわち、「最

(67) *Ibid.*, p. 25a.〔同書、一〇五頁。〕
(68) *Ibid.*, p. 25b.〔同書、同頁。〕
(69) *Id.*, *Traité des systèmes*, *OP* I, p. 123b.『類義語辞典』項目「原理〔PRINCIPE〕」において、コンディヤックは原理の類義語として「原因〔cause〕」と「起源〔origine〕」を挙げている。そして、項目「起源」では「原理」と「始まり〔commencement〕」を参照せよと記している。コンディヤックは一般的命題と化した「原理」を拒絶し、経験論的な原理概念の確立を目論んでいたが、テクスト上にはその概念定義に混乱が見られる。この点に関しては山口『コンディヤックの思想』第六章第四節を参照せよ。また本書第二部第五章においても私たちは再度この議論を取り上げる。
(70) *Ibid.*, p. 123a.

初の事実」や「始まり」とは単純な意味における「経験」を意味するのではなく、よく確認された事実を意味することになる。

重力〔pesanteur〕は距離の平方と反比例するとニュートンが推測し始めたのは、彼がなした幾つかの観察に基づいてであり、原理によるものではない。新たな観察がこの推測を確証し、一般化する。そのときこの推測はひとつの原理となるのである。(71)

「一般的命題」という抽象的原理から出発する総合的方法とは異なり、分析的方法を是とする経験論において〈思考の手摺り〉はあらかじめ存在しない。それは発見されねばならない。ゆえに、分析的方法において「原理〔principe〕」とは「通ってきたところの主要な場所〔principaux endroits〕に目印を付けるのに役立ちうる結果」(72)でしかないのである。「始まり」の「事実〔fait〕」としての原理を発見することが分析的方法の目的のひとつとなる。分析的方法は原理(一般的命題)の生成をつねに示すことが可能である。だが、総合的方法はこの原理を発見する道筋を示してくれることはない。この意味において、分析的方法の再構成(前進的運動)と総合的方法は大きく異なる。

しかしながら、問題はこれで解決したことにはならない。というのも、分析的方法によって確認される事実がいかなる意味において原理の名にふさわしいのかということをコンディヤックは議論せねばならないからである。問いは後のテクストへと先送りされることになる。

第四節　分析の諸問題

私たちはコンディヤックの分析的方法の内実についてここまで検討してきたのであるが、以上の議論から二つの理論的問題が彼の分析的方法には付随するように思われる。そして、その二つの問題は以下のように名付けられるだろう。ひとつが〈連続性の問題〉であり、もうひとつが〈明証性の問題〉である。

〈連続性の問題〉から確認しよう。第二節で検討したように、コンディヤックの分析的方法の目的のひとつとは観念の生成プロセスを辿ることであった。そのプロセスとは観念が構成要素へと分解されかつ再構成される二つの道程を指すのであるが、そこで諸観念は連続的に結びつくことが前提とされていた(73)。しかしながら、私たち

（71） *Id.*, *art.* « PRINCIPE », *Dictionnaire des synonymes*, *OP* III, p. 459b.

（72） *Id.*, *Essai sur l'origine des connaissances humaines*, *OP* I, p. 26b.〔『人間認識起源論』上、一一二頁。〕

（73） コンディヤック哲学において観念の結合を意味する着想は「観念結合（liaison des idées）」と呼ばれる。古茂田が指摘するように、観念結合は観念同士の結合だけに留まらず感覚印象と観念の結合も意味する広い着想である（『人間認識起源論』上、二六四頁、訳注四〇）。ロックは観念結合について狂気的連想の面を強調し否定的なものとして論じていたが、コンディヤックはこれを観念の生成の原動力として肯定的に評価した。しかし今、私たちが論じようとしている連続性の問題は、観念結合の射程内の問題というよりは、推論としての分析的方法に関する問題（命題から命題への移行のプロセス）であり、観念結合の話はコンディヤックの議論においても前景化していない。言い換えれば、ここにコンディヤックの分析的方法の複雑さないし危うさが存在する。

が見たように、この連続性の根拠についてコンディヤックが明示的に語ることはなかった。これが〈連続性の問題〉である。

もうひとつの〈明証性の問題〉とは、第三節で検討した原理概念に関わるものである。コンディヤックにとって、「原理」とは「始まり」を意味し、その「始まり」とは私たちが一連の諸観察から抽出した「最初の事実」を意味していた。ところで、総合的方法における命題の明証性は「一般的命題」との比較検討によって確証されていた。この方法を棄却するコンディヤックは始まりとしての事実を原理の地位に位置づけることになるのだが、その明証性はいかにして担保されることになるのだろうか。この点に関しても、コンディヤックは沈黙していた。

ここに私たちは経験論、感覚論に潜む哲学的な楽観的態度を見るべきなのだろうか。おそらくそうではない。コンディヤックはこれらの問題について生涯を賭け取り組んでいた、と私たちは考える。分析的方法を採用する経験論の理論的袋小路について、カッシーラーは以下のように的確に指摘していた。

> 私たちは驚くべき帰結、理論的逆説に出会う。すなわち、心理学的経験論は自らの命題を展開させるために、その学説の最初から心理学の公準〔axiome〕を置かざるをえなくなる。「予メ感覚ノナカニ存在シナカッタモノハ知性ノナカニ存スルコトガデキナイ *nihil est in intellectu quod non antea fuerit in sensu*」という原則は、帰納的な複数の確証によって論証されうる事実の真理を表明すると決して主張されない。（……）経験論といえども普遍的原理と直接的な明証性を後ろ盾にすることを放棄することは全くない。(74)

経験論のパラドックスとは、経験論は経験に基づいた原理しか自らの論理に組み込むことしかできないにもかかわらず、少なくとも一つの原理をアプリオリに承認しなければならない、というものである。たとえ、経験論が蓋然性だけを対象とする哲学的立場だとしても、問題はさらに残る。確かな真理を探究することを自らの課題にすることを目指さないにせよ、哲学としての立場を経験論が担おうとするならば、メタ哲学、つまり方法を構築する必要がある。

以上の理由から、私たちはコンディヤックにおける分析的方法の〈原理〉を検討せねばならない。そのためには、『人間認識起源論』や『体系論』だけを読むだけでは不十分である。検討すべきテクストは『パルマ公国王子のための教程 *Cours d'étude pour l'instruction du prince de Parme*』(一七七五年、以下『教程』と略記)である。(75)

一七五八年、コンディヤックはルイ十五世の孫にあたるパルマ公フェルディナント王子の家庭教師に招かれた。それまでに『人間認識起源論』、『体系論』、『モナド論』、『感覚論』そして『動物論』を著していたコンディヤックはこの家庭教師の職を通じて、全十六巻にわたる学問全般に関する教科書を完成させた。それが『教程』である。『教程』は、以下のような構成になっている。第一巻「文法」、第二巻「書く技術」、第三巻「推論の技術」、第四巻「考える技術」、第五巻から第十巻が『古代史研究序説』、第十一巻から第十五巻が『近代史研究序説』、そして最後の第十六巻は『歴史研究』である。最後の『歴史研究』はコンディヤックの兄であるマブリ師

(74) CASSIRER, *La philosophie des lumières*, p. 122.〔カッシーラー『啓蒙主義の哲学』上、一六八頁。〕

(75)『教程』成立に関する歴史的状況およびコンディヤックの教育思想については以下の論文を参照せよ。中田浩司「コンディヤックの教育思想――『パルマ公国王子のための教程』の分析から見る人間観」『人間教育学研究』、vol. 3、奈良学園大学人間教育学部、二〇一五年、六一―七一頁。

（Gabriel Bonnot de Mably, 1709–1785）によるものである。

この膨大な教育書のなかで、私たちが読まねばならないのは第三巻「推論の技術」である。ここで、コンディヤックは明証性をめぐる哲学的問題に取り組んでいる。なぜコンディヤックはこの概念を重要視していたのだろうか。その理由は、あらゆる知識を〈経験〉に依存する経験論は必然的に「明証性の危機」[76]に陥ってしまうからである。つまり、いかなる経験が明証的なのかを示す手立てが経験論にはあらかじめ存在しない。それゆえ、経験論における基礎付けの問題が表面化する。事実、コンディヤックは『教程』のなかで明証性を三つ――「事実の明証性〔évidence de fait〕」、「感覚の明証性〔évidence de sentiment〕」そして「理性の明証性〔évidence de raison〕」――に区別し、「明証性」概念の再定式化を試みている。[77] 次節で私たちは主に「理性の明証性」に焦点を当て議論を進めていく。その理由は、この明証性こそが分析的方法が抱える二つの問題を乗り越える〈自同性原理〉として作用することになるからである。

第五節　自同性原理

『人間認識起源論』のなかでコンディヤックは、伝統的幾何学者が用いていた総合的方法を批判する箇所で一度だけ自同性原理について言及している。

全体はその部分よりも大きいということをはっきりと知るためには全体や部分という観念を作る仕方について反省することが必要であるように私には思われる。しかしながら、多くの幾何学者たちはこれらの命題を証明することを怠ったという理由でユークリッドを非難し、命題を補足しようと努めていた。事実、総合はあまりにも細心綿密なものなので、何かを未証明のままに放置しておくことなどできないのである。だが、ただ一つの命題についてだけは総合は我々に証明することを免除してくれる。総合はその唯一の命題を他の命題の原理と見なしている。ちなみにそれは自同性〔identique〕である。(78)

第三節で見たように、総合的方法とは「無数の公理や定義、あるいは多産なと自称する様々な命題を山ほど前提とする方法(79)」であった。すなわち「一般的命題」に基づいて推論することが総合的方法のやり方であった。コンディヤックは総合的方法を「ことがらを短く要約するようなやり方(80)」ではないと考える。というのも、総合的方法が正しいかどうかを検討するには、この方法が用いている公理や定義が正しいものかどうかを確かめねばならないからだ（「総合はあまりにも細心綿密なものなので、何かを未証明のままに放置しておくことなどできない」）。ゆえに、コ

(76) Zdenek Kourim, « Le nouveau "Discours de la méthode" de Condillac », *Revue de métaphysique et de temps*, 79e Année, n° 2, 1974, p. 181.
(77) Condillac, *Art de raisonner*, *Cours d'étude*, *OP* II, p. 620a.
(78) *Id.*, *Essai sur l'origine des connaissances humaines*, p. 26a.〔『人間認識起源論』上、一〇九頁。〕
(79) *Ibid.*, p. 25a.〔同書、一〇六頁。〕
(80) *Ibid.*, p. 26a.〔同書、一〇八頁。〕

ンディヤックは総合的方法が「長々とした無駄話と無用な些事」[81]に嵌まり込んでしまうと考える。だが、総合的方法において唯一証明不要な「命題」として考えられるのが、「自同性」であった。これは矛盾律、排中律と並ぶ古典論理学の原理のひとつである同一律を指している。そして、あたかも自身の分析的方法には自同性原理が無関係であるかのように、コンディヤックはなぜこの「自同性」が証明不要であるかということについて『人間認識起源論』ではまったく検討することはなかった。

しかしながら、『人間認識起源論』以後、自身の分析的方法を理論的に深めていくなかで、コンディヤックは〈自同性原理〉について検討せざるをえなくなった。その理由は、分析的方法の発見する原理がいかなる意味において原理であるのか、かつ分析的方法の連続的推移がいかなる正当性において実践されているのか、という哲学的問題に向き合わざるをえなくなったからである。『教程』第三巻「推論の技術」において、コンディヤックはこの自同性原理を論じた。彼は自らの経験論を打ち立てるためにデカルトが依拠した明証性とは異なる〈新しい明証性〉を説明する必要があった。コンディヤックは「理性の明証性」を議論する際、まず自同性原理についての話から始める。

> (……)何においてひとは理性の明証性を有すると確信しうるのか。それは自同性〔identité〕においてである。二足す二は四である〔*Deux et deux font quatre*〕とは理性の明証性からなる明証的な真理である。というのも、根本的にこの命題は二足す二は二足す二〔*deux et deux font deux et deux*〕という命題と同一であるからである。これら命題には表現における差異しかない。[82]

飯野が指摘するように、「二足す二」という観念は「四」という観念を潜在的に含んでいる。[83] 命題「全体はそれら部分をまとめてとらえたものと等しい」と命題「全体はそれら部分のひとつよりも大きい」の場合を考えると、これらの命題は命題「全体はそれ自身と等しい」のなかにすでに包含されているという理由から、二つの命題は明証的であると結論できるとコンディヤックは言う。そして、自同性原理をコンディヤックは以下のように定義する。

> 自同性とは、ある命題がそれ自体で明証的であるということが認められる徴〔signe〕である、つまり同じものは同じものである〔*le même est le même*〕という徴である。[84]

〈AはAである〉という揺るぎない自同性に基づく「徴」に由来する明証性をコンディヤックは「理性の明証性」と呼ぶ。ゆえに、自同性こそが命題の適切な変移を保証し、そして私たちが適切に推論することを可能にする。すなわち、コンディヤックが考える明証的な推論とは、推論の各段階における命題においてつねに自同性が保た

（81）*Ibid.*〔同書、一〇八頁。〕
（82）*Id.*, *Art de raisonner*, *Cours d'étude*, *OP* II, p. 620a.
（83）飯野和夫「デリダのコンディヤック読解——自同性の問題を中心に」『言語文化論集』、第三〇巻、第二号、二〇〇九年、二一二頁。
（84）CONDILLAC, *Art de raisonner*, *Cours d'étude*, *OP* II, p. 621a.

れているような推論を意味する。

二つの命題のうち、名辞の比較を通じて両命題が同じものであるということが見られるとき、すなわち命題が自同的であるとき、一方の命題は他方の命題からの明証的な帰結である。それゆえ、論証とは命題の連続〔une suite de propositions〕であり、その連続のなかでは同じ観念が一方〔の命題〕から他方へと移行しつつも、それら観念は違った仕方で表明されているという理由でのみ異なるだけである。推論の明証性はもっぱら自同性に存するのである。[85]

ところで、『人間認識起源論』において分析的方法とは推論という仕方で複合観念を単純観念に分解することを目指す操作であった。そしてコンディヤックはこの方法によって既知から未知へとひとは漸次的に進みうるものであると考えていた。言い換えれば、それは発見の方法 *Ars inveniendi* であった。しかしながら、『教程』の「推論の技術」では、推論は各命題が自同性に基づいて結び合わされた「命題の連続」であるとされている。これら二つの作品内でコンディヤックはひとつの矛盾をおかしているように思われる。というのも、分析的方法を通じて私たちが出会うことになる未知のことのなかに、既知のこととの自同性を認めることができるかどうかは不明だからだ。この問題に対するコンディヤックの解答は幾分奇妙なものとなっている。未完成の遺稿『計算の言語』から引用しよう。

我々は既知のものから未知のものへしか進むことができないということを思い起こそう。ところで、いかにして我々は既知から未知へ進むことができるのか。／それは未知のものが既知のもののうちにあるためである。そして同じもの〔la même chose〕であるという理由でしか未知のものは既知のものにおいて存在しない。ゆえに、我々が知らないことと我々が知っていることは同じものであるという理由によってしか、我々が知っていることから我々が知らないことへと我々は進むことができないのである。(86)

この一文を読んで私たちは驚かざるをえない。というのも、コンディヤックは既知と未知の自同性こそが既知から未知への移行の条件であると明確に述べているからである。もしそうだとするならば、分析的方法は厳密な意味において未知のものを発見することはできないということになる。既知から未知というのはただ表現においてのみ異なる。言うなればコンディヤックは、ひとつのシニフィエ（観念）の上で複数のシニフィアン（表現）が横滑りしていく運動を、既知から未知へと至る分析的方法であると述べているのである。

事実、コンディヤックは分析的方法という推論は「たわいない」ものであると認めている。だが同時に彼はそのたわいなさに抗おうとしている。この「たわいなさ」こそデリダがコンディヤック哲学を脱構築する際に着目したものである。(87) さて、そのたわいなさに対するコンディヤックの抵抗を見てみよう。

---

(85) *Ibid.*, p. 621b.
(86) *Id.*, *La langue de calculs*, OP II, p. 431b.
(87) 本書では、デリダのテクストの内的検討はおこなわない。私たちはあくまでもコンディヤックのテクストから議論を進める。以下に挙げる先行研究がデリダの解釈について議論している。飯野和夫「デリダのコンディヤック論――「たわいなさの計算の言語においてひとは自同的命題、つまりはたわいない〔frivoles〕命題しか作り出さない、と反論されるかもしれない。その他のあらゆる言語と同様に計算の言語においても命題が真であるたびにひとは自同的命題しか生み出していないということを私は認める。というのも、我々が知らないことは我々が知っていることと同一のことであるということを証明したがゆえに、我々が知っていることから知らないことへと移行するとき、我々は自同的命題しか生み出すことができないということは明らかであるからだ。しかしながら、自同的であるからといって、命題はたわいないのではない(88)。

確かに〈AはAである〉という陳述はたわいなく、何も生み出さない。しかし、コンディヤックは「命題はたわいないのではない」と主張する。というのも、「自同性はもっぱら観念のうちに存する」(89)からである。ゆえにコンディヤックは「言葉のうちの自同性と観念のうちの自同性」を区別する必要性を認め、後者の自同性を明証性の根拠として重視するのである。この違いにおいてコンディヤックは何を主張したがっているのだろうか。コンディヤックによれば、言葉の自同性は誰でも理解しうる。ゆえに、それはたわいない。だが、観念の自同性についてはひとは理解しない場合がある。このような理解していない状態をコンディヤックは「気づかない」と呼ぶ。〈感知する〉と〈気づく〉のあいだの微妙な差異をコンディヤックは強調する。

私が、彼らはこの自同性に気づかない〔ne pas remarquer〕と言うとき、私は彼らがそれを感知していない〔ne pas apercevoir〕と言いたいのではない。いったい誰が自同性を感知できないというのだろうか(90)。

コンディヤックは、観念の自同性を万人が「感知」できるものであると考えている。もし自同性を認知しない場合があるとすれば、それは「気づいていない」だけである。ゆえに、すでに感じているはずの自同性に気づくこと（re-marquer、再び‐徴を付ける）[91]ができれば、その自同性は有益であるという意味でたわいなくはなくなる。

このように考えれば、言葉ではなく観念の自同性を保存しながら進むコンディヤックの分析的方法は私たちが「気づいていない」自同性を意識的に気づかせる方法として有用であると言えるであろう。これが『人間認識起源論』から出発して『計算の言語』へと至るなかでコンディヤックが「事後修正」[92]していった彼の理論なのであ

考古学」解題」『言語文化論集』、名古屋大学大学院国際言語文化研究科、第二九巻、第一号、二〇〇六年、三一—一九頁；飯野和夫「デリダのコンディヤック読解——自同性の問題を中心に」『言語文化論集』、名古屋大学大学院国際言語文化研究科、第三〇巻、第二号、二〇〇九年、二一—五二頁；Julie Candler HAYES, *Reading the french enlightenment : system and subversion*, Cambridge, Cambridge University Press, 1999, pp. 111–141 ; Luc MONNIN, « Condillac : le rêve d'un réductionniste », *MLN*, vol. 119, n° 4, 2004, pp. 819–844 ; Rodolphe GASCHÉ, *The Honor of Thinking: Critique, Theory, Philosophy*, Stanford, Stanford University Press, 2007, pp. 231–247；小田昇平「デリダによるコンディヤック——方法としての類比」『待兼山論叢』、第四八号、二〇一四年、一九—四〇頁。

（88）CONDILLAC, *La langue de calculs*, *OP* II, p. 432a.

（89）*Ibid.*

（90）*Ibid.*, p. 432b.

（91）« remarquer » の訳語については『論理学』訳者の山口裕之の考えに負っている（コンディヤック、『論理学』、二〇頁、訳注三）。デリダが指摘するコンディヤック思想に存在する事後性の議論を踏まえ、山口は能動性をもつ「注目する、注意を向ける」ではなく、偶然的意味合いを有する「気づく」の訳語を選択した。

った。

＊＊＊

さて、私たちはここまでコンディヤックの分析的方法とそれを支える自同性原理について検討してきた。結論しよう。コンディヤックの分析的方法とは自同的命題の連鎖による推論を意味する。その連鎖は命題の間の自同性を私たちが感じている限りにおいて成立する。だが、コンディヤックは大きな哲学問題については答えることができなかったようである。すなわち、〈二つの事物において自同性を感じる〉とはいかなる事態を意味するのか、という問いである。もちろん、感覚論者コンディヤックからすれば、この問いに答えてしまうことは自らの形而上学を「高望みをする形而上学」にしてしまうことを意味することになる。ゆえに、これ以上の議論を彼に求めることは彼自身の立場を考慮すると不可能であろう。私たちの考えでは、感じることの自明性を改めて問いに付すのはルソーであった。

何度も確認したように、コンディヤックの分析的方法は自同性原理によって正当化されている。だが、『人間認識起源論』においてこの原理に対する意識は全面化していなかった。『起源論』以後、コンディヤックは分析的方法の正当性を擁護するためにこの原理を明示的に説明することを試みていた。つまり「より慎ましい形而上学」として自らの思想を防御するために、自同性原理という〈たわいない〉ものを頼りにした。だが、デリダはこの原理の〈たわいなさ〉のなかにコンディヤック哲学が自壊していく危険な代補の契機を見たのであった。[93]

しかし、このようなコンディヤックへの眼差しはデリダの専売特許ではない。むしろ、ルソーの方法をめぐる思考のなかにデリダを先取る自同性への批判、ひいては分析的方法への懐疑があった。この点を以下の論述で明らかにすることが私たちの次なる課題である。

(92) デリダはフロイトの議論を参照しながら、コンディヤック哲学の「事後修正」に着目している。Derrida, *l'archéologie du frivole*, chap. II.〔デリダ『たわいなさの考古学』第二章。〕

(93) 例えば、デリダは分析的方法がたわいなさから逸脱する契機としてコンディヤックが重視する〈類比 analogie〉を挙げている(*ibid*., pp. 51-52.〔同書、四四頁〕)。類比によって記号を連関させることで自同性からの偏差を生じさせることが可能となる。だが、デリダはこの操作のなかにコンディヤック哲学の暴走の可能性を見ている。コンディヤックの分析的方法が類比と想像を自らの領野へと招き込んでいく理論的過程については小田の研究を参照せよ。小田昇平「デリダによるコンディヤック——方法としての類比」、二〇一四年;同「コンディヤック『人間認識起源論』における分析的方法——想像が支える真実らしさの論理」『美學』、第二四六号、二〇一五年、四一—五二頁。

第二章　ルソーの能力論

前章で、私たちはコンディヤックの分析的方法に内在する〈自同性〉という理論的基礎について検討してきた。そして、この原理がコンディヤックの分析的方法を支えていることを明確にした。この議論を踏まえ、私たちは第三章においてルソーの分析的方法に対する姿勢を検討していくことになるのだが、そのためにまず本章ではルソー哲学における人間論を確認したい。とりわけ、私たちは彼の人間論における能力論に焦点を当てる。まずはその理由について述べよう。

コンディヤックの議論において、分析的方法とは言語による推論という形式で実行されるものであった。ゆえに、分析的方法や推論は事物を認識の対象とする知的な作用opérationであり、ひとつの技術artである。ところで、技術というものはそれを使用する者の能力に依存する。能力が足りない場合、ひとは技術を使いこなすことはできない。このように技術と能力の関係を考えた場合、分析的方法はいかなる人間の能力を必要とするのだろうか。いかなる能力を持てば、ひとは対象を正しく分析することが可能となるのか。この意味において、能力論——より広く言えば人間論——は方法の問題と切り離すことができない(1)。ゆえに本章では、ルソーの能力論を検討することで彼の分析的方法に対する態度を決定している人間論の理論的前提を明らかにすることを目指す。

この目的のために、本章は以下のように分節化される。第一節ではルソーのドン・デシャン宛書簡を分析し、そこでルソーによって展開される「分析的方法」批判が人間の諸能力と関係することを確認する。第二節では人間の諸能力を発展させる原動力である理性概念を検討する。そこから私たちは、ルソーにおける理性概念には二重性があり、〈能力 faculté〉と〈力能 puissance〉の区別がルソーの能力論にとって重要である、ということを理解するであろう。そして以上の理性と能力の関係性を踏まえ、第三節では『エミール』における能力発達論を論じる。そこで私たちは、感覚的教育を施されるエミールの成長譚のなかに存在する避けることのできない能力発達の〈飛躍〉があることを示す。

第一節　ドン・デシャンに対するルソーの応答

本書序論においても取り上げた無名のベネディクト会修道士に宛てたルソーの書簡を読むところから、私たちの議論を開始しよう。

一七六一年、ドン・デシャンは自身の著作『真理または真の体系』を世に問うため、その序文をすでに活躍していた同時代人たちに送り付けた。例えばその送り先は、ディドロ、イヴォン師、エルヴェシウス、ヴォルテールそしてルソーといった時代を代表する著述家たちであった。最初の文通の相手として選んだのはルソーであった。ルソー宛の最初の手紙のなかで、「今まであれほど探し求められてきたあの形而上学的真理が、すべてを説明し尽くして、それなしには異論を許さぬ道徳などない真理が遂に存在するようになり、ほんの数時間で読める手稿の内に展開されています」[2]と並々ならぬ自信を持って書き、この「形而上学的真理」から帰結する「習俗」がルソーのそれと類似するがゆえに、ドン・デシャンはルソーに「献辞」および「序文」を送ったと書き記していた。

「序文」においてドン・デシャンは「形而上学的・道徳的真理」を発見したと宣言し、この真理の普遍性を告げる。

この知の原理は、ひとたびしかるべく把握されたら、たやすくすべてのものに適応され、適応されすぎることはありえまい。この知の直接的な帰結はその原理にほかならず、この知は証示するものにどんな制限も容れず、健全な理性の目に異論の余地のないものしか証示しない。事物の個別性で捉えたいかなる比較も、個別から一般へという形のいかなる帰結もこの知は拒む。[3]

(1) 注意すべきは、私たちが本章で問題にする能力とは個人の能力ではなく、人間本性としての能力である。ゆえに、私たちは能力の個人的差異を問題としているのではない。

(2) *Dom Léger-Marie Deschamps à Rousseau*, vers le 22 avril 1761, 1398, *CC* VIII, p. 306.〔ドン・デシャン「ジュネーヴ市民ルソー氏への手紙と返事」『ドン・デシャン哲学著作集』、野沢協訳、法政大学出版局、二〇〇七年、四三八頁。〕

(3) ドン・デシャン「真理または真の体系」、同書、一一四頁。

ドン・デシャンがルソーに送ったという「序文」が、現存するドン・デシャンの写本（ないしオリジナル手稿[4]）と同一のものであるかについては議論しないが、経験論的な立場（「事物の個別性」、「個別から一般へ」）には与しないというドン・デシャンの意図を私たちは読み取ることができる。

では、ルソーはドン・デシャンにどのように接したか。ルソーはドン・デシャンに対し方法の見地から彼を批判した。彼らの往復書簡における最初のルソーの返信を引用する。

貴方はご自身の原理を最大の抽象〔abstractions〕の上に打ち立てておられるようにお見受けします。ところで、一般化および抽象化という方法〔méthode de généraliser et d'abstraire〕は私には非常に疑わしいものです。というのも、この方法は我々の諸能力〔facultés〕にあまりにも釣り合わないからです[5]。

まずルソーは、「一般化」と「抽象化」の二つの方法に言及している。この二つの方法に言及する理由は、ルソーはドン・デシャンの体系がこの二者を通じて構成されていると考えたからである。ドン・デシャンは「ひとたびしかるべく把握されたら、たやすくすべてのものに適応[6]」されると主張している。ルソーは、この原理を把握することを「抽象化」と呼び、原理を様々な事物に適応することを「一般化」と呼んだ。そしてルソーは、これら二つの方法が人間の「能力」とは「釣り合わない」と考える。すなわち、人間の諸能力は一般化／抽象化をうまく扱うことができない。

続けてルソーは、人間の諸能力について語りながら、いかに一般化／抽象化という心的操作が人間に不向きであるかを示そうとしている。ルソーの返信の続きを引用しよう。

我々の感覚〔sens〕[7]は我々に諸々の個物しか示してくれません。注意力〔attention〕がそれら個物を区別することができ、判断力〔jugement〕は個物同士を比較する〔comparer〕ことができます。しかし、それですべてです。すべてを統合しようと望むこと〔Vouloir tout réunir〕は我々の知性〔entendement〕の力〔force〕を超えており、それは小舟に乗りつつ外側のものに何も触れることなく小舟を押し出そうとするようなものです。[8]

ルソーは人間が有する三つの能力を列挙する。ひとつが、感官を通じて個物を感覚する能力である。次に、個物を区別する注意力である。これについては少し解釈が必要であろう。私たちは様々な個物から感覚を受け取る。例えば、〈私〉がノートパソコンの前に座りこの文章を書いているとしよう。このパソコンの隣にはコーヒーカップや辞書、書物など様々なものがあり、それらは感官を通じて〈私〉に視覚情報として一挙にやってくる。そして〈私〉が執筆に疲れコーヒーを飲もうとすれば、この一枚絵のような知覚の総体において〈私〉はコーヒーカップに意識を向けるだろう。知覚というタブロー全体のなかで任意の事物のみに注目するこの能力が、「個物

(4) ドン・デシャンの手稿群に関しては、『ドン・デシャン哲学著作集』の訳者野沢協による「まえがきと凡例」および「解説」を参照せよ。
(5) *Rousseau à Dom Léger-Marie Deschamps*, le 8 mai 1761, 1407, *CC* VIII, p. 320.〔十三、五二四頁。〕
(6) ドン・デシャン「真理または真の体系」、一一四頁。
(7) « sens »は〈感覚〉という能力を意味するが、時に感覚器官という意味で〈感官〉と訳す場合もある。
(8) *Rousseau à Dom Léger-Marie Deschamps*, le 8 mai 1761, 1407, *CC* VIII, p. 320.〔十三、五二四頁。〕

を区別」する注意力であると言えよう。さて、最後は判断力である。二つの個物のうちどちらが大きいかを比較する能力、言い換えれば個物同士の〈関係 rapport〉を認識する能力である。[9] 先のコーヒーの例で考えれば、知覚の総体から自らの欲求に適切に関係するカップを持とうとすることが判断と言えるだろう（コーヒーを飲もうとする場合、カップではなくソーサーに口を近づけることは不適切である）。ルソーはこれら三つの能力だけを人間の能力として認めるのであり、私たちの「知性」はこれら諸能力によって限定されている。以上が本書簡におけるルソーの能力に対する見方である。

このような能力観を前提とするがゆえに、ルソーはドン・デシャンを「すべてを統合しようと望む」者として批判するのである。だが、この箇所だけでは私たちは「すべてを統合する」ことが何を意味するか判断できない。ゆえに、この続きを読もう。

> 帰納によって我々はある点まで部分から全体〔le tout〕を判断しますが、貴方は反対に全体の認識から部分の認識を演繹しようと望んでおられるように思えます。私にはそれがまったく分からないのです。分析的方法〔voie analytique〕は幾何学においては結構ですが、哲学においては無価値だと思われます。この方法が誤った原理によって不合理へと導いても、哲学においてそのことを十分に感じることはないのです。[10]

さて、ここで私たちが第一章において検討した「分析的方法」という語が登場する。この語の含意を検討する前に、まず帰納 induction と演繹 déduction の対比構造を確認しよう。ここでルソーは数学という例を用いてドン・デシャンに語りかけている。ルソーは、事実や経験といった部分的、個別的なものからある規則や命題を成立させようとする帰納を「ある点まで」は認める。だが、彼は個別性に先立つ原理からすべての個物を説明しようとする演繹的方法は認めない。ルソーの目には、彼が認めない演繹的方法をドン・デシャンは採用していたように見えたのである。よって、「すべてを統合しようと望む」こととは、演繹的方法によってすべての個別的なものを一なる原理の下で把握しようとする態度を意味すると言えよう。(11)

次にこのパラグラフの最後に登場する「分析的方法」に着目しよう。帰納をある程度是認していたルソーからすれば、ここで言及されている「分析的方法」とは演繹を指すことになる。この点について、十九世紀の哲学者エミール・ボシールはルソーの犯したある間違いについて以下のように述べている。

〔この書簡のなかで〕ルソーが分析的方法と呼んでいるものは、むしろ現在私たちが総合的方法〔*voie synthétique*〕

（9）Frédéric LEFEBVRE, « Proportion, finalité, affinité : la notion de rapport chez Rousseau », in *Rousseau et la philosophie*, sous la direction d'André Charrak et Jean Salem, Paris, Publications de la Sorbonne, 2004, p. 39.

（10）*Rousseau à Dom Léger-Marie Deschamps*, le 8 mai 1761, 1407, CC VIII, pp. 320–321.〔十三、五二四頁。〕

（11）ルソーが書簡内で用いている« le tout »、« tout »は、ドン・デシャンがルソーに送った「序文」にて開陳される彼の特殊用語を含意している可能性もある。訳者野沢協は「全一体〔le Tout〕」、「全一者〔Tout〕」と訳し分けている。前者は様々な自然の諸部分から構成される集合的なものを意味し、後者は集合的ではない〈一なるもの〉としての自然を意味する（ドン・デシャン、「真理または真の体系」、一一七―一一八頁）。「序文」においてドン・デシャンはこの二概念の差異を殊更強調していたが、ルソーがこの概念的差異を受けてこの書簡を書いたかどうかについて私たちは検討できなかった。

と呼ぶものであろう。これらの二語は対立関係にあるにもかかわらず、それらを混同することよりも凡庸なことはない。分析的方法とは、全体が諸部分から構成される以上、全体から部分へと進む際に実行される分解ないし分析と言うことができるだろう。総合的方法は、全体という観念が実のところ諸部分の一つひとつの観念よりも単純であるために実行される構成ないし総合である、と言うことができよう。(12)

ボシールの考えでは、ルソーは「総合的方法」と書くべきところで「分析的方法」という言葉を使ってしまっている。なぜならば、ボシールにとって、「全体の認識から部分の認識を演繹しよう」というルソーの言明はいわゆる総合的方法を指すからである。確かに第一章でも見たように、コンディヤックにとっても総合的方法とは抽象的な一般的命題から個別を認識していく態度であり、単純なもの（一般的命題、原理）から複雑なもの（個別命題、現象）へと向かっていく方法であった。(13)

だがルソー自身、分析／総合という常識的な対概念を知らないわけではなかった。事実、一七四五年頃に書いたとされる『一冊の本を構成するための方法に関するアイデア』のなかで、ルソーは以下のように記している。

哲学者の本はこの〔叙述を繋げるという〕主題についての法則と原則で満ち溢れている。この主題は一般的な二つの方法に関わる。ひとつが総合と呼ばれる方法または構成の方法であり、それによって単純なことから複雑なことへとひとは進んだり、自らが知っていることを他者に教えたりすることができるのである。もうひとつは分析と呼ばれる方法または分解の方法であり、これによって知らないことを自ら学ぶことができるのである。(14)

このように考えた場合、ボシールの指摘はルソーに対する誤解である。むしろ私たちは、ルソーは意識的に「分析的方法」という語を用いたと考える。すなわちルソーの言う「分析的方法」とは、通常の意味（複雑から単純へ向かう）の分解としての分析ではなく、構成と分解を共に内包するコンディヤック流の「分析的方法」である。したがって、私たちはこのドン・デシャン宛書簡をルソーによるコンディヤック批判としても読むことができる。そして私たちは、最初に疑義が呈された「一般化および抽象化という方法」も途中の「すべてを統合しようと望む」方法も「分析的方法」を意味する、と理解することができるだろう。というのも、抽象化と一般化をそれぞれ原理の把握とその適用と考えた場合、それはまさにコンディヤックの分析的方法であるからだ。

ただ、ルソーは分析的方法を全面的に批判しているわけではないことに注意しよう。幾何学においてはその効用を認めている。その理由についてルソーは明言していないが、当時の思想潮流を鑑みれば、このことは常識的なことのように思われる。[15] 例として、ダランベール執筆による『百科全書』項目「分析（解析）」を見てみよう。この項目の分類符号は「百科全書の秩序、知性、理性、哲学、あるいは科学、自然についての科学、純粋数学、文字の算術、あるいは代数学、分析」と記され、ここでは数学的領域における「分析」の問題が論じられている。

（12）Émile BEAUSSIRE, *Antécédents de l'Hégélianisme dans la philosophie française. Dom Deschamps, son système et son école d'après un manuscrit et des correspondances inédites du XVIIIe siècle*, Paris, Germer-Baillière, 1865, p. 149, note 1.

（13）第一章第三節を見よ。

（14）ROUSSEAU, *Idée de la méthode dans la composition d'un livre*, OC II, p. 1244.

（15）第一章第一節を見よ。

ダランベールによれば、分析とは「数学問題を方程式へと単純化することによってそれら数学問題を解くための方法」[16]である。

> 分析は道具、あるいは一般的な手段である。約二世紀以来、その道具を通じて、数学では非常に素晴らしい発見がなされてきた。分析は、人が推論の技術〔art du raisonnement〕を用いるべきところの方法のもっとも完全な例を提供し、少数の与件によって未知の事物を発見するための並外れた手際よさを精神に示す。観念を説明するために簡略化された容易な記号を用いることによって、分析は知性〔entendement〕を超えているように思われる事物を知性に示す。この方法によって、幾何学的証明は非常に簡略化されうる。極度に注意深くあろうとする努力なくして精神が諸観念の結合関係を発見できないような一連の長きにわたる論証は、明瞭な記号に変わる。かつ、その論証のなかで必要とされる様々な操作は、これら明瞭な記号の組み合わせを通じておこなわれる。[17]

ダランベールが指摘する分析の利点は、記号による証明および推論の簡略化と人間の知性的限界の拡大である。簡略化に関して言えば、未知数の記号化による方程式の簡略化を想起することができよう。そして、私たちが注目すべきは後者の知性の拡大の方である。「一連の長きにわたる論証」を記号化することで観念の関係性を私たちは容易に知ることが可能となる。この作業をダランベールは分析と呼んでいる。この意味において、ダランベールは数学における分析を知性の限界を拡張してくれる方法として評価している。ルソーも幾何学における利点を分析的方法に認めていたと考えることは不思議ではない。

ではいったいなぜ、ルソーは哲学において分析的方法を認めようとしないのだろうか。ルソーによれば、哲学は分析的方法を使いながら、自らの議論が誤った方向へ向かっていることに無自覚である（「この方法が誤った原理によって不合理へと導いても、哲学においてそのことを十分に感じることはないのです」）[18]。知らず知らずのうちに誤謬へと嵌まり込んでしまう方法が、分析的方法なのである[19]。それでは、その原因とは何か。それは人間の能力の不足である。幾何学的証明において人間の知性を補助するはずの分析的方法は、その知性の領分を越えて人間に哲学をさせてしまう。これがルソーの考えであった。

とはいえ、ドン・デシャン宛書簡において言及された能力に関する記述は、非常に限られたものでしかない。ルソーにおける方法と能力の問題を正しく検討するには、他のテクストを読む必要がある。ゆえに、私たちはルソーの能力論が最大限に展開された『エミール』を検討しなければならないだろう。ドン・デシャンへ書簡を送った頃、ルソーはすでに『エミール』を書き上げ、出版の準備をしていた[20]。

したがって上記のドン・デシャン宛書簡の内容は、『エミール』脱稿後のルソーの方法に対する眼差しと能力観とを反映したものであると考えることができる。方法と能力の関係性を捉えるには、『エミール』における能

(16) D'ALEMBERT, *art.* « ANALYSE », *Enc.* I, 1751, p. 400b.
(17) *Ibid.*
(18) *Rousseau à Dom Léger-Marie Deschamps*, le 8 mai 1761, 1407, *CC* VIII, pp. 320–321.〔十三、五二四頁。〕
(19) この誤謬の〈仕方〉について、私たちは第三章第三節で詳しく論じることになる。
(20) Peter D. JIMACK, *La genèse et la rédaction de l'Émile de J.-J. Rousseau*, *SVEC* 13, 1960, pp. 43 et 67.

力論を検討することが有益であろう。また、ルソーにおける能力論は「理性」概念と切り離すことはできない。ゆえに、まずは次節で人間の能力を発達させる〈メタ能力〉としての理性を検討しよう。

第二節　能力としての理性の位置

(a)　理性と能力

『エミール』の主題は多岐にわたるが、その大きなテーマのひとつとして挙げられるのが能力の発達史である。すなわち『エミール』の目的とは、子供が最後に習得すべき「理性」へと繋がる〈道〉を指し示し、「理性を準備する」消極的教育を記述することである。[21] 教育が最後に理性を準備しなければならない理由は「理性の年齢に達しないうちはいかなる道徳的存在や社会的関係の観念も持つことができない[22]」からである。エミールを有徳な自然人にするためには理性を正しく持たせることが重要なのである。

ここで、私たちはルソーが合理主義者か否かという古典的問題について問いたいのではない、ということはまずもって指摘しておかねばならない。この古典的問題に関してドラテが適切に判断しているように、道徳的問題においてルソーは「理性と感情との間の一定の均衡[23]」を要求していた。私たちはこのドラテのテーゼに同意する。すなわち、ルソーの思想は感情か理性かの二者択一で検討されるべきではない、と私たちは考える。その理由を明確にするために、本節ではルソーにおける理性の有り様を検討したい。

注意すべき点は、『エミール』において理性が〈一個〉の能力を意味するのではないということである。ルソーは理性を一つの能力と見なすのではなく、各能力の〈まとまり〉を「理性」と呼ぶ。

> 人間のあらゆる能力〔faculté〕において、理性はいわば他のすべての能力から成るひとつの構成物〔un composé〕でしかなく、その能力の発達はもっとも困難で、もっとも遅いものである。(24)

プレイヤード版『エミール』編者ピエール・ビュルジュランの注解によれば、「構成物」という理性の表現はコンディヤックに由来する。(25) 確かに『人間認識起源論』を読むと、コンディヤックは能力の構成物として理性を捉

(21)「私は、年頃に成る前に精神を形成し、子供に人間の義務についての知識を与えるような教育を積極的教育と呼びます。また私は、様々な知識を与える前に、これらの認識の道具である器官を完成させ、諸感覚の使用を通じて理性を準備する教育を消極的教育と呼びます」(Rousseau, *Lettre à C. de Beaumont*, OC IV, p. 945.〔七、四六二頁〕)。

(22) Rousseau, *Émile*, OC IV, p. 316.〔六、九四頁。〕

(23) Robert Derathé, *Le rationalisme de J.-J. Rousseau*, Paris, PUF, 1948, p. 8.〔ロベール・ドゥラテ『ルソーの合理主義』、田中治男訳、木鐸社、一九七九年、一二頁。〕当訳書ではドゥラテと表記されているが、本書ではドラテと表記する。

(24) Rousseau, *Émile*, OC IV, p. 317.〔六、九五頁。〕

(25) Pierre Burgelin, *Notes et variantes*, OC IV, p. 1352, note 2 pour la page 317.

えている。

どのような魂の作用も、その起源にまで遡って考察するならば、等しく単純である。なぜなら、その各々はもとを正せば一つの知覚に他ならないからだ。しかし、それらはやがて互いに結びつきながら共働するようになり、構成される働き〔opérations composées〕になるのである。(26)

また別の箇所では以下のようにも記されている。

理性とは正しく導かれた魂のあらゆる働き〔opérations〕から生じるのである。(27)

以上の記述から、確かにコンディヤックにおいて理性は様々な知覚から成る心的操作の〈構成物〉として捉えられていると言えよう。しかし、ルソーはこのコンディヤック的理性観にさらに別の観点を付与している。それは各能力を秩序立てる力である。このことをルソーは『エミール』の第一草稿（通称「ファーブル草稿」）の脱稿前に執筆された『道徳書簡』(28)において明確に記している。「理性とは、事物の本性に則して、そして事物が私たちに対してもつ関係に則して、私たちの魂のあらゆる能力を適切に秩序立てる能力〔faculté d'ordonner〕のことなのです(29)」。ここでは、能力は様々な能力を統一的に支配そして管理する〈能力の能力〉として位置づけられている。

ビュルジュランはコンディヤックとルソーにおける理性に対する考えの明確な差異を指摘している。感覚論者コンディヤックにおいて、理性は感覚に由来する知覚の経験によって産出される事後的なものとして規定されて

いるが、ルソーにおいてはそうではない。[30] ルソーは理性を単なる「帰結するもの」としては考えず、諸能力の発

（26） Condillac, *Essai sur l'origine des connaissances humaines*, *OP* I, p. 37b.〔コンディヤック『人間認識起源論』上、古茂田宏訳、岩波文庫、一九九四年、一六一頁。〕

（27） *Ibid.*, p. 33b.〔同書、一四四頁。〕

（28） Jimack, *La genèse et la rédaction de l'Émile de J.-J. Rousseau*, p. 43.

（29） Rousseau, *Lettres morales*, *OC* IV, p. 1090.〔十、五〇七頁。〕『道徳書簡』については第三章において中心的に論じる。

（30） コンディヤックが理性を完全に事後的なものと見なしていた、と想定することは、『人間認識起源論』以後の『感覚論』、『動物論』の議論を無視することになるかもしれない。というのも、コンディヤックは身体とは異なるある種先験的な認識能力を人間や動物に認めているからである。例えば、『動物論』第二部第五章「本能と理性について」において、コンディヤックは両概念の曖昧さを指摘し、動物と人間の差異を程度の差であると規定している（Condillac, *Traité des animaux*, *OP* I, p. 362a.〔コンディヤック『動物論』、古茂田宏訳、法政大学出版局、二〇一一年、一〇一—一〇二頁〕）。このように考えれば、コンディヤックにおける理性概念が事後的なものであるという理解は一面的なものであるように思われる。しかし『動物論』が、動物に魂を認めない動物機械論に与するビュフォンへの反論を目的として執筆されているという事実を忘れてはならない。ビュフォンの感覚概念の不当な二重化に対する感覚論者コンディヤックの批判が、『動物論』の主張には表れているのである。コンディヤックとビュフォンの動物をめぐる思想的対立点の理解は以下の研究に負っている。金森修『動物に魂はあるのか——生命を見つめる哲学』、中公新書、二〇一二年、一五九—一七三頁；望月太郎「『動物論』とその周辺——ビュフォンとコンディヤック」『待兼山論叢』、第三四号、二〇〇〇年、一—一四頁。また本能と理性について言えば、注（27）で引用した『人間認識起源論』の同一セクションで、コンディヤックはそれらを区別している。「本能とは、我々が自分で下す命令とはまったく無関係に働き、しかもその迅速さでもって我々の自己保存のために役立つ、そういう一種の想像力に他ならな

達においてつねに諸能力に先行するものであると見なしていた。「理性はいわば他のすべての能力から成る構成物」でしかないが、〈能力の能力〉として理性はその時の理性の能力に応じて諸能力を秩序づけている。ゆえに、ルソーは子供に理性が存在しないとは言わず、「幼年期とは理性の睡眠状態である」[31]と言うのである。

ルソーのテクストのなかにこのような理性と能力の相互性が確認できるがゆえに、ビュルジュランは「理性こそが導く」[32]と注釈し、イヴォン・ベラヴァルはルソーの知性論をデカルトとロックの融合として「発生的生得説[innéisme génétique]」[33]と名付けたのである。このルソーの立場は当時の思想潮流の中心にあった感覚論と鋭く対立する。理性は感覚に由来して産出されると説いた感覚論に対して、ルソーは感覚の理性に対する先行性を認めていないように見える。言い換えれば、ルソーの理性は複数の段階に分節化されており、各段階の記述から『エミール』の能力論は構成されている。こうしてルソーの教育学は発達段階論として理解されることになるのである。

(b) 自由と自己改善能力

ところで、『エミール』における「理性」の規定は矛盾であるように見える。というのも、能力の発展には理性の導きが必要であるにもかかわらず、理性は諸能力の構成物でもあるからだ。この理解に留まる限り、理性と能力は互いに原因でもあり結果でもあることになる。この点に関して、これまでの研究はあまり関心を向けていなかったように思われる[34]。この矛盾は「観念」の矛盾ではなく「表現における」矛盾である[35]。というのも、私たちはルソーの言う〈能力を展開させる理性〉を別のテクストで語られているものとして理解することが可能であるからだ。そのテクストとは人類史を描いた『不平等起源論』である。以下、『エミール』の能力論を読解するための必要な回り道として『不平等起源論』を検討する。

『不平等起源論』第一部においてルソーは人間を動物から区別するものとして「自由〔liberté〕」と「自己改善能力〔perfectibilité〕」を挙げている。ルソーによれば、動物も人間も身体構造的な意味においては「ひとつの機械〔machine〕」[36]である。だが「禽獣の活動のなかでは自然のみがすべてを為しているのに対し、人間は自由な能動者

い。本能は、記憶や反省をはじめとする様々な魂の働きとは相容れず、それらを押しつける」(CONDILLAC, *Essai sur l'origine des connaissances humaines*, OP I, p. 33b.〔『人間認識起源論』上、一四三—一四四頁〕)。『人間認識起源論』においては、少なくとも魂の働きの差異に従い、コンディヤックは本能と理性の差異を認めており、理性は感覚から派生する事後的なものとも言えるのである。

(31) ROUSSEAU, *Émile*, OC IV, p. 344.〔六、一二五頁。〕

(32) BURGELIN, *Notes et variantes*, OC IV, p. 1352. note 2 pour la page 317.

(33) Yvon BELAVAL, « La théorie du jugement dans l'*Émile* », in *Jean-Jacques Rousseau et son œuvre : problèmes et recherches : commémoration et Colloque de Paris (16–20 octobre 1962)*, Paris, Klincksieck, 1964, p. 150.

(34) この問題については、ドラテの以下の結論がアルファでありオメガであるとされていた。「ルソーは自分の理論のうちに二つの相異なる理性概念を並置させておくことで満足していた。彼には、同時にマルブランシュとコンディヤックの弟子であることが自然に思われたのである。なぜなら、彼らの影響のいずれの面も、彼の思想の相異なる平面〔=倫理および認識論〕の上に位置づけられていたからである」(DERATHÉ, *Le Rationalisme de J.-J. Rousseau*, p. 178.〔ドゥラテ『ルソーの合理主義』、二四八頁〕)。

(35) ROUSSEAU, *Émile*, p. 345.〔六、三六八—三六九頁。〕

〔agent libre〕として自らの活動に関与する」[37]。動物は自然に「命じられた規則」から逸脱することはない。「鳩は極上の肉が山盛りになった大皿のそばで飢え死にし、猫は山盛りの果実や穀物の上で飢え死にする。どちらも試してみようと思いさえすれば、自分たちが見向きもしなかった食料を食べることができたであろう」[38]。これに対して、人間は自らの利益に反することとさえ実行する。「人間は自堕落になり不摂生に励み、それが原因で熱にうなされ、死んでしまう」[39]。人間は自然から逸脱する自由を有する。すなわち、自由とは脱自然化の可能性を担保するものであり、ルソーにおいて自由は「力能〔puissance〕」である。

自然はあらゆる動物に命令し、禽獣はそれに従う。人間も同じ圧力を感じるけれども、人間は同意するも拒否するも自由であることを自ら知っている。この自由の意識〔conscience〕においてこそ、人間の魂の霊性〔spiritualité de son âme〕があらわれている。というのも、自然学は感官の仕組みと観念の形成を何らかの仕方で説明するけれども、欲する力能〔puissance de vouloir〕あるいはむしろ選択する〔de choisir〕力能のうちには、そしてこの力能の感覚〔sentiment de cette puissance〕のうちには純粋に霊的な作用しか認められないのであり、力学の法則では何も説明できないのである[40]。

見かけ上[41]、デカルト＝マルブランシュ主義の二元論に見えるこの記述のなかで、明確にルソーは人間の自由を「欲する力能」という「人間の魂の霊性」であると規定している。この力能の分析については後述するとして、もうひとつの人間の特性を見てみよう。それは自己改善能力である。続けて引用しよう。

しかしながら、こういった問題すべてにまつわる困難には人間と動物の差異についての議論の余地が残されているとしても、もうひとつ別に、人間と動物を区別する非常に特殊な性質が存在するのであり、それについては異論は存在しえないのである。その性質とは自らを改善していく能力である〔la faculté de se perfectionner〕。この能力は環境〔circonstances〕の助けを借りて、他のあらゆる能力を推移連続的に〔successivement〕発展させる。そして我々においては種のなかにも個人のなかにもこの能力は存在する。これに対し、一匹の動物は数ヶ月後には一生そのままであろう状態になるし、その動物の種においても千年後にも最初の一年間にそうであった状態のままに留まっている。(42)

ルソーはここで明確に「自己改善能力」を定義している。自己改善能力とは「他のあらゆる能力」を開花させ

(36) ROUSSEAU, *Discours sur l'orgine de l'inégalité*, OC III, p. 141.〔四、二〇九頁。〕
(37) *Ibid.*〔同書、同頁。〕
(38) *Ibid.*〔同書、同頁。〕
(39) *Ibid.*〔同書、同頁。〕
(40) *Ibid.*, pp. 141–142.〔同書、二一〇頁。〕
(41) 「見かけ上」である理由はルソーが動物にも一定の思考があることを認めているからである。とはいえ、ルソーはコンディヤックと異なり〈両者の程度の差〉という考えは認めてはいない。
(42) *Ibid.*, p. 142.〔同書、同頁。〕

る能力である。だが、この「特異かつほとんど無制限な能力」は人間にとって無条件に喜ばしい能力ではない。というのも、この能力は「自由」の力能と同様、人間の不幸の「源泉」でもあるからだ[43]。とはいえ、この能力はそれ自体では他の能力を発展させることはできない。そのためには「環境の助け」が必要である。その具体的例として、ルソーは大洪水や地震といった「地上の大変動〔Des révolutions du Globe〕」[44]を挙げている。なぜならば、ルソーの想定する自然状態において自然人は「自己改善能力や社会的徳、その他の能力」を「潜在的〔en puissance〕」[45]にしか有していないからである。自己改善能力はそれ自体で発展することは決してなく、「様々な外的原因の偶然の協力」[46]が必要であるとルソーは考えた[47]。

ところで「自己改善能力」という用語の歴史的な由来に関して、これまで多くの研究者が議論してきたがその結論はまとまっていない。この用語自体はルソー以前の『トレヴー辞典』[48]やフュルティエールの辞典、アカデミー辞典において登場しないがゆえに、スタロバンスキーはプレイヤード版全集の注において「学者風の新語」[49]と書き、« perfectibilité »はルソーによる造語であるという説が有力となった。しかしオノレ・シャンピオン版ルソー新全集『不平等起源論』編者のクリストフ・ヴァン＝ステンはこの説に異議を唱え、ルソーが« perfectibilité »なる語を生み出した下地に関する新しい仮説を提出している。だが、テクスト論証の水準においてヴァン＝ステンの仮説が証明されたとは言い難い[50]。

また、「自己改善能力」という着想それ自体はルソーのオリジナルではない。プーフェンドルフやパスカルといった様々な思想史的源泉が存在するが[51]、とりわけ重要なのはビュフォンであろう。『博物誌』第二巻（一七四九年出版）所収の「人間についての博物誌」において、ビュフォンは人間と動物の違いを以下のように記している。

（43）*Ibid.*〔同書、同頁。〕

（44）*Ibid.*, p. 168.〔同書、二三七頁。〕

（45）*Ibid.*, p. 152.〔同書、二二〇頁。〕

（46）*Ibid.*, p. 162.〔同書、二三〇頁。〕

（47）ここにルソーにおける歴史の方法をめぐる問題が生起する。私たちは、この問いを本書第二部第五章にて論述することになる。

（48）『トレヴー辞典』について言えば、« perfectibilité »は一七七一年の第六版が初出である。そこでは以下のように批判的に記されている。「（『条件の不平等についての論文』〔『不平等起源論』のこと〕のなかで）ルソー氏は人間にその主要な特性として自由と自己改善能力を保証している。なんたる自由か！　なんたる自己改善能力か！」（Art. « PERFECTIBILITÉ », *Dictionnaire universel français et latin, vulgairement appelé Dictionnaire de Trévoux*, 6e éd., t. VI, 1771, p. 675b.）

（49）Starobinski, *Notes et variantes*, *OC* III, p. 1317, note 3 pour la page 142.

（50）ヴァン＝ステンは、« perfectibilité »のルソー的用法の前史として二つの事例を挙げている。ひとつが十三世紀カタルーニャの神学者ラモン・リュイ（Raymond Lulle/Raymundus Lullius, 1232–1315）が用いた« perfectibilitas »である。寛大な天使と狡猾な天使の質的差異をめぐる神学論争のなかで、リュイは智慧を完成させるものとして« perfectibilitas »なる語を用いているとヴァン＝ステンは指摘している。すなわち、« perfectibilité »は元々神学用語として用いられていた。もうひとつの事例として、ヴァン＝ステンは十七世紀の錬金術師ニケーズ・ルフェーブル（Nicaise Le Febvre, 1610?–1669）を挙げている。ルフェーブルは『化学論 *Traité de la chymie*』（一六六〇年）のなかで« perfectibilité »を鉛や鉄、塩といった物質がいかなる状態にあろうと内在的に有する特性を指す言葉として用いていたようである。ヴァン＝ステンによれば、ルフェーブルは王立植物園の有名な化学実演家であった。ルフェーブル後の王立植物園付き化学実演家にはルソーもその講義に参加していたルエル（Guillaume-François Rouelle, 1703–1770）がいる。以上の傍証からヴァン＝ステンはルソーの「自己改善能力」は化学用語からの借用ではないかという仮説を提示している。Cf. Christophe Van Staen, *Introduction : mythes et traditions rivales*, *ET* IV, pp. 7–9.

もし動物たちに反省する力能〔puissance de réfléchir〕が低い程度でも授けられているとしたら、彼らは何らかの進歩をすることができたであろうし、さらなる器用さを獲得したであろうし、初代のビーバーが建てたものよりもより巧みにかつ堅牢に今日のビーバーは建てるであろうし、蜜蜂は蜂の巣に対して日々更なる改善をする〔perfectionnerait〕であろう。（……）なぜ各々の種は同じことを同じ仕方でしか決してしないのか。なぜ各個体は他の個体よりも良くあるいは悪く事を為さないのか。皆、同じ模範に倣って活動しているのである。各個体の活動の秩序は種全体において示されており、個体には少しもその秩序は属していないのである。(52)

ここでビュフォンは«perfectionner»という動詞を用いてはいるが、「自己改善能力〔perfectibilité〕」という用語は使っていない。その代わり、ビュフォンは人間と動物を区別するものを「反省する力能」であると見なしている。ビュフォンによれば、動物は「反省する力能」を有さないがゆえに、つねに動物は「同じことを同じ仕方でしか」為さない。それゆえ、ビーバーも蜜蜂も世代が進んでも同じダムや蜂の巣を形成する。動物の種は同じ状態に留まりつづけるというこの考えはルソーと同じものであるが、ルソーとビュフォンの間にはいくつか違いが存在する。

ひとつは「自己改善能力」と「反省する力能」という用語の違いである。ビュフォンは「動物たちは観念の組み合わせ〔cette association d'idées〕を形成することはできず、それを可能にするのは唯一反省であり、反省においてこそ思考の本質が存する」(53)と主張する。いわば、ビュフォンの人間論は思考を人間の本質と見なすデカルト的伝統に依拠するものであった。(54) 反対に、この考えに対してルソーは明確に否と述べている。「どんな動物も感官を有しているからには観念を持っているし、ある程度まで観念を組み合わせさえもする。ゆえにこの点に関して人間は禽獣と程度の違いしかない」[55]。このルソーの論点はコンディヤックのそれと一致する。ビュフォンが『博物誌』において展開した『感覚論』（一七五四年出版）への批判に応答する形でコンディヤックは『動物論』（一七五五年出版）を書き[56]、そこで自身の感覚論哲学の原理に依拠しつつ感官を有する〈感じる動物〉が一定の点まで「比

（51）Victor GOLDSCHMIDT, *Anthropologie et politique. Les principes du système de Rousseau*, 2e éd., Paris, Vrin, 1983, pp. 290–291.

（52）Georges-Louis Leclerc de BUFFON, « Histoire naturelle de l'homme (1749) », *HN* II, pp. 464–465.

（53）*Ibid.*, p. 464. この点に関するビュフォンの人間論に関してはデュシェの議論を参照せよ。Cf. Michèle DUCHET, *Anthoropologie et histoire au siècle des Lumières*, Paris, Albin Michel, 1995 [1971], pp. 236–237.

（54）Jean STAROBINSKI, « Rousseau et Buffon », dans *Jean-Jacques Rousseau : la transparence et l'obstacle suivi de Sept essais sur Rousseau*, Paris, Gallimard, 1971, p. 383.

（55）ROUSSEAU, *Discours sur l'orgine de l'inégalité*, p. 141.〔四、二〇九頁。〕

（56）『動物論』が書かれた経緯は一般的に、コンディヤックの『感覚論』のなかに自著からの剽窃が数多くあるというビュフォンの抗議に対して、コンディヤックが抗弁したというものであった。しかし『動物論』訳者の古茂田も指摘するように、具体的にビュフォンが『感覚論』を読んだ上でどのテクストでコンディヤックへの批判を記したのか判然としない。以下、古茂田の疑問を記載しておく。「少なくとも本書〔『動物論』〕で引用されている『博物誌』初版の第四巻までは一七五三年以前の刊行であるからそれではありえないし、第五巻は一七五五年であるから可能性はあるが、それにしても同じ年に出された書物への反論としてこれだけのボリュームをもつ本が即座に書かれたというのもやや不可解である。この問題については、本訳書の底本を編集したジョルジュ・ル・ロワも含め全く言及がない」（古茂田宏「訳注」、コンディヤック『動物論』、古茂田宏訳、法政大学出版局、二〇一一年、一八八頁）。

較し判断する」[57]ということを主張した。すなわち、コンディヤックからすれば「判断」や「反省」とは「感覚」から連続的に導き出せる魂の働きである。ルソーも動物に一定程度の思考能力を認めるがゆえに、ビュフォンの考えとは一線を画する。さて、もうひとつのルソーとビュフォンの違いは〈改善されるもの〉の差異である。ジャン・モレルが適切に指摘しているように、ビュフォンの考えでは種における個体の改善はまったく認められていないのに対し、ルソーにおいては個人としても種としても人間そのものが改善されうる可能性が自己改善能力によって認められている。[58]

以上、『不平等起源論』における人間と動物を区別する「欲する力能」としての自由と「自己改善能力」を同時代の知的文脈において検討したわけであるが、ルソーの思想においてこの二つの性質はいかなる作用を果たしているのだろうか。多くの解釈者たちはこの二つの性質に対して様々な評価を与えてきた。例えば、自由と自己改善能力は同一のもの、ルソーの言葉で言えば「表現における」差異でしかないという解釈がある。[59]また、この二つは独立した概念として理解することはできないという解釈もある。例えば、戸部松実はこの二概念を以下のように説明している。

> これ〔自己改善能力〕をルソーは、自由とは「もう一つ別に」認められる人間の特性であると述べているが、「自由」と「完成可能性〔自己改善能力〕」とは、独立した二つの概念であるとは思われない。（……）「自由な行為者」の内面において、「自由」というものは、意志を決定する原因としての「思惟」の能力、すなわち行為の選択に関わる判断として捉えられている場合と、それが「行動」を起こさしめる能力である「意志」として捉えられている場合との二つの側面を持っている。従って「自由な行為」は、この二つの能力が順次

発揮されて初めて成立するものであると考えられる。ルソーとしては、その第一の段階を「自由の意識」と見做し、第二段階として行為に関わる能力を「完成可能性」と名付けたと考えてよいのではなかろうか。(60)

この戸部の解釈はやや難解であるが、二つの概念の間に彼女は明確な価値的差異を認めているように思われる。人間が自由に行為するためには、「欲する力能」という前提のもと「自己改善能力」によってその力能（潜勢態）が発露（現勢態）せねばならない。おそらく戸部の解釈はこのように理解できるだろう。こうしたアリストテレス的発想の下でルソーの「自由」と「自己改善能力」を理解すべきかどうかについては議論の余地がある。

そこで私たちは別の観点からこれら二つの概念を読み解いてみたい。それは「力能〔puissance〕」と「能力〔faculté〕」という用語的観点からである。確かにルソーのテクスト上においてつねに明確な用語の区別や一貫した用語法が存在するわけではないが、上の引用でも明らかなように、少なくとも『不平等起源論』におけるこの

---

(57) CONDILLAC, *Traité des animaux*, *OP* I, p. 348a.〔コンディヤック『動物論』、四二頁。〕

(58) Jean MOREL, « Recherches sur les sources du Discours de l'inégalité », *AJJR*, n°5, 1909, p. 182.

(59) 例えば、ジャック・デリダは「自由とは自己改善能力である」と明記し、アンリ・グイエもこのデリダの命題に同意を示している。Cf. Jacques DERRIDA, *De la Grammatologie*, Paris, Édition de Minuit, 1967, p. 260〔ジャック・デリダ『グラマトロジーについて』下、足立和浩訳、現代思潮新社、一九七二年、七八頁〕; Henri GOUHIER, « La "perfectibilité" selon J.-J. Rousseau », *Revue de théologie et de philosophie*, 28, 1978, p. 334.

(60) 戸部松実「訳注」『不平等論——その起源と根拠』、国書刊行会、二〇〇一年、二三四—二三五頁。

二概念を説明するにあたりルソーは明確に力能と能力を区別しているように思われる。すなわち、彼のなかで自己改善能力とは能力であって力能ではなく、そして自由は力能であって能力ではない。(61)

ルソーの用語法におけるこの力点を明確にするために、私たちはジョン・ロックの議論に目を向けたい。先に見たように、確かにルソーのこの二概念はビュフォンとコンディヤック（そしてラ・メトリやテュルゴー、シャルル・ボネといった多数のフィロゾーフを巻き込む啓蒙の世紀そのもの）における人間と動物をめぐる同時発生的な論争空間に位置づけられねばならない。しかし、〈力能〉と〈能力〉という哲学用語に関心を向けるならば、私たちはルソーの同時代人ではなく、啓蒙の世紀を準備したロックの議論を検討せねばならないのである。

（c）力能と能力

ジョン・ロックの『人間知性論 *An Essay concerning Human Understanding*』は一六八九年に出版されたが、(62)この著作の十八世紀フランスへの影響を考えるためには、ピエール・コスト（Pierre Coste, 1668–1747）による仏訳（*Essai philosophique concernant l'entendement humain*, 一七〇〇年初版出版）を考慮する必要がある。というのも、コンディヤック『人間認識起源論』やライプニッツ『人間知性新論』におけるロックへの応答はコスト訳『人間知性論』というフィルターを通じてなされていたからだ。(63)ゆえに私たちは基本的にコスト訳『人間知性論』を手元に置き議論を進める。(64)私たちの関心から問題となる箇所は、『人間知性論』第二巻第二一章「力能〔power〕について」である。コスト訳『人間知性論』では章題は« De la puissance »と訳されている。(65)ロックの議論において「力能」は人間の精神に対してだけではなく物体に対しても用いられる概念であるが、ここでは人間の精神における力能と能力の概念的差異という観点に絞って当該の箇所を検討していく。

(61) 先の引用でビュフォンは « faculté » ではなく « puissance » を用いていた（「反省する力能〔puissance de réfléchir〕」）。

(62) 初版には一六九〇年と明記されているが、ロック研究の通例に従い一六八九年出版と記した。

(63) フランス語圏へのコスト訳の影響について、日本語で読めるものとしては福島清紀の一連の仕事を参照せよ。福島清紀「『人間知性新論』再考への一視点——コスト訳の介在」『ライプニッツ著作集』第五巻、工作舎、一九九五年、三六〇—三六三頁；同「ライプニッツ『人間知性新論』再考——仏語版『人間知性論』の介在」『人文社会学部紀要』、富山国際大学、二号、二〇〇二年、八三—九二頁；同「ライプニッツとロック——仏語版『人間知性論』による思想伝達をめぐって」『言語と文化』、法政大学言語・文化センター、一号、二〇〇四年、一一一—一三一頁；同「ロック、コスト、ライプニッツ——「意識」概念をめぐる異文化接触」『言語と文化』、法政大学言語・文化センター、二号、二〇〇五年、二二三—二四五頁。仏語圏におけるロックの十八世紀フランスへの影響に関する研究の決定版は以下の文献である。Jørn SCHØSLER, « *L'Essai sur l'entendement* de Locke et la lutte philosophique en France au XVIIIe siècle : l'histoire des traductions, des éditions et de la diffusion journalistique (1688–1742) », in *La diffusion de Locke en France. Traduction au XVIIIe siècle. Lectures de Rousseau*, SVEC, 2001.

(64) 本書では一七三五年版のコスト仏訳（John LOCKE, *Essai philosophique concernant l'entendement humain*, traduit de l'Anglois de Mr. Locke, par Pierre Coste, Amsterdam, Pierre Mortier, 1735.）を用いる。ロックの邦訳については岩波文庫版の巻数と頁数のみを挙げる。

(65) 物体における力能については『人間知性論』第二巻第八章、二一章、二三章で語られる。この力能については以下の研究を見よ。M・R・エアーズ「ロック哲学における力能と実体の観念」（藤井誠訳）、『久留米大学論叢』、三〇巻一号、一九八一年、一〇三—一二二頁；後藤愛司「ロックの力能概念について（I）」『聖徳学園女子短期大学紀要』、第八集、一九八二年、一七—二六頁。

ロックが認める魂の力能とは二種類である。すなわち、知性と意志である。第二巻第六章において、ロックはそれらを以下のように定義している。

もっともよく語られるし、事実、非常に頻繁に語られ、誰しも望めば自分自身のうちに容易に発見できる、我々の魂の大きな主要活動とは次の二つである。知覚〔*Perception*〕言い換えれば思考する力能〔Puissance de penser〕、そして意志〔*Volonté*〕言い換えれば欲する力能〔Puissance de vouloir〕である。／思考する力能は知性〔*Entendement*〕と呼ばれ、欲する力能は意志〔*volonté*〕と呼ばれる。魂の二つの力能ないし性向〔dispositions〕は能力〔*Facultés*〕と呼ばれる。[66]

ロックは「内省〔réflexion〕」[67]によって発見できる魂の二つの力能（意志と知性）が「能力」とも呼ばれていると指摘している。この知的伝統に依拠しつつロックは第二巻第二一章の力能論を書き進める。

まずもってロックにとって力能とは〈変化の可能性〉を意味する。「精神はある事物においてそれらの単純観念のどれかが変化する可能性を考え、そして別の事物においてこの変化を生み出す可能性を考える。そこから精神は我々が力能と呼ぶ観念を形成する」[68]。ゆえに、火は固形の金属を流体へと変化させる可能性を有するという意味において、「火は金を溶かす力能をもつ」[69]。このように考えた場合、力能は二つの種類に区別できる。何かを変化させることができる力能と変化を被る力能である。ロックは前者を能動的力能と呼び、後者を受動的力能と呼ぶ。[70]

ところで、『人間知性新論』においてライプニッツは、能動的力能は「能力」、受動的力能は「受容力ないし受容性〔capacité ou receptivité〕」と呼ばれうると指摘する。[71] 変化の可能性としての様々な力能の命名に関する議論は彼らにおいて何を意味しているのだろうか。一見すると本質的ではないようなこの議論にはどのような問題圏が潜んでいるのかと言えば、それは魂における「実在的存在」を認めるか否かという問題である。マルタン・リュエフはこの十七、十八世紀にかけて提起された能力に関する哲学的問題を二つの論点にまとめている。「一方では、諸能力が本当にあるのかないのかが議論され、他方、魂の本質から諸能力を言葉のうえだけではなく事実上区別できるのかどうかが議論された」[72]。リュエフのこの整理はおそらく正しいのだが、もう少しロック自身の言葉で

(66) LOCKE, *Essai philosophique concernant l'entendement humain*, p. 83.〔ジョン・ロック『人間知性論』一、大槻春彦訳、岩波文庫、一九七二年、一七四頁。〕

(67) 内省とは「視線を〔感覚という外から〕内へ自分自身に向けて、自分のもつ観念について営む自分自身の作用を観察」することであり、ロック哲学における重要な用語の一つである（*ibid.*, p. 83.〔一、同頁〕）。

(68) *Ibid.*, p. 179.〔二、一二六頁。〕

(69) *Ibid.*〔二、同頁。〕

(70) *Ibid.*〔二、一二七頁。〕

(71) Gottfried Wilhelm LEIBNIZ, *Nouveaux essais sur l'entendement humain*, *Die philosophischen Schriften von Gottfried Wilhelm Leibniz*, herausgegeben von C. J. Gerhardt, Berlin, Weidmannsche Buchhandlung, Bd. V, 1882, S. 155.〔ライプニッツ『人間知性新論』上（谷川多佳子、福島清紀、岡部英男訳）、『ライプニッツ著作集』第四巻、工作舎、一九九五年、一九三頁。〕念のため記しておけば、ルソーは『人間知性新論』を読んではいなかった。

(72) マルタン・リュエフ「ルソーにおける諸能力の理論」（飯田賢穂、淵田仁訳）、『ルソーと近代』、永見文雄他編、風行社、

この問題を考えてみたい。

知覚したりあるものよりも別のものを好むという魂が有するこれらの力能〔puissance〕は通常、別の名詞で指し示される。一般に知性と意志は魂の二つの能力〔Facultés〕と呼ばれる。すべての語がそうであるのだが、この〔能力という〕語は人間の精神のなかにいかなる混乱も生み出すことのないように用いられれば、非常に適切な言葉である。これらの語は知覚する、意志するという行動を生み出す魂のなかにある何らかの実在的存在〔Êtres réels〕を意味する——私はそう想定されてきたと思うが——のに対し、このことにひとはあまり注意を払ってこなかった。というのも、意志はあらゆるものを統制し秩序づける魂の上位能力であるとか、意志は自由あるいは自由ではないとか、意志は下位能力を決定するとか、意志は知性の指図に従うなどとひとが言うとき、これらの表現や似た他の表現は、自身の考えを注意深く検討し、言葉の響きよりも事物の明証性に対する思考を統制する者たちには明晰判明な意味において理解されうるだろうが、魂の諸能力についてのこのような語り口は多くの人々を次のような混乱した考えに導いてしまったと私は案じているからである。すなわち、様々な役目や権力を持ち、指示したり従ったり、そして様々な事柄を実行する数多くの動因〔Agents〕が我々のうちに明瞭に存在するという考えである。(73)

ロックの認識論において外的世界が実体としてではなく性質から説明されるのと同様に、ロックは人間の魂も様々な性質、すなわち力能から説明されるべきという立場を取る。その魂の力能として繰り返し言及されるのが知性と意志なのであるが、これらが「能力」と呼ばれることにロックは疑念を抱いているのである。というのも、ロックの理解によれば「能力」とは「知覚する、意志するという行動を生み出す魂のなかにある何らかの実在的存在」を意味するからであり、魂の性質を実体として説明することを避けようとしている経験論者ロックからすれば、実体の存在を想起させる能力という語を用いることは無用なリスクを負うことに繋がる。経験に先立つ実体substanceの問題は、経験論者にとって悩ましい問題であり、魂の働きを能力と呼ぶことはその働きの実体化（作用を生み出す実在物の想定）を招く。これはデカルト的実体を批判する経験論者からすれば回避すべき事態である。[74] つまり、「人々は意志と呼ばれるこの力能に能力という名前を与えてしまい、この能力という名が作用する主体〔sujet agissant〕として意志について語るよう人々を誘ってしまう」[75]のである。

　ロックにとって主要な魂の力能とは、思考と意志であることは先に確認したが、それ以外にも様々な力能が魂

二〇一四年、一四八頁。

（73）Locke, *Essai philosophique concernant l'entendement humain*, p. 182.〔二、一三二―一三三頁。〕

（74）実体については、ロックとスティリングフリートの論争が有名である。スティリングフリートはロックが実体の観念について矛盾した議論を展開していると批判したが、ロックは〈実体〉を語ることと〈実体の観念〉を語ることの区別を強調し、安易に実体の存在を仮定してしまうことを批判しているにすぎないと応答する。この論争から見れば、ロックは実体の存在を認めているように見えるが、ここにロックの経験論の困難が表れていると言えよう。以上の点については以下の研究に負っている。田村均「「観念」という装置――ジョン・ロックとスティリングフリートの論争から」『理想』、六四八号、一九九二年、六五―七六頁；下川清「ロック」『哲学の歴史――知識・経験・啓蒙：人間の科学に向かって』松永澄夫責任編集、第六巻、中央公論新社、二〇〇七年、一一七―一二〇頁。

（75）Locke, *Essai philosophique concernant l'entendement humain*, p. 186.〔二、一四一―一四二頁。〕

において確認できる。そのひとつが自由である。ロックが力能と能力という用語の区別に拘る理由は、「実在的存在」を認めるか否かという問題に加えて、この自由の力能にまつわる問題とも関係する。その問題とは自由意志である。結論から言えば、ロックは決定論と自由意志は両立しうるという立場（両立論）を取る。[76]その理由は、まずもって〈意志が自由であるか否か〉という問いそのものがロックの力能理解からすれば不合理であるからである。[77]ロックにとって意志と自由は区別される力能であった。

意志〔Volonté〕はひとつの力能ないし能力以外の何物でもなく、自由〔Liberté〕は別の力能ないし能力であることは明白である。ゆえに、意志が自由をもつかどうかと問うことは、力能が別の力能をもつかどうか、能力が別の能力をもつかどうかを問うことであり、一見するとこのような問いは検討したり答えるには甚だ大ざっぱで不合理なものであるように見える。力能が能動者〔agents〕だけに属し、そしてもっぱら実体の属性〔*attribus des substances*〕であり、何らかの他の力能でないことを分からない人間とはどんな人であろうか。[78]

力能とは能動者である人間が有する属性である。ゆえに、〈意志の力能が自由の力能をもつ〉というような考えはロックからすれば棄却されるべきものである。このようにロックにとって魂の力能とは単なる機能の差異に基づく名称にすぎないのであり、「能力」という語はこの唯名論的作用を実体化する危険を招きうる。[79]以上がロック『人間知性論』における力能／能力の用語に関する哲学的問題であった。

さて、遠い回り道を経て、ルソーの自由と自己改善能力の問題に回帰しよう。私たちは『不平等起源論』におけるルソーの自由概念はロック由来のものであると考える。ロックにおける意志の力能はつねに欲求によって決定されている。ゆえに、先に論じたように、ロックは完全なる自由意志そのものは否定する。とはいえ、彼は自由を否定することはなかった。というのも、ロックにとって自由とは「意志の決定を保留する」[80]こと、「熟慮の後に行為を決定する」[81]ことであったからである。つまり、ロックは自由意志問題において、意志を完全に自律的

(76) 本書では、通説に従いロックの自由論は両立論であるという解釈を取る。佐々木拓の主張に基づけば、ロックの自由論はホッブズ流の両立論を取っているように見えるが、自由意志論者の側に与しているようにも解釈できる(佐々木拓「ロック自由論の独自性について」『実践哲学研究』、二四巻、二〇〇一年、三七—五一頁)。ロック自由論の解釈の難しさは、『人間知性論』第二版での大幅な修正や第五版の修正による記述の一貫性の無さにある。この点については、下川の前掲論文を参照せよ。下川「ロック」『哲学の歴史』、一一五—一一七頁。

(77) 「意志は自由かどうかが問題となるべきではなく、人間は自由かどうかが問題となるべきである。」(Locke, *Essai philosophique concernant l'entendement humain*, p. 188.〔二、一四六頁。〕)

(78) *Ibid.*, p. 186.〔二、一四一頁。〕

(79) 「テオフィル:(……)魂とその諸能力との間に実在的区別があるかどうか、一つの能力が別の能力から実在的に区別されるかどうかは、スコラ哲学で長い間議論された問題です。実在論者たちは区別されると言いましたし唯名論者たちはだめだと言いました。(……)しかしながら、たとえそれらが実在的で区別されたものであろうとも、実在的能動者〔Agents réels〕としてまかり通るなどというのは誤った語り口でしかあり得ないでしょう。作用するのは能力ないし性質ではなく、能力によって実体が作用するのです」(Leibniz, *Nouveaux essais sur l'entendement humain*, S. 160.〔ライプニッツ『人間知性新論』上、一九九頁〕)。

(80) 佐々木「ロック自由論の独自性について」、四四頁。

(81) 同前、同頁。

な力能とは考えず、「知性または欲求によって提示された行為をするか、しないかを選択決定する」[82] ことであると限定的に理解していた。このようにロックの自由論を理解した場合、『不平等起源論』における自由という力能はロック由来のものであると言えるだろう。「欲する力能あるいはむしろ選択する力能」[83] というルソーの表現が示しているように、ルソーにとって「自由の意識」は意志よりも選択に存するからである。まさにこれはロックの自由概念である。

> ある能動者〔agent〕のうちにある自由の観念とは、ある行為を為す、もしくは為すことを差し控えるかのどちらかを選択する〔préfère〕心の決定に従って、為したり差し控えたりするこの能動者が有する力能の観念である。[84]

ロックのこの自由概念から、ルソーの「人間は自由な能動者〔agent libre〕として自らの活動に関与する」[85] という一文は理解されねばならないのである。[86] この選択としての自由は『新エロイーズ』のサン＝プルーの言葉にまで響いている。[87]「選択する力能」、「能動者」という語彙からも『不平等起源論』におけるルソーの自由概念がロック由来のものであることを示している。

　それに対して、自己改善能力の方はロックが自ら用いようとはしなかった「能力」という語によって説明されている。先ほど述べたように、『不平等起源論』（および他の作品）においてルソーが力能／能力を厳密に使い分けているとは考えにくいが、[88] 少なくとも自由と自己改善能力を説明しているこの箇所では、ルソーは力能と能力を明確に区別しているように見える。なぜならば、その区別はルソーの論理にとって必要不可欠であったからだ。

ロックが能力なる語を避けた理由は、この語が経験論哲学が避けねばならない性質の実体化を招く危険をもつことに由来する。能力という語を使用した場合、能力同士の関係性や諸能力におけるヒエラルキー構造が問題となってしまう。すなわち、能力の観念は「様々な役目や権力を持ち、指示したり従ったり、そして様々な事柄を実行する数多くの〔能力という〕動因〔agents〕が我々のうちに明瞭に存在するという考え(89)」を引き起こしてしまう。感覚と内省だけに基づいて人間の認識を説明しようとする経験論者ロックからすれば、力能の実体化は避けねばならない事態であった。

(82) 同前、五〇頁。
(83) ROUSSEAU, *Discours sur l'orgine de l'inégalité*, OC III, p. 142.〔四、二一〇頁。〕
(84) LOCKE, *Essai philosophique concernant l'entendement humain*, p. 182.〔二、一三四頁。〕
(85) ROUSSEAU, *Discours sur l'orgine de l'inégalité*, p. 141.〔四、二〇九頁。〕
(86) 戸部「訳注」『不平等論』、二三三頁。
(87) 「至高な存在は私たちに善なるものを知るための理性、それを愛するための良心、それを選択する自由を与えてくれています」(ROUSSEAU, *La Nouvelle Héloïse*, OC II, p. 683.)。もちろんルソーにおける自由意志の問題は一枚岩ではなく、『不平等起源論』以降、ディドロとの論争を通じてルソーの自由意志の問題は深化していった。この点に関しては以下の研究を参照せよ。Cf. Yoshiho IIDA, *La « religion civile » chez Rousseau comme art de faire penser*, Thèses de doctorat, Université Grenoble Alpes, 2015, pp. 129–155.
(88) 例えば、『不平等起源論』第二部において「自由は人間の諸能力〔facultés〕のなかでもっとも高貴なものである」(ROUSSEAU, *Discours sur l'orgine de l'inégalité*, OC III, p. 183.〔四、二五二頁〕)という一文を確認することができる。
(89) LOCKE, *Essai philosophique concernant l'entendement humain*, p. 182.〔二、一三二—一三三頁。〕

しかし、ルソーの場合は違った。ルソーにとって自己改善能力は内省による観察から見出される心的性質ではなく、動物にはなく人間の精神に確かに存在する「実在的存在」であった。ゆえに、この能力はロックが認めていない他の能力との関係を有する可能性をもつ。すなわち、それは自己改善能力が有する「他のあらゆる能力を推移連続的に発展させる」[90]能力である。このテーゼはロックが打ち立てた禁忌を破り、自己改善能力が〈能力の能力〉であることを認めることに繋がる。言い換えれば、あらゆる諸能力の進展可能性を確保するための理論的装置として自己改善能力をひとつの能力と規定することがルソーにとっては必要不可欠なことであったと言えよう。以上のことから、私たちはルソーが『不平等起源論』第一部にて論じた人間の特性である「自由」と「自己改善能力」が単純に同一のものであるという解釈を採用することはできない。そして「自己改善能力」について言えば、この能力は『不平等起源論』以後の作品においては「理性」と呼ばれることになる。それゆえ、自己改善能力なる新語は『不平等起源論』だけにしか登場しないのである。[91]

本節（a）で確認したように、理性とは「いわば他のすべての能力から成るひとつの構成物〔un composé〕」[92]であり、かつ同時に「私たちの魂のあらゆる能力を適切に秩序立てる能力」[93]でもあった。諸先行研究が具体的テクストに基づいて論証してこなかったこの理性の二重性をいかに考えるかという問題意識から、私たちは『不平等起源論』およびロックの力能／能力論を概観したのであった。そして自己改善能力の解釈を通じて、私たちは『道徳書簡』における理性のこの定義がロックが認めなかった実在論的能力観に由来するものであると理解することができた。すなわち、自己改善能力は「種のなかにも個人のなかにも存在する」のだが、個人のなかに存在する自己改善能力は『不平等起源論』以後、『エミール』においては諸能力の構成物としての理性を発展させるメタ〈理性〉として位置づけられることになる。こうして、「人間をつくるものは理性です」[94]および「人間に教えるのにふさわしいあらゆるもののなかで、人間がもっとも遅く、もっとも苦労して習得するものこそ理性に他ならないのです[95]」という『新エロイーズ』の言葉の意味するところを、私たちは理解することができるのである。

第三節　飛躍の問題

ルソーの〈理性〉概念が二重の様相を帯びている理由は、ルソーの認識論の折衷的性格に由来する。すなわち、

(90) ROUSSEAU, *Discours sur l'orgine de l'inégalité*, OC III, p. 142.〔四、二一〇頁。〕

(91) ゴルドシュミットは、『不平等起源論』におけるルソーの戦略の最重要点を同時代の共通理解であった人間の自然的社会性(sociabilité)の否定のなかに見た。自然的社会性の存在を否定しつつ、仮説の自然状態から現実の社会状態を結びつける原理としてルソーは自己改善能力を設定した、というのがゴルドシュミットの解釈であった(GOLDSCHMIDT, *Anthropologie et politique*, pp. 292–306.)。ゆえに、没社会的な記述を要しない他のテクストにおいて、ルソーは自己改善能力を持ち出す必要はなかったのである。

(92) ROUSSEAU, *Émile*, OC IV, p. 317.〔六、九五頁。〕

(93) ROUSSEAU, *Lettres morales*, OC IV, p. 1090.〔十、五〇七頁。〕

(94) ROUSSEAU, *La nouvelle héloïse*, OC II, p. 319.〔九、三七一頁。〕

(95) *Ibid.*, p. 562.〔十、二〇五頁。〕

その性格とは『エミール』前半三巻における感覚論的一元論者ルソーと、「信仰告白」（＝「サヴォワ助任司祭の信仰告白」）における断固たる二元論者の司祭（ルソー）との矛盾・相克[96]」であり、言うなれば「デカルト的二元論と啓蒙哲学の主潮流である経験論・感覚論の折衷[97]」である。デカルトの二つの実体（思惟、延長）を認める世界観と、思惟においてもっとも高度な〈判断能力〉それ自体も感覚に還元される啓蒙的世界観の対立のなかで、ルソーは引き裂かれている。そのような状況のなかから、ルソーの「理性」概念の二重性は生じている。

そして、ルソーにおけるこの二重の姿勢はひとつの哲学的問題に結び付いている。その問いとは、認識の生成の問いである。『エミール』第一巻から第三巻にかけて感覚重視の教育を施されてきたエミールがいかにして「最初の抽象観念」を思いつくに至るのかという「哲学への接近[98]」をめぐる困難を、ルソーは以下のように吐露している。

> また考えてほしい。我々の能力によって可感的事物に局限されているので、我々は哲学の抽象観念や純粋に知的な観念へのいかなる手がかりもほとんどもっていない。こういうものに到達するには、我々がきわめて深く愛着を抱いている身体から我々を解放するか、それとも、対象から対象へと漸進的にゆっくりと進歩するか、それとも巨人の一歩によって隔たりをほとんど一飛びで越えていくかしなければならない。だがそれらは子供のときにはできないことであって、大人にとってさえもそのためにわざわざ作られた多くの梯子が必要なのだ。最初の抽象観念は梯子の一段目なのだが、いかにしてそれを構築することをひとが思いつく［s'aviser］のか私にはとても理解できない。[99]

ビュルジュランの注釈によれば、ルソーがここで提起している抽象観念への飛躍のための方法とは以下の三つである。[100] ①プラトン主義と禁欲主義の方法（「我々がきわめて深く愛着を抱いている身体から我々を解放する」）、②経験論的方法（対象から対象へと漸進的に進歩する）、③生得観念論の方法（巨人の一歩によって隔たりをほとんど一飛びで越えていく）。そしてビュルジュランは、ルソーが②と③の間で揺れ動いていると解釈している。つまりこのルソーの不決断の態度によってこそ、一元論と二元論の矛盾がテクスト上に表れているのである。

多くの解釈者が指摘するように、『エミール』第三巻から第四巻[101]（および「サヴォワ助任司祭の信仰告白」）へと至るなかで、ルソーの立場は明らかに生得観念論へ近づき、唯物論批判へと向かっているように見える。[102] だが序論で

(96) 古茂田宏「学説の体系性と歴史性――ルソーの認識論を手がかりにして」『日本倫理学会論集十七：思想史の意義と方法』、日本倫理学会編、以文社、一九八二年、一〇五頁。
(97) 川合清隆『ルソーの啓蒙哲学――自然・社会・神』、名古屋大学出版会、二〇〇二年、二一六頁。
(98) Pierre BURGELIN, *Notes et variantes*, *OC* IV, p. 1495, note 2 pour la page 551.
(99) ROUSSEAU, *Émile*, *OC* IV, p. 551.〔六、三五三頁。〕
(100) BURGELIN, *Notes et variantes*, *OC* IV, pp. 1495–1496, note 2 pour la page 551.
(101) 私たちの論述の展開から、ここでは便宜上、経験論（唯物論）vs 二元論（生得観念論）という図式を採用している。十八世紀フランスにおいて生得観念論批判は〈思考する物質 matière pensante〉という唯物論的発想と深く結びついている（cf. John W. YOLTON, *Locke and French materialism*, Oxford, Oxford University Press, 1991）。だが、先に見たある種の先験的要素を人間ないし動物に付与しているようなコンディヤック哲学をみれば、生得観念を否定しながらも完全なる唯物論には与しない二元論的経験論も存在すると言える。それゆえ、この対立図式そのものは経験論、感覚論、唯物論の微妙な差異を無化してしまうかもし

も述べたように、私たちはルソーの統一像の再構成を目論んではいない。ゆえに彼の立場を明確にするのではなく、彼の経験論批判・唯物論批判の論展開を仔細に見ていくことにしよう。

ルソーは感覚的認識から抽象観念への〈飛躍〉に執拗にこだわっているように見える。なぜならば、抽象観念の発生は神概念とも関係するからである。この関係性については川合の指摘が適当であろう。「抽象観念の階段を上りつめた頂上には、神の観念が存在する。人間が宗教を形成する過程は、この抽象観念の階段を上っていく認識過程であり、人類はその長い知的努力によって現実にその最上段にたどり着いた」[103]。つまり、宗教〔神への信仰〕の発生と抽象観念の発生はパラレルな関係にあることになる。ゆえに、ルソーは抽象観念への〈飛躍〉を問題にすると同時に、神概念の問いをも問題にするのである。すなわち問題は、「自然的知識と純粋に物理的な知識しか有さない[104]」ような「可感的事物に局限されている[105]」エミールが、いかにして「すべてを抱擁し、世界に運動を与え、諸存在の全体系を形成する理解しがたい存在〔L'Être〕[106]」である〈神〉の観念を創出することが可能なのか、である。

ルソーはこの問題に対するロックの方法を激しく批判している。

> ロックは、まず精神についての研究から始め、続いて物体についての研究へと進むよう望んでいる。この方法は迷信の、偏見の、誤謬の方法である。理性の方法でもなければ、良く秩序づけられた自然の方法ですらない。その方法は見ることを学ぶために目を閉じるようなものである。物体を長いあいだ研究したあとでなければ、精神についての真の観念をつくり、精神が存在するのではないかと考えることはできない。反対の順序は唯物論を打ち立てることに役立つだけである[107]。

このロック批判について、アンドレ・シャラクは少し的外れであると指摘している。というのも、『教育に関する考察』[108]のなかでロックが理解力の乏しい子供に神について教授することを慎むよう述べているがゆえに、神概念に対するロックの姿勢はルソーのそれと類似しているからである。[109] ただしシャラクは、『人間知性論』第二巻第二三章の記述[110]からロックが物体の存在よりも精神の存在の確実性の方が先立っているように記述しているとい

れない。しかし、「サヴォワ助任司祭の信仰告白」の本文および原注において、ルソー自身は唯物論者が主張する思考する物質を否定し、二元論を肯定している（ROUSSEAU, *Émile*, OC IV, p. 384.〔七、三九頁、三五九頁〕）。それゆえ、この対立図式をあえて強調することで私たちは議論を進めていく。

(102) 川合『ルソーの啓蒙哲学』、二三五頁。ドラテはルソーの立場を認識論においては一元論、倫理学においては二元論であると結論した（DERATHÉ, *Le rationalisme de J.-J. Rousseau*, pp. 175–180.〔ドゥラテ『ルソーの合理主義』、二四四―二五〇頁〕）。

(103) 川合『ルソーの啓蒙哲学』、二一九頁。

(104) ROUSSEAU, *Émile*, OC IV, p. 487.〔六、二八一頁。〕

(105) *Ibid.*, p. 551.〔六、三五三頁。〕

(106) *Ibid.*〔同書、同頁。〕

(107) *Ibid.*, pp. 551–552.〔同書、同頁。〕

(108) John LOCKE, *De l'éducation des Enfants*, Traduit de l'anglais par Pierre Coste, Amsterdam, Henri Schelte, 1708, p. 261.〔ジョン・ロック『教育に関する考察』、服部知文訳、岩波文庫、二〇一三年、二一四頁。〕

(109) André CHARRAK, *Note*, dans *Émile ou de l'éduction*, Paris, GF Flammarion, 2009, p. 778, note 37 pour la page 369.

(110) 「私が見たり聞いたりなどして、私の外にこの感覚の対象である何らかの物体的な存在者があることを知る一方、私はいっ

う点でルソーの批判をある程度妥当なものである、と認めている。確かにロックの経験論には、前節で見たような精神的存在の実在論に対する警戒の姿勢が窺え、実体に対する認識問題を論じる場合に自らの経験論的立場を維持することができなくなる瞬間がある、ということはよく知られている。言い換えれば、ロックは自らの経験論のなかに実体概念を密やかに忍ばせることで、見かけ上は感覚論的認識論を打ち立てることに成功した。この意味において、ルソーはロックが守り切れなかった経験論的な立場をあえて保持しようとしていたと言ってよい。ルソーのこの姿勢が、上記の方法への批判としてこのテクストにおいて表れているのである。一見すると「〈物体よりも精神を先におく〉反対の順序は唯物論を打ち立てることに役立つだけである」という一文は不可解であるが、これはこれまでの経験論に潜む非−経験論的手続きに対するルソーの皮肉であると理解することができるであろう。

　こうして、ルソーは意識的に経験論的方法を突き進む。そして、エミールが「物体を長いあいだ研究したあと」にどのように精神的存在、ないし神の観念を獲得できるのかを記述しようとする。そこでルソーは原始的宗教の誕生を想定する。川合はこの点についてのルソーの記述を以下のようにまとめている。

> ルソーによれば、宗教の最も原始的な形態はアニミズムである。最初、人間は、あらゆる自然の存在物が自分と同じ仕方で活動していると信じ、万物に生命を仮定した。その上、自然の諸存在の力は、自分たちの力より勝り無限であるかのように想像し、全宇宙を有形の可感的な神々で満たした。(11)

この川合の要約は非常に的確である。「我々の知識の最初の道具」である「感官」しか有さない人間は、「肉体的、可感的存在」だけの観念を持つことになる。[112]ゆえに、「ユダヤ人も例外ではなく世界のすべての民族が、肉体的な神を作り出した」[113]のであり、「原初の諸時代の人間」にとって「多神教が彼らの最初の宗教であり、偶像崇拝が彼らの最初の信仰〔culte〕であった」[114]。そして、ルソーにとって問題はこの多神教から一神教への〈飛躍〉である。

そう確実に、私のなかに見たり聞いたりする精神的な存在者がいることを知るのである」(LOCKE, *Essai philosophique concernant l'entendement humain*, p. 483.〔二、二六〇頁〕)。

(111) 川合『ルソーの啓蒙哲学』、二一九頁。

(112) ROUSSEAU, *Émile*, *OC* IV, p. 553.〔六、三五三頁。〕

(113) *Ibid.*〔同書、三五四頁。〕

(114) *Ibid.*〔同書、同頁。〕ここでのルソーの宗教史観は、ヴォルテールに代表される啓蒙思想家のあいだで流通していたそれとは異なる。ヴォルテールは多神教を唯一神信仰からの堕落と見る(多神教に対し唯一神信仰が先行する)理神論的立場を取る。しかしながら、ルソーは認識の進歩と崇拝の進歩を同一視しながら、一神教に対し多神教が先行するという立場を取っていた。ルソーのこの立場はヒューム(『宗教の自然史』)やシャルル・ド・ブロス(『フェティッシュ諸神の崇拝』)と基本的には同様のものと言ってよい。ところで、ド・ブロスの宗教起源論はコンディヤックの言語起源論と平行関係にあり、ド・ブロス自身も『言語形成論』(一七六五年)を書いていた。見かけ上、ルソーもド・ブロスやコンディヤックと主張を共有しているように見えるが、ルソーの論点は彼らの論理の飛躍を暴露することに向けられている。以上の宗教起源論争および宗教起源論と言語起源論の関係については以下の研究を見よ。杉本隆司『民衆と司祭の社会学——近代フランス〈異教〉思想史』、白水社、二〇一七年、二九—一四四頁。

彼らが唯一神を認めることができるようになったのは、彼らの観念を次第に一般化することで、最初の原因にまで溯り、諸存在の全体系を唯一の観念のもとに集め、結局のところ最大の抽象である実体〔substance〕という語に意味を与えることができたときだけである。(115)

一神教への移行は、「最初の原因にまで溯り」つつ一般化、抽象化という方法を通じてなされる。本書第一章および本章第一節の議論を経た私たちは、これらの方法が分析的方法であるということは容易に理解できよう。すなわち、分析的方法を有する人間のみが抽象観念へと到達することができるのである。

この点については、コンディヤックの『人間認識起源論』第二部の言語起源論を確認するのが適切であろう。コンディヤックは、感官を通じて受け取る感覚から抽象観念への移行を何の躊躇もなく、自然なものないし連続的なものとして考えていた。

様々の抽象的な言葉がどういう順序で考察されていったのかを理解するためには一般概念が形成される順序を確認すれば十分である。というのも、この両者の起源と発展は同じものだからである。それゆえ、私は次のように言いたい。すなわち、どんな抽象観念といえども、それは確実に感官から直接受け取った観念に由来するのであるから、それと同様に確実なことには、もっとも抽象的な言葉といえども、それは感覚的な対象に付けられた最初の名前に由来するのである、と。(116)

ルソーと異なり、コンディヤックにとって抽象観念への到達は人間にとって原理的に可能な事態である。つまり、可感的事物に「最初の名前」が付与され、あとは時間を費やせば抽象観念へと辿り着く、とコンディヤックは考える。事物の命名の〈はじまり〉について、コンディヤックは「最初の名前」を固有名詞ではなくある程度の一般的な呼称であったと考える。

個々一つひとつの対象にそれぞれに対応する名前を考案するなどということはもとより不可能であった。それゆえ、早いうちから一般的な名辞〔termes généraux〕が必要になった[117]。

そしてこのような知的状態の人間は、分析的方法とも呼べる知的操作によって抽象観念を獲得するに至る。

人間は自らの力〔pouvoir〕の範囲内で、すでに自らが獲得したなにがしかの知識に新しい知識を結びつけていく。それによって、あまり親しくない観念が親しい観念と結び付いてゆき、そのことが記憶と想像力〔の成立〕にとって大きな助けとなるのである。ある状況が〔人間に〕新しい対象へ注目させると、ひとはすでに知られている対象との共通点を新しい対象が持っているかどうかを探し求め、この両者を同じ種類〔classe〕

（115）Rousseau, *Émile*, OC IV, p. 553.〔六、三五四頁。〕
（116）Condillac, *Essai sur l'origine des connaissances humaines*, OP I, pp. 86b–87a.〔コンディヤック『人間認識起源論』下、古茂田宏訳、岩波文庫、一九九四年、一二八頁。〕
（117）*Ibid.*, p. 86b.〔同書、同頁。〕

のなかに置くのであり、すると同じ名前で両者を指し示すことができるようになるのであった。このような仕方で記号による観念はより一般的になっていったのである。だが、このこと〔一般化の過程〕は少しずつにしか起きなかったのであり、一歩一歩段階を踏まずには、ひとはもっとも抽象な観念に到達することなどできなかったのである。ひとが本質〔essence〕、実体〔substance〕そして存在〔être〕といった言葉を獲得したのはずっと後になってからのことでしかない[118]。

未知のもののなかに既知の知識との共通項を見つけ出し、「種類」を作り上げるという観念の操作を実行し続けることで、ひとは「実体」や「本質」といった抽象観念へと到達することができる。共通項の発見可能性を支えているのは、私たちが第一章で確認した自同性原理であると考えてよい。すなわち、既知の対象と〈同じもの〉を未知の対象のなかに確認していくという分析的方法である。この分析による一般化の過程は早急になされるものではないことをコンディヤックは繰り返し指摘する。だが、分析的な「力」を持つ人間であれば段階的に抽象観念を獲得することは可能なのである。よって、コンディヤックにおいては感覚と抽象観念のあいだには〈飛躍〉など存在せず、連続的な地続きの関係にあると言うことができる[119]。

ところで名詞の誕生について、ルソーの立場は真っ向からコンディヤックのそれと対立するものであった。『不平等起源論』第一部にて展開された言語の起源に関する箇所において、ルソーは最初の「言葉〔mots〕」は「固有名詞以外ではけっしてありえなかった[120]」と主張する。なぜならば、「あらゆる個物〔individus〕は、それらが自然という絵画〔tableau〕でそうであるように切り離されて〔isolés〕、彼ら〔最初に言葉を話し始めた者〕の精神に現れた[121]」からである。ゆえに、「一本の樫の木がAと呼ばれれば、もう一本の樫の木はBと呼ばれる」のであるから、ルソーにとって最初の言語とは固有名詞の群れであり、「一般的な名辞」へと至るには未だ遠い道を進まねばならない。

重要な点は、連続的な観念の繋がりを前提とする分析的方法に依拠するコンディヤックとは大きく異なり、ルソーは感覚と抽象観念の間に「無限の深淵」(122)を見るのである。つまり、ルソーは断絶を強調している。(123)では、この深淵に対して恐れをなして、ルソーは感覚論的一元論と手を切り、デカルト的二元論という〈古い〉学説へと回帰したのだろうか。私たちの見立てではそうではない。むしろ、ロック＝コンディヤックの感覚論・経験論をあえて極限まで推し進めることによって、ルソーのテクストはそれら感覚論的能力論が理論的に突き当たってしまう〈アポリア〉を示しているのである。つまり、感覚的・経験的教育を施されるエミールは、その教育ではい

---

(118) *Ibid.*, p. 87a.〔同書、一二八―一二九頁。〕

(119) 「コンディヤックの論理全体が連続的であるがゆえに、コンディヤックは言語活動〔langage〕と言語〔langue〕の観念を厳密には区別しない。反対に、ルソーはそれらを区別することを目指す。なぜならば、ルソーにとっては、言語の制度化を理解するために認めなければならない連綿と続く飛躍と連続性による解決が問題なのである」(Bruno BERNARDI, *La fabrique des concepts : recherches sur l'invention conceptuelle chez Rousseau*, Paris, Honoré Champion, 2006, p. 487)。

(120) ROUSSEAU, *Discours sur l'orgine de l'inégalité*, OC III, p. 150.〔四、二一八頁。〕

(121) *Ibid.*〔同書、二一七頁。〕

(122) ROUSSEAU, *Émile*, OC IV, p. 553.〔六、三五五頁。〕

(123) 論理に内在する断絶の問題については、第二部第五章で再度詳しく論じることになる。

つまでたっても〈理性的な〉主体、認識能力を有する主体には生成しえない。この驚くべき断絶がエミールの前には立ちはだかってしまう。[124] 言い換えれば、ルソーは感覚論・経験論のパロディを展開しつつ、『エミール』というテクストのなかでこのアポリアを浮き彫りにしたのである。

しかしながらルソーのテクストのなかで、エミールは深淵の手前で留まっているだけの存在ではない。飛躍の可能性が人間にはつねにすでに埋め込まれている。それが先ほど私たちが確認したメタ能力としての理性という理論的装置であることは疑いえない。つまり、人間の能力にとって感覚から抽象観念への飛躍は理論的に不可能な事態であるのだが、能力そのものを構成していく理性によってこそひとは飛躍可能性を担保されることになる。このような手筈によって、人間は理性的な主体となれるのである。それゆえ、ルソーの二元論は単純な二元論、すなわち感覚とは異なる理性が生得的なものとしてア・プリオリに人間において設定されているデカルト的二元論ではない。先に確認したように、ルソーにおいて理性とは様々な能力から作られる「ひとつの構成物」であった。この発想は、一元論的な能力発生論に対して別のアプローチの可能性を開く。すなわち、判断が様々な感覚や能力に還元しうると考えるのではなく、複数の諸能力は還元不可能な「構成物」としての新しい能力を生み出しうるという発想である。このように考えれば、判断は感覚論者が考えるように発生論的には感覚から生まれると想定せざるをえないが、それらは質的には連続したものではないという点が、ルソーの二元論の特質なのである。[125]

では、第一節で見たドン・デシャン宛書簡はどのように考えるべきだろうか。当該書簡において、ルソーは分析的方法を人間の能力では上手く運用することができないもの、人間の能力では不可能なものとして捉えていた。これは、分析的方法は人間の性向にとって自然なものではない、ということを意味する。コンディヤックが言うように、適切な成長を遂げれば誰でも分析的方法を用いることができるようになるとルソーは考えなかった。つまり、経験論的な手段によっては分析的方法は習得できない。そして同時に、単純観念から複合観念へと至る道を歩むことを分析的方法と呼ぶとするならば、その道筋においてもどこかで非‐経験論的な〈飛躍〉が入り込んでしまう。ルソーが『エミール』の能力論で示したこととは、このような理論的破綻の〈契機 moment〉である。そして、その破綻はルソーの思想に内在する矛盾ではなく、啓蒙の思考から生まれたものなのだ。

(124) もちろん、『エミール』で語られるのが〈真のエミール〉なのかという問題はある。すなわち、『エミール』に登場する「本物のエミール」と「通俗的エミール」という問題である。この点を考慮すれば私たちが語ってきたのは「本物のエミール」にまつわる問題と言えよう。この〈エミール〉の重層性については本書では検討できない。坂倉裕治は『エミール』読解の鍵としてこの重層性を指摘している。坂倉裕治『エミールの教育思想——利己的情念の問題をめぐって』、風間書房、一九九八年、一五—一二頁。

(125) 古茂田宏「ルソーにおける「情念」概念の構造」『倫理學年報』、第二九号、一九八〇年、二六頁。

第三章　分析への抵抗と批判

第一章および第二章において私たちは、コンディヤックの分析的方法をめぐる理論的問題を確認し、次いでルソーの人間論の基礎にある能力論とその発達の理論的困難をあえて自らのテクスト上で表出させるルソーの振舞いを検討してきた。そして第一部を締め括る本章で、私たちはルソーのテクストに潜む認識の方法の問題を抽出し、それがこれまでの議論で明確になった論点とどう関係するのかを明らかにする。

本章では主に『道徳書簡』という小品を取り上げる。これはルソーの主要著作とは言えず、『不平等起源論』以後、『エミール』、『社会契約論』、『新エロイーズ』を執筆していく過程のなかで生み出されたルソーの思想の過渡期に書かれたものである。そこでルソーは明示的にではないにせよ、私たちが追いかけてきた分析的方法に激しい批判を加えているように見える。序論でも述べたように分析への批判はルソーの基本的姿勢と見なされてきた。だが、これまでの解釈者たちはその批判の内在的な理由を指摘することはなかった。

よって本章で、私たちは分析的方法に対する批判の理由を解明することを目的とする。『道徳書簡』の思想的文脈を把握した後に、私たちはそこから二つの認識論的問題（内的感覚と自同性の問題）を抽出し、検討する。そしてこれらの理由からルソーが分析的方法に批判を加えていたことを明らかにする。最後に、ルソーの人生における〈分析〉批判のひとつの〈起源〉として彼の若書きの草稿『化学教程』を検討する。以上の作業を踏まえて、私たちは認識をめぐる方法に対するルソーの立ち位置を明らかにし、本書第一部の記述を終える。

第一節　『道徳書簡』第二書簡の文脈

前章で確認したように、『道徳書簡』第二書簡のなかでルソーは「理性」と「推論の技術」を明確に区別していた。そして「推論の技術」は「理性の濫用」となることもありうる。もう一度この箇所を引用しよう。

推論の技術〔L'art de raisonner〕は少しも理性ではありませんし、しばしばこの技術は理性の濫用〔abus〕であるのです。理性〔raison〕とは、私たちの魂のあらゆる能力を、事物の本性に則して、そして事物が私たちに対してもつ関係に則して、適切に秩序立てる能力のことなのです。推論とは、知られていない他の真理を既知の真理から構成するために既知の真理を比較する技術であり、私たちはこの技術によって未知の真理を発見するのです。(1)

先に指摘した通り、ここでの「理性」とは『不平等起源論』においては「自己改善能力」と呼ばれていた人間のメタ能力を指す。それでは「推論の技術」とは何か。それは、分析的方法である。というのも、分析的方法は既知のものから未知のものを発見する方法として考えられているからである。[2] 健全な理性と害悪としての推論という対立図式を示してくれるこのテクストは、ルソーを二元論的（自然／人為、感情／思考 etc.）ないし価値の二重性（良き理性／堕落した理性）において解釈しようとする際に非常に有益な証拠となり、〈推論批判、分析批判を展開したルソー〉というイメージを強固なものにするのに役立つ。

だがこのような二項図式を指摘しただけでは、『道徳書簡』のこの箇所の読解を終えたことにはならない。つねに方法の問いとして、私たちはルソーのテクストを読まねばならない。問題はなぜ推論が理性の濫用となる場合があるのかということである。言い換えれば、ルソーは分析的方法が理性の誤用になると考えていた。よって、「分析的方法は（……）哲学においては無価値だと思われます」[3] というドン・デシャン宛書簡の一文は、この『道徳書簡』第二書簡のこの一節と接続することが可能となるのである。このように考えれば、『道徳書簡』というテクストはコンディヤックの分析的方法に対するルソーの批判の核として読むことが可能となる。

私たちがなすべき読解を展開する前に、ここで一度、問題の箇所が登場するまでの『道徳書簡』の文脈とその議論を確認しておきたい。『道徳書簡』とは、ドゥドト伯爵夫人[4]に宛てられた六通からなる一連の書簡を指す。

（1）ROUSSEAU, *Lettres morales*, OC IV, p. 1090.〔十、五〇七頁。〕
（2）本書第一章を参照せよ。
（3）*Rousseau à Dom Léger-Marie Deschamps*, le 8 mai 1761, 1407, CC VIII, pp. 320–321.〔十三、五二四頁。〕
（4）書簡内ではルソーは彼女のことを「ソフィ」と呼んでいる。一七五六年四月以降、パリを離れエルミタージュでの隠遁生活

『道徳書簡』と呼ばれる所以は、一七五八年一月十五日付のドゥドト夫人宛のルソーによる一文にあり、ルソーが書名として名付けたものではない。(5)『道徳書簡』は一七五七年末から翌五八年の初めにかけて書かれたものだとされている。

『道徳書簡』第二書簡の内容は、人生の目的である「人間の幸福〔félicité〕」の追求の方法である。(6) まずもってルソーは、人々は幸福へと至る〈道〉を忘却していると指摘する。

しかし私たちのうちの誰がいかにして幸福に至るかを知っているでしょうか。原理もなく、確実な目標もなく、私たちは欲望から欲望へと彷徨い、満足し終えたと思っても、私たちは何も得られなかったときと同じくらい幸福〔bonheur〕から遠く隔たっているのです。支えも、手をかける所も、確かなものも欠いている理性のなかにも、そして次々と現れ出ては絶えず互いに打ち砕きあっている情念のなかにも、私たちは不変の規則を有してはおりません。(7)

ルソーによれば、「理性」と「情念」が生の目的である幸福へ向かうための「規則」を提供してくれることはない。というのも、理性と呼ばれるものは「支えも、手をかける所も、確かなものも欠いて」おり、また情念の方も絶えず移り変わるがゆえに、私たちの行動の指針である「不変の規則」とはなりえないからである。人生の幸福に対するこの「恐ろしい懐疑」から抜け出る「方法〔moyen〕」があるとすれば、それは「しばらくのあいだその懐疑を自然的限界の彼方まで広げてみること」(8) であるとルソーは言う。そして、デカルトの方法的懐疑を想起させるものをルソーは提案する。「人間的条件が許す限り幸福になるために、考え、信じ、感じていることのすべてを、考え、信じ、感じなければならないことのすべてを、一度は検討してみることなのです」(9)。

を喜んでいたルソーは、度々エルミタージュを訪れるドゥドト夫人に対して、激しい恋心を抱いていた。当時、ドゥドト夫人はサン＝ランベールの恋人であったのだが、一七五六年に七年戦争が勃発するとサン＝ランベールは戦地に赴き、二人は離ればなれになった。この頃、夫人はルソーと関係を深めたようである。しかし、サン＝ランベールが戦地から帰還すると、ドゥドト夫人はルソーのもとを去った。この恋の出来事はルソーに多大な影響を与えたと言われている。Cf. Jean-François PERRAIN, « Glossaire », in *Lettres philosophiques*, Paris, Livre de Poche, 2003, p. 520.

（5）ルソーは当時完成間際であった『新エロイーズ』第二巻草稿のコピーをドゥドト夫人に渡すことを彼女に提案した。その際、執筆途上にあった『道徳書簡』もドゥドト夫人に渡したいと述べている。「問題の『道徳書簡』の冒頭も手元にあります。この書簡が筆写する仕事から私を癒やしてくれます。しかし、この書簡はどうしても私の手で〔貴方に〕お渡しせねばなりません。すでにできている少しばかりの部分の清書を始めてもよいのかどうか私にお知らせ下さい」（*Rousseau à Elisabeth-Sophie-Françoise Lalive de Bellegarde, comtesse d'Houdetot*, le 15 janvier 1758, 609, *CC* V, p. 21.〔十三、四二七頁〕）。『道徳書簡』の初出については白水社版ルソー全集の解説を引用しておく。「全六通のうち、第二、第三、第四書簡は「美徳と幸福とに関する書簡」と題されて、ストレッカイゼン・ムルトゥーによる一八六一年版全集に初めて収録され、第一、第五、第六書簡は、リッテルによって一八八八年、ライプツィヒで「ドゥドト夫人宛、ジャン＝ジャック・ルソーの未公開書簡」として別個に公表された」（戸部松実、「解説『道徳書簡』」『ルソー全集』第十巻、白水社、一九八一年、五六九頁）。

（6）ゆえに、『道徳書簡』はルソーが失恋相手ソフィに対しあえて教師として人生の幸福について語るという倒錯的なテクストであるとも言えよう。だが残念なことに、私たちは本節でこの点を考慮してこのテクストを読むことはできなかった。

（7）ROUSSEAU, *Lettres morales*, OC IV, p. 1087.〔十、五〇三頁。〕

（8）*Ibid.*〔同書、同頁。〕

しかし、ルソーはこのデカルト的な懐疑すら幸福の問題について解答することは不可能であると言う。「あらゆる書物」も「あらゆる哲学者」も善と幸福について語ってきた。だが、「誰ひとりとして自分自身のためにそれを見出したひとはいない」(10)。『学問芸術論』以来の学芸批判がここでも展開される。学問を修める人間とは「演説をぶつことを学んで、生きることは学ばない」(11)者である。ゆえに、ルソーは他者のためではなく自らのために幸福について検討することをソフィに要求する。

愛する娘よ、私が貴女に提案している学究とは、他人の目の前でひけらかしてみせるお飾りの知識を与えるものでは少しもありません。ですが、これは魂を人間の幸福をなすものすべてによって満たしてくれます。この学究は他人ではなく、私たち自身に満足を与えます。弁舌をさわやかにはしませんが、心に感情をもたらします。そういう学びに従事していると、理性の声より自然の声に信頼を寄せるようになり、知恵や幸福について仰々しく語ることなく、心のなかから賢者になり自分のために幸福になるのです(12)。

「心〔cœur〕」という語を繰り返し用いながら、ルソーはソフィに語りかける。ここで理性は自尊心を助長するものとして批判の的となっている。ルソーにとって「哲学と理性の風土と世紀」(13)とは「暗い人生の迷路」(14)でしかない。このような時代のなかで、哲学者たちは「人類の第一の義務、真の善についてより一層の一致」(15)を見ることはない。「それぞれの学派が自分たちだけが真理を発見したと思い、それぞれの書物が知恵の教えを説いていると称し、それぞれの著者が自分だけが私たちに善とは何かを教授すると言う」(16)。このような知が分裂している時代状況にルソーは失望する。そして、ルソーはこの分裂の時代の原因を「理性の濫用」に見るのである。こうして本節の冒頭に私たちが引用した理性と推論の問いへとルソーは思考を向けるのであった。

この思考のなかにこそ、私たちが第一部を通じて問うてきた認識の方法の問題、すなわち分析的方法に対するルソーの振る舞いを見て取ることができるのである。具体的に言えば、それは内的感覚と自同性の問題である。次節からこれらの問題を順に見ていくことにしよう。

（9）*Ibid.*〔同書、同頁。〕
（10）*Ibid.*〔同書、五〇四頁。〕
（11）*Ibid.*〔同書、同頁。〕
（12）*Ibid.*, p. 1088.〔同書、同頁。〕
（13）*Ibid.*〔同書、五〇五頁。〕
（14）*Ibid.*〔同書、同頁。〕
（15）*Ibid.*〔同書、同頁。〕
（16）*Ibid.*, p. 1089.〔同書、同頁。〕

第二節　分析批判その一――内的感覚

（a）原初的真理としての内的感覚

マソンによる「サヴォワ助任司祭の信仰告白」校訂研究[17]が世に出て以来、『道徳書簡』とりわけその第五、第六書簡は「ルソーの思想の歴史における本質的契機[18]」と見なされてきた。というのも、これらの書簡と同一の内容が『エミール』第四巻の「信仰告白」にて再度論じられるからである。すなわち、「信仰告白」の核となる信仰と良心と感情の問題系がすでに『道徳書簡』のなかで登場しているのである。私たちが検討する『道徳書簡』第二書簡も、多くの場合この「信仰告白」の解釈枠組みに引きつけられてきた。例えば、ドラテは先の第二書簡における理性と推論の技術の区別の箇所を引きつつ、その部分をルソーの反理性主義、主意主義的傾向の表出であるとする解釈者（マソンやジョルジュ・ボーラヴォン[19]）たちに対して次のような批判を加えている。

理性のこうした誤用あるいは悪用に対して、ルソーは我々に注意を促しているのであるが、まさにそのような指摘を含むテキストのうちに、かくも多くの註釈者たちは理性一般に対する非難を見出そうとしてきたのである[20]。

ルソーの理性批判を重視する見方に対し、ドラテは正当にもルソーが完全に理性を批判していたわけではないという点を強調する。ドラテの見解は、ルソーの思想において理性はそれ自体だけでは誤謬に陥ってしまうが、良心という内面の声と共に並存することでその真価を発揮するというものであった。「良心が沈黙するとき、人間にもはや健全な理性は存しない」[21]。こうして、ドラテはルソーの思想のなかに、感情と理性の対立ではなく、その協働が必要不可欠であるという特殊な〈ルソーの合理主義〉を見るのである。

しかしながら、私たちはドラテのこの倫理学的読解が「推論の技術」を批判するルソーの意図を充分に汲み取るものではないと考える。というのも、私たちはこの書簡のなかにドラテが摑み損なった認識の方法をめぐるルソーの思索の痕跡を見出すことができるからだ。

それでは、『道徳書簡』第二書簡の続きを読んでいこう。本章第一節冒頭の引用で理性と推論を区別し、推論は既知の真理から未知の真理を導く方法であると述べた直後、ルソーは推論に対する批判を展開する。その批判の理由は、「推論」では「原初的真理」を知ることができないからである。

---

(17) *La « Profession de foi du vicaire savoyard » de Jean-Jacques Rousseau*, édition critique d'après les manuscrits de Genève, Neuchâtel et Paris, avec une introduction et un commentaire historique par Pierre-Maurice Masson, Fribourg, O. Gschwend, 1914.

(18) Jean-François PERRAIN, « Introduction de *Lettres morales* », in *Lettres philosophiques*, Paris, Livre de Poche, 2003, p. 129.

(19) Cf. Georges BEAULAVON, « Introduction », in *La profession de foi du vicaire savoyard*, publiée avec une introduction, des notes et des illustrations par Georges Beaulavon, Paris, Librairie Hachette, 1937.

(20) Robert DERATHÉ, *Le rationalisme de J.-J. Rousseau*, Paris, PUF, 1948, p. 128.〔ロベール・ドゥラテ『ルソーの合理主義』、田中治男訳、木鐸社、一九七九年、一八二頁。〕

(21) *Ibid*., p. 128.〔同書、一八三頁。〕

私たちは、他の真理の要素となるこれら原初的真理〔ces vérités primitives〕を推論によって知ることはできません。ですから、私たちがこの原初的真理の代りに私たちの臆見〔opinions〕、情念〔passions〕、偏見〔préjugés〕を置くとすれば、この推論は私たちの蒙をひらくどころか、私たちを盲目にし、魂を高めることもせず、魂を弱らせ、推論が磨きをかけねばならないはずの判断〔jugement〕を腐敗させるのです。(22)

「原初的真理」が何を意味するのか、ルソーは明示していない。唯一ある「原初的真理」についての記述は、「他の真理の要素となる〔qui servent d'élément aux autres〕」という定義である。

分析的方法としての推論は既知の真理から未知の真理を見出していくわけであるが、その既知の真理とは何か。それは〈私〉にとってすでに認知されている真理である。ルソーは「原初的真理」について二つの論点を提示している。ひとつが、分析的方法である推論によっては「原初的真理」を見出すことは不可能である、という点。もうひとつが、ひとは「推論の手がかり」(23)として「原初的真理」ではなく「臆見、情念、偏見」を用いてしまう、という点である。コンディヤックの分析的方法に則して言えば、この二つの論点は分析的方法の出発点である「始まり」の問題に関係する。分析的方法の後退的運動では「始まり」「最初のもの」を見出すことはできず、そしてそれらを「自分の手の届くところにある妄想」(24)のような「臆見、情念、偏見」として設定してしまうがゆえに、「推論」は二重に誤謬を犯す。それでは、ルソーは〈私〉によって認知される最初の既知の真理をどのように考えていたのか。すなわち、推論の端緒に位置するべき「原初的真理」とは何か。

ルソーは、この「原初的真理」という語を現存するテクストのなかで一度だけ用いている。そのテクストとは彼の読書ノートである。(25)ニコラ・フレレの『トラシュブロスからレウキッペへの手紙』(26)を読んだルソーは、そのなかの一節に対して以下のようなメモを残している。

事実、人間知識のすべてはその原理として内的感覚〔sentiment intérieur〕と結[27]びついている。というのも、

(22) *Ibid.*〔同書、同頁。〕
(23) ROUSSEAU, *Lettres morales*, OC IV, p. 1095.〔十、五一四頁。〕
(24) *Ibid.*
(25) ヌーシャテル大学図書館所蔵のルソーが残したノート群であり、カタログ番号から「Ms. R. 18」と呼ばれている。その一部はオノレ・シャンピオン版ルソー生誕三百周年ルソー全集第九巻（ROUSSEAU, *Disjecta membra*, *ETIX*）に収録された。
(26) 一七二〇年代に書かれたとされるこの文書は、地下文書として手稿（ないし筆写稿）が流通する形で読まれていたようである。ルソーもその手稿を読んだうちのひとりであった。またこのフレレの作品自体は邦訳がある。啓蒙期の地下文書についてはその邦訳解説を参照せよ。野沢協監訳『啓蒙の地下文書』I、法政大学出版局、二〇〇八年、九九三―一〇〇二頁。
(27) « sentiment » の訳語について注記しておかねばならない。私たちは « sentiment » を〈感覚〉と訳したが、多くの場合それは〈感情〉と訳される。そして〈感情〉という訳語は、〈感覚 sensation〉と区別される。つまり、目や耳といった感官を通じて引き起こされる単純な知覚作用を〈感覚〉と呼び、なにがしかの心の情動（意識、感想、感傷）を〈感情〉と呼ぶのである。ただフランス語においては、日本語的な意味の〈感覚〉の場合でも « sentiment » が使われることがある。また日本語の〈感情〉には、〈感覚〉とは異なり、様々な価値判断の作用を伴う意味合いが強く、私たちは〈感情〉という訳語からなにがしかの意味を漠然と了解してしまう可能性がある。ゆえに、このような日本語的含意を想起させる〈感情〉という訳語を避け、私たちは « sentiment » を〈感覚〉と訳した。

我々はこの感覚そのもの以外に、あらゆる真理が生じてくる原則〔axiomes〕と呼ばれる原初的真理の証明〔démonstration〕を何も有していないのだから。[28]

このテクストに付されたこの短い一節は、『道徳書簡』に登場する「原初的真理」という語を探求している私たちにとって重要な手がかりとなる。ルソーはこの読書ノートで「原初的真理」を「証明」する方法は「内的感覚」以外にありえないと明記している。そして、この感覚からあらゆる知が派生する。ここでルソーは「証明」という語を皮肉として用いている。[29]なぜなら、ルソーの考えに基づけば、「内的感覚」は推論によって構成される「証明」という方法を必要としないからだ。すなわち、「内的感覚」は推論の証明に依らず、それ自体で「原則」として存立しうる。当時の「内的感覚」の用法として、〈意識＝良心 conscience〉の意味合いがあるということはよく知られていた。[30]だが先に見たドラテのように、この意味合いのみを重視し、「内的感覚」に依拠するルソーの態度を倫理的・道徳的意味だけに限定することはこの語が孕む多様な解釈の可能性を縮減することになってしまうだろう。

当時の文脈から言えば、この真理の源泉としての「内的感覚」への依拠というルソーの姿勢は、感覚論を想起させる。事実、コンディヤックは私たちの感覚それ自体はその感覚を享受する私たちに誤謬をもたらさないとしている。というのも、誤謬の源泉とは「判断」だからである。

我々の内部に生じることにはいかなる誤謬も曖昧さも混乱もない。また、我々がこれらを外部世界に関わらせるときのその関係づけにも、いかなる誤謬も曖昧さも混乱もない。（……）もし誤謬が生じるとすれば、我々が以下のように判断する〔jugeons〕限りにおいてのみなのである。[31]

「我々の知覚〔perception〕よりも明晰判明なものは何もない」[32]というコンディヤックのテーゼとルソーの「内的感覚」の議論の間にはどのような異同があるのだろうか。この点に関して、スタロバンスキーは「ルソーが「感覚

（28）ROUSSEAU, Ms. R. 18, f. 34 ; *Disjecta membra*, ETIX, p. 463.

（29）Yoshiho IIDA, *La « religion civile » chez Rousseau comme art de faire penser*, Thèses de doctorat, Université Grenoble Alpes, 2015, p. 28.

（30）有名な例が、コスト訳のロック『人間知性論』である。コストはロックの« consciousness »という奇妙な語をマルブランシュの« sentiment intérieur »という用語を踏まえ、仏訳（« con-science »）しようと試みていた（Pierre COSTE, note 2, dans John LOCKE, *Essai philosophique concernant l'entendement humain*, traduit de l'Anglois de Mr. Locke, par Pierre Coste, Amsterdam, Pierre Mortier, 1735, II, chap. XXVII, §. 9, pp. 264–265）。コンディヤックもコスト訳を念頭に置いて以下のように記している。「こういう知覚についての自覚を与え、魂で生じていることの少なくとも一部分について魂に告げ知らせるこの感覚〔sentiment〕を、私は意識〔*conscience*〕と名付ける」（CONDILLAC, *Essai sur l'origine des connaissances humaines*, *OP* I, p. 11a.〔コンディヤック『人間認識起源論』上、四七頁〕）。哲学史におけるこの語の変遷については問いが大きすぎるため本書では扱うことができない。コスト訳« conscience »に関する研究としては、エチエンヌ・バリバールの研究（John LOCKE, *Identité et différence : l'invention de la conscience*, *An Essay concerning Human Understanding II, xxvii, Of Identity and Diversity*, présenté, traduit et commenté par Étienne Balibar, Paris, Seuil, 1998）と飯田賢穂の研究（Yoshiho IIDA, *La « religion civile » chez Rousseau comme art de faire penser*, pp. 15–54）を挙げるに留めたい。

（31）CONDILLAC, *Essai sur l'origine des connaissances humaines*, *OP* I, p. 9a.〔『人間認識起源論』上、三六—三七頁。〕

（32）*Ibid*.〔同書、三五頁。〕

の真理」について語っている方法は、コンディヤックの哲学が提言している方法と異なっていない[33]」と明確に指摘している。

そしてスタロバンスキーは、ルソーの推論批判が〈直接性〉への欲望の表出である、と主張している。これはスタロバンスキーのルソー解釈の根本原理とも言える「透明」のモチーフがルソーの推論批判にも存するということを意味する。スタロバンスキーは『道徳書簡』を直接引用することはしていないが、明らかに『道徳書簡』第二書簡を念頭に置き、そしてジャン・ヴァールの哲学史解釈を踏まえ[34]、感覚であろうが理性であろうが「直接性」を有するものに対するルソーの絶対的肯定を以下のように記している。

ルソーにおける主観的な直観は、たとえデカルトやマルブランシュにおいてそれがもっていた知的特質をもたないにせよ、普遍に通じようとするものであり、そしてさらにこのような普遍は本質的に非理性的なものでも超理性的なものでもないという点で、かれらと相通じている。自分自身にかえること、それは確実によりいっそう高い理性的明晰さと直接的な感覚的明証に、社会を支配している無意味に対立することによって近づくことなのである。理性が直接的ではないやり方で、すなわち、つみ重ねられた議論や、一連のもしくは推論の「鎖」によって真理を把握しようとする場合にのみ、ルソーにとっては危険なものと思われていることを認めるならば、理性の価値についてのルソーの疑点は明らかなものとなるのである。ルソーが理性を批判する場合は、とりわけ推論する理性を攻撃している。かれは直接的な証明が可能である、直観的な理性にたよりうる場合には、たちまち理性論者にたちもどるのである。本質的な選択は、理性と感情のあいだでなされるのではなく、間接的な手段と直接的な道とのあいだでなされるのである。ルソーは直接性を選ぶのであり、非理性を選ぶのではない。直接的な確信がそれぞれ感情、感覚、理性のものとなることができるのである。直接性が保たれるかぎり、ルソーは「感覚的直接性」と「理性的直接性」のあいだに優劣をおいたりはしない。反対に理性と感情はその場合には完全に両立しうるものである。[35]

スタロバンスキーが『透明と障害』のなかで繰り返し強調するルソーにおける感情の至上性、直接性への熱望というテーゼは様々なテクストで繰り返し登場するものであり、彼の思想のひとつの特徴であることは確かである。[36]そして、感情であろうが、理性であろうが、〈直接的なもの〉こそが「普遍に通じようとするもの」なのである。

(33) Jean STAROBINSKI, *Jean-Jacques Rousseau : la transparence et l'obstacle, suivi de Sept essais sur Rousseau*, Paris, Gallimard, 1971, p. 40.〔ジャン・スタロバンスキー『透明と障害』、山路昭訳、みすず書房、一九七三年、四二頁。〕

(34) スタロバンスキーが注で明らかにしているように、彼はジャン・ヴァールの哲学史に依拠している。ヴァールは理性的なものか感性的なものかという二項対立からではなく、直接的なものか間接的なものかという二項対立から哲学の歴史を再構成しようとしている。Cf. Jean WAHL, *Traité de métaphysique*, Paris, Payot, 1957, pp. 498 et *sq*.

(35) STAROBINSKI, *Jean-Jacques Rousseau : la transparence et l'obstacle*, p. 58.〔スタロバンスキー『透明と障害』、六七頁。〕

(36) 歴史に対する身振りにおいても〈直接性〉への欲望が見られる。この点については本書第二部第四章を見よ。

(b)「自然の感覚」——モラリスト的痕跡

なるほど、このスタロバンスキーの解釈はおそらく正しい——そしてロマン主義の時代はすぐそこまで来ている。だが、この読み方には重要な論点が欠けているように思われる。スタロバンスキーが言うコンディヤック的な感覚の直接性を言祝ぐルソーを強調するだけでは、ルソーが〈感覚〉に付与した含意を見落とすことになってしまう。

私たちは、ルソーとコンディヤックの間にある、微妙ではありつつも決定的な差異に着目せねばならない。ルソーは、コンディヤック哲学においてあまり意識されていない知覚と感覚の区別——この区別をスタロバンスキーは見落としていた——を『道徳書簡』第五書簡において明確に示していた。道徳の規則を問う過程のなかでルソーは「形而上学の議論[37]」をする気はなく、「たとえ世界中の哲学者たちが私が間違っていると証明した〔prouver〕ところで、もし貴女が私を正しいとお感じになる〔sentir〕なら、私はそれ以上のことを望みません[38]」と述べ、以下のように知覚と感覚を区別する。

> 貴女に私たちの獲得した知覚〔nos perceptions acquises〕と自然の感覚〔sentiments naturels〕を区別していただく必要があります。というのも、私たちは知るよりも前に感じるからであり、そして私たちの個人的な善を欲し、自らの悪から逃げることを学ぶわけではなく、この自然の意志を私たちは有しているのですから。したがって、同様に、善への愛と悪への憎しみは私たちにとって私たち自身の存在と同じく自然なものなのです。観念〔idées〕は外から私たちのところにやって来ますが、観念を評定する〔apprécier〕感覚は私たちの内にあ

り、その感覚によってのみ、私たちが自分自身と自分が求めあるいは逃げるべき事物との間に存在する適切さ〔convenance〕ないし不適切さ〔disconvenance〕を知ることができるのです。(39)

感覚論的語彙が散りばめられているという理由で、ルソーを感覚論者に仕立て上げることはひとまず避けよう。まず、「自然の感覚」という語に着目してみよう。『道徳書簡』の論述および後年の『ド・フランキエール氏への手紙』(一七六九年)の記述に基づけば、「自然の感覚」は「内的感覚」と読み替えることができる。(40)

ここで私たちは、「内的感覚」の言い換えとしてルソーが用いた「自然の感覚」という語のなかに、十七世紀以来のモラリスト的問題の微かな痕跡を見ることができるかもしれない。その痕跡とは、ニコラ・ファレ(Nicolas Faret, 1596?–1646)の議論(41)によって定式化された十七世紀の理想的人間像である〈オネットム honnête homme〉の認識論のなかで使われ、そしてパスカルの思想へと続く、〈語彙〉の痕跡である。(42) しばし長くなるが、

(37) Rousseau, *Lettres morales*, OC IV, p. 1109.〔十、五三〇頁。〕
(38) *Ibid.*〔同書、同頁。〕
(39) *Ibid.*〔同書、五三〇—五三一頁。〕
(40) 「内的感覚とは自然の感覚そのものです」(Rousseau, *Lettre à M. de Franquières*, OC IV, p. 1138.〔八、五三八頁〕)。
(41) Nicolas Faret, *L'honnête homme ou l'art de plaire à la cour*, Paris, Toussaincts du Bray, 1630.
(42) 十七世紀のオネットムおよびシュヴァリエ・ド・メレのパスカル宛書簡についての記述は椎原伸博の研究にその多くを負っている。椎原伸博「オネットムおよびオネットムの美学」『美學』、第一六九号、一九九二年、一—一二頁。

私たちはルソーのテクストから離れ、モラリストたちの問題圏に目を向けることにしよう。

オネットムとは、「趣味〔goût〕の本能的直感性と同時に、その根底に無意識化された理性的判断」[43]を有する人間を意味する。十七世紀において、美的な趣味判断の理論にとってこのオネットムのフィギュールは重要視されていた。[44]

ファレに次ぐシュヴァリエ・ド・メレ（Antoine Gombaud, chevalier de Méré, 1607–1684）のオネットム論[45]のなかに、私たちはルソーが用いたこの「自然の感覚」のひとつの源流を見ることができる、と考える。メレは友人パスカルに対して、物体の無限分割の問題に対するパスカルの方法を批判する書簡を送っている。[46]この書簡は一六五八年夏から翌年春にかけて書かれたとされている。そして、同書簡は一六八二年には作品として出版され、[47]ピエール・ベールやライプニッツもこの書簡に関心を示したという。[48]椎原伸博の要約によれば、この書簡のなかでメレは「パスカルが証明なしでは判断を下さないという、科学の悪しき習慣から抜け出ていないことを指摘し、この習慣のなかにいると、高度の認識に至ることができないばかりか、社交界でも損をすると忠告」[49]していた。このような内容をパスカルに書き送るなかで、メレは「自然の感覚」という語を用いた。

> 貴方がそれ〔無限分割〕について私に書き送ったことは、私たちの論争のなかで貴方が言ったことのどんなことよりも良識〔bon sens〕からさらに遠く隔たっているように私には思われます。貴方が等しく二分割した直線、そしてさらに二分され、永遠にまで同じように二分されたこの空想的な直線から、貴方が結論したと主張したこととは何でしょうか。たとえ直線を構成するもの〔分割された直線〕が奇数〔の分割〕のように不均等〔な分割〕であろうとも、そんな風にこの直線を分割できると誰が貴方に言ったでしょうか。問題におい

（43）佐々木健一「近世美学の展望」『講座　美学一――美学の歴史』、今道友信編、東京大学出版会、一九八四年、一一九頁。

（44）十七世紀から十八世紀にかけて、交際術と趣味判断の問題として議論されていたオネットムは徐々に姿を消していき、交際commerceの問題として別なる形で議論されていくことになった。この過程を描いた研究としては以下のものがある。Paul HAZARD, *La Crise de la conscience européenne (1680–1715)*, Paris, Fayard, 1961 [1935], pp. 303–314.〔ポール・アザール『ヨーロッパ精神の危機――1680–1715』、野沢協訳、法政大学出版局、一九七三年、三九九―四一三頁〕；増田都希『十八世紀フランスにおける「交際社会」の確立――十八世紀フランスの処世術論』、博士論文、一橋大学、二〇〇八年。

（45）ファレとメレのオネットム観の違いについて、先行研究に基づいて椎原は以下のようにまとめている。「オネットムは二つのタイプに類型化され論じられるのが定説となる。すなわち、「ブルジョワ的で、道徳的な意味」と「貴族主義的で、社交的な意味」のオネットムであり、その源泉・状況・環境には、明らかな差異があるとされている」（椎原「オネットムの美学」、一頁）。前者がファレのオネットム論であり、後者がメレのそれである。メレ的な外観を装う社交的オネットムについてルソーは批判的であった。一七五七年に起きたディドロとの不和がそれを示している。『私生児』のなかでルソーへの当て擦りを記したディドロに対して、ルソーは書簡を通じて友愛をめぐる論争を開始した。『道徳書簡』が書かれる以前の一七五七年三月にルソーはディドロに以下のように記している。「貴方は〔私に〕世話をしたと私に言っております。私はそのことを決して忘れてはいませんが、お間違えにならないでください。多くの人々が私に世話をしてくれましたが、彼らは私の友では決してありませんでした。何も感じないオネットムは世話をし、そして友人であると思いこみます。だが、彼は間違っています。彼はただのオネットムでしかありません。私が持っていないものを私に得させようとする貴方の熱意や熱心さは、私にはまったく響かないのです。私はただ友情だけを欲しているのです」（*Rousseau à Denis Diderot*, le 23 ou le 24 mars 1757, n° 493, *CC* IV, p. 195.〔十三、三六二頁〕）。ルソーはここで、互酬性を〈社会性 sociabilité〉の基礎と見なすオネットムを批判している。この点について飯田は、ディドロとの論争を通じてルソーは自身の「社会性」概念を練り上げていった、と指摘している。Cf. IIDA, *La « religion civile » chez Rousseau comme art de faire penser*, pp. 113–127.

（46）Chevalier de MÉRÉ, *Lettre du chevalier de Méré à Pascal*, in *Œuvres de Blaise Pascal*, publiées suivant l'ordre chronologique, avec documents

てたとえわずかであっても無限のなかに入り込んだ瞬間、その問題は説明できないものとなる、ということを私は貴方にお知らせします。なぜならば、精神は動揺し混乱するからです。ゆえに、貴方の証明〔démons-tration〕よりも自然の感覚〔sentiment naturel〕によって、ひとはよりよく真理を発見できるのです。(50)

パスカルは幾何学的証明の手続きによって現実の直線を幾度となく分割していき、そしていつの間にか「空想的な直線」の世界に突入してしまった。メレに言わせれば、この種の推論による「証明」(51)は「良識」からはかけ離れてしまうものである。ここでメレが言う「良識」とは、知ったふりをしないことを意味する。「社交的な人たちのあいだで、知っていることを言わないことよりも知らないことを断言することに不快を感じないひとを私は知りません」(52)。こうした知的態度がメレが考えるオネットムには重要であり、その態度をとるには幾何学的証明ではなく、「自然の感覚」に頼ることが必要不可欠なのであった。(53)

しかし、ベールがメレの論述の一貫性の無さを指摘したように、メレの論述はここでは終わらない。メレは「目に見えない世界〔Monde invisible〕」(54)の存在を主張し、その把握にこそ「自然の感覚」が必要であると考えていた。デカルトのような世界を物体の延長の総体として見なす「自然の世界〔Monde naturel〕」(55)は証明によって把握されるが、この方法に立つ限り「目に見えない世界」には到達しえない。これがメレのパスカルへ宛てた手紙の結論であった。

貴方にお伝えします。それは、感官〔sens〕による認識のもとに置かれるこの自然の世界のほかにもうひとつ目に見えない世界があるということ、そしてその世界のなかでこそ貴方は最高の学に到達することができ

complémentaires, introductions et notes par Léon Brunschvicg, Pierre Boutroux et Félix Gazier, Les grands écrivains de la France XIII, t. IX, Paris, Hachette, 1914, pp. 215–223.〔シュヴァリエ・ド・メレ「メレからパスカルへの手紙」（佐藤正之訳）、『メナール版パスカル全集第一巻　生涯の軌跡1（1623～1655）』、赤木昭三他編、白水社、一九九三年、三八一―三八七頁。〕

（47）*Id.*, *Lettres de Monsieur le chevalier de Méré*, 1ère partie, Paris, D. Thierry et C. Barbin, 1682.

（48）ベールは『歴史批評辞典』項目「ゼノン（エピクロス派の）」のなかでメレの書簡について言及している。ベールはメレの論述の粗雑さに難癖を付けながらも、メレの意図を少なからず認めているように思われる。「連続体のこの無限の分割可能性について、次にド・メレ騎士はいくたの反論を呈する。かなりまともなものもあれば、非常にいい加減で、推論というよりむしろ冗談に近いものもある。これほど品質のまちまちなものが同じ手紙に同居しているのは驚きだと言ってもいい」。また別の箇所では以下の通り。「言わせてもらえば、この人〔メレ〕は誰を標的にしているのかわけがわからず、読むにはいささかの忍耐を要する。（……）この人の狙いはパスカル氏の数学熱を完全にさますことだった。だから、あの学問の対象とは別の対象を明示しようとしたのである。私たちが熱望するもろもろの真理の源として座して、それを明示しようとしたのである。」（Pierre BAYLE, *Dictionnaire historique et critique*, 4ème [5ème] édition, Amsterdam, Brunel et al., 1730, t. IV, p. 548a et 548b, note D.〔ピエール・ベール『歴史批評辞典Ⅲ』、『ピエール・ベール著作集』第五巻、野沢協訳、法政大学出版局、一九八七年、九七六―九七七頁。〕）メレの書簡に対するベールとライプニッツの言及については、以下のメレの書簡に付された注釈者の補遺を参照せよ。Cf. « Appendice : jugements de Bayle et Leibniz sur la lettre de Méré », in *Œuvres de Blaise Pascal*, publiées suivant l'ordre chronologique, avec documents complémentaires, introductions et notes par Léon Brunschvicg, Pierre Boutroux et Félix Gazier, Les grands écrivains de la France, t. IX, Paris, Hachette, 1914, pp. 224–227.

（49）椎原「オネットムの美学」、三頁。

（50）MÉRÉ, *Lettre du chevalier de Méré à Pascal*, in *Œuvres de Blaise Pascal*, p. 216.〔メレ「メレからパスカルへの手紙」、三八二頁。〕

（51）メレはパスカルの「証明」を「推論〔raisonnement〕」とも言い換えている（*ibid.*, p. 215.〔同書、三八一頁〕）。

（52）*Ibid.*, p. 221.〔同書、三八六頁。〕

るということです。[56]

ベールは数学こそが「目に見えない世界」の学問ではないかと疑問を呈しながらも、メレの考えるものが「イデアの哲学」であると指摘する。[57] 注意すべきは、「自然の世界」は「感官による認識」によって把握されるのであるが、この認識はメレの言う「自然の感覚」を意味するのではない。そうではなく、「自然の世界」は感官〔直線の分割〕から出発し推論証明によって把握される。ゆえに、メレは「感官による認識」と「自然の感覚」は似て非なるものであるということを主張しているのである。

以上メレのパスカル宛書簡を概観してきたが、認識の方法における「証明」と「感覚」の対置という構図は取り立てて新奇なものではない。むしろ、哲学史上よく散見されるクリシェであると言ってよい。

事実、パスカルの『パンセ』のなかでもメレと類似する記述を見ることができる。[58] 以下の引用は一六七〇年に出版された通称ポール・ロワイヤル版『パンセ』——おそらくルソーが読んだ『パンセ』——からである。

> 真理の認識はたんに理性ばかりでなく、感覚〔sentiment〕によって、および鮮明かつ明晰な知的直観〔intelligence vive & lumineuse〕によってもおこなわれる。第一原理〔premiers principes〕の認識は後者〔＝感覚と知的直観〕によるのであって、それに関与しない推論〔raisonnement〕が第一原理の打倒を試みてもむなしい。（……）／第一原理〔premiers principes〕の認識、たとえば空間、時間、運動、数、物質が存在する〔il y a〕という認識は、推論を通じて与えられるいかなる認識にも劣らず堅固である。そして理性が自ら支えとするのは、これら知的直観と感覚によって与えられる認識であり、理性はそれにもとづいて自らの論証を基礎付ける。（……）原理

は感得され〔se sentir〕、命題は結論として導き出される。〔理性と感覚による認識の〕道筋〔voies〕は異なるが全体としては確実性〔certitude〕を有する。(59)

(53)「月が海の満ち引きを引き起こしているかどうか、大地と空のどちらが回転しているか、感性的と呼ばれる植物〔＝オジギソウ〕が感覚を持つかどうかを疑ってみましょう。ですが、私たちが雪で目がくらみ、太陽が私たちを照らし、温めるということは確かなのです。ゆえに才気〔esprit〕と誠実さ〔honnêteté〕は何物にも勝るということも確かなのです」(*ibid.*〔同書、同頁〕)。

(54) *Ibid.*, p. 223.〔同書、三八七頁。〕

(55) *Ibid.*, p. 222.〔同書、同頁。〕

(56) *Ibid.*〔同書、三八六頁。〕

(57)「この人の描く対象〔＝「目に見えない世界」〕は数学の対象に酷似している。数学が熟視するのも「感覚でとらえられることの世界」〔引用内の括弧はメレの言葉〕ではなく、「正確さや釣合などがみつけられる」「無限の延長を持つその見えない世界」なのだから。ここで〔メレが〕推奨しようとしたのはイデアの哲学なのだと思う」(BAYLE, *Dictionnaire historique et critique*, t. IV p. 548b.〔ベール『歴史批評辞典Ⅲ』、九七七頁〕)。

(58) ルソーがどの版の『パンセ』を読んだかということについて、史料的裏付けは存在しない。しかし、ルソーの「私〔le moi〕」概念におけるパスカルからの影響を検討したイザベル・オリヴォ＝ポワンドロンは、ルソーがポール・ロワイヤル版『パンセ』一六七八年版、一六八七年版を読んでいたことは確かである、ということをテクスト読解から論証した(Isabelle OLIVO-POINDRON, « Du moi humain au moi commun : Rousseau lecteur de Pascal », *Les Études philosophiques*, n° 95, 2010/4, pp. 557–595)。また、私たちが検討する『パンセ』の当該箇所は一六七〇年版および一六七八版において異同はなかった(一六八七版は確認することができなかった)。ゆえに、本節で私たちは一六七〇年版を用いる。

まずこの一節に関して指摘しておかねばならないことは、ポール・ロワイヤル版に存在するパスカルの原稿からの〈改変〉である。この版は、パスカルの原稿を反映した現行の版のような断章形式にはなっておらず、編者たちによる組み替えがなされている。すなわち、当時の『パンセ』は編者たちによるいわば「発明」であった。[60] そして傍線で示したところは、パスカルによる原本（ないし写本）[61] と異同がある箇所である。例えば「物質〔matière〕」という語は原本には存在せず、通常現行の版では削除されている。そして、私たちが本節において問題としている語も改変されている。それが、「感覚」とその言い換えである「知的直観」である。これらの語が登場する箇所をパスカルの原本ないし写本（すなわち現在流通している諸々の版）に従って再度引用しよう。

真理の認識はたんに理性ばかりでなく、心〔cœur〕によってもおこなわれる。（……）そして理性が自ら支えとするのは、これら心と本能〔instinct〕によって与えられる認識であり（……）。[62]

つまりパスカルの手稿に反して、ポール・ロワイヤル版では「心」と「本能」が「感覚」および「知的直観」に変更されているのである。この点に関して、訳者塩川徹也は以下のように注釈している。

ポール・ロワイヤル版『パンセ』は、「心」を「直感〔＝sentiment〕と鮮やかで明晰な知的直観」[63] と書きかえている（第二一章一節）。「知的直観」（intelligence）とは、ラテン語の intellectus の訳であり、媒介なく直接に対象を洞察する精神の働きである。この書きかえが、パスカルの思想を正しく伝えているかどうかは保証の限りでないが、少なくとも「心」という用語がパスカルに独自のものであり、彼の知人たちにとってさえ、解釈が困難であったことを窺わせて興味深い(64)。

塩川の指摘を踏まえるならば、パスカルの「心」という語は当時では新奇な用い方をされ、パスカル自身もこの語に具体的な定義を与えていなかった(65)。

また、先に引用したポール・ロワイヤル版の前頁（一五七頁）では、パスカル自身が「自然の感覚」という語を用いていた。

（59）Blaise PASCAL, *Pensées de M. Pascal sur la religion et sur quelques autres sujets*, 2e éd, Paris, Guillaume Desprez, 1670, pp. 158–160.〔ブレーズ・パスカル『パンセ』上、塩川徹也訳、岩波文庫、二〇一五年、一三一―一三二頁（B 282, L 110）。ポール・ロワイヤル版に合わせ一部改変した。またブランシュヴィック版を「B」、ラフュマ版を「L」と示す。〕

（60）Marie PÉROUSE, *L'invention des Pensées de Pascal. Les éditions de Port-Royal (1670–1678)*, Paris, Honoré Champion, 2009.

（61）パスカルの原本および写本については、塩川徹也訳『パンセ』の「凡例」を参照せよ。

（62）パスカル『パンセ』上、一三一頁（B 282, L 110）。

（63）当該箇所を私たちは「感覚によって、および鮮明かつ明晰な知的直観によっても」と訳した。

（64）パスカル『パンセ』上、一三三頁、訳注一。この点に関する詳しい議論については、以下の研究も参照せよ。塩川徹也『虹と秘蹟――パスカル「見えないもの」の認識』、岩波書店、一九九三年、二二九―二三三頁。

（65）ドミニク・デコットとジル・プルーストによる『パンセ』電子版のコメントに基づく（http://www.penseesdepascal.fr/Grandeur/Grandeur6-approfondir.php）。

懐疑論者たちの主要な論拠とは、信仰と啓示を別にすれば、私たちが自らの内に自然に原理を感じるということ以外に、その原理が真理であるといういかなる確実性〔certitude〕も持てない、ということである。ところで、自然の感覚[66]〔sentiment naturel〕はこれら〔原理〕が真理であることの説得的証拠〔preuve convaincante〕ではないと彼らは言う。

先にテクスト編纂に関する指摘をしておこう。先の断章B 282とこの断章B 434は別々の草稿に書かれている。だが懐疑論者の論拠に関するこのB 434は、「理性」と「心」が登場するB 282と響き合っているように見える。ポール・ロワイヤル版のテクスト分析をおこなったマリー・ペルーズによれば、B 282からB 434への編者たちによる接続は「完全に自然に見えるような仕方[67]」で挿入されている。この指摘を真に受け止めれば、以下のように考えることは正当であろう。すなわち、ポール・ロワイヤル版の編者たちは、この「自然の感覚」に言及する懐疑論の立場を説明するB 434のあとに、「理性」と「心」が対立する断章B 282を接続することで、B 282のなかで「心」から「感覚」――そして「知的直観」という語――への語の置換を可能にした[68]。こうした改変を通じて、編者たちはパスカルにおける不可解な「心」という語を自分たちのターミノロジーの内側[69]で理解しようとし、かつB 282の議論に対して懐疑論者の反論をぶつけることで「心」による認識作用を無効にしようとしたのではないか。このように想定することは何ら不思議なことではないであろう。

そしてポール・ロワイヤル版『パンセ』では、断章B 282は独断論者への言及箇所と改行なく接続されている。すなわち、この断章は独断論者の文言として位置づけられている。

独断論者の唯一の強みとは、嘘偽りなく誠実に〔de bonne foi & sincèrement〕語れば、自然の原理を疑うことはできない、ということである。[70]

パスカルは、人間の矛盾的様相を炙り出すために懐疑論者と独断論者を対置する。ここからパスカルは有名な〈キマイラとしての人間〉観を示し、その記述は信仰の問題へと向かっていく。ここでは信仰の問いに立ち入ら

（66）PASCAL, *Pensées de M. Pascal sur la religion et sur quelques autres sujets*, p. 157.〔パスカル『パンセ』上、一四七頁（B 434, L 31）。〕

（67）PÉROUSE, *L'invention des Pensées de Pascal*, p. 182.

（68）これら二つの文章は、原本において別のファイル（「偉大さ」および「矛盾」）に分離されている。

（69）おそらく、そのターミノロジーとはデカルトのそれであろう。「我々が次々に同じ誤りに陥らないために、我々が、欺かれることを懸念せずにそれによって事物の認識に達することができるような、知性〔intellectus〕のすべての活動をここで吟味してみよう、そして二つの作用すなわち直観〔intuitus〕と帰納〔inductio〕のみが承認されるのである。／《直観》によって、私が理解するのは、諸感覚の不安定な保証でも、また、虚構的な想像力の偽りの判断でもなく、純粋で注意深い精神の、我々が理解するものについては懐疑の余地をまったく残さぬほど容易で判明な把握作用なのである（……）」（DESCARTES, *Regulae ad directionem ingenii*, *AT* X, p. 368.〔『精神指導の規則』、『デカルト著作集』四、白水社、二〇〇一年、二〇頁〕）。「そして、たしかに、我々は、知性〔intellectum〕のみが認識を可能にするということ、しかし、知性は別の三つの能力、すなわち想像力、感覚〔sensus〕および記憶によって助けられることも妨害されることもありうることに、自らに照らして気付く」（*ibid*., p. 398.〔同書、四九頁〕）。

（70）PASCAL, *Pensées de M. Pascal sur la religion et sur quelques autres sujets*, p. 158.〔パスカル『パンセ』上、一四九頁（B 434, L 31）。〕

ないで、パスカルが描く懐疑論者と独断論者の間に存在する論点を明確化することに努めよう。

先の懐疑論者に関する断章（B 434）でパスカルが用いている「自然の感覚」とは、「私たちが自らの内に自然に原理を感じる」感覚を意味する。この感覚を感じる者にとって、その原理の真実さは「確実性」を有する。すなわち、それは〈私〉にとっての確実性である。だが、この確実性はいかにして他者――そして〈もうひとりの私〉――にとっての確実性となりうるのだろうか。懐疑論者は、この種の確実性を基礎付ける「自然の感覚」は「説得的証拠」にはならないという。この立場に対し、独断論者は「嘘偽りなく誠実に」語ることで「自然の感覚」によって打ち立てられた原理は確実性を有するという。独断論者にとってこの感覚は「説得的証拠」と言えるのだろうか。そもそも「説得的証拠」とは何か。

ここで、「説得的〔convaincante〕」という語に着目しよう。パスカルにおいて〈説得するconvaincre〉という行為は、修辞学というよりも幾何学のカテゴリーに属する。このことを確認するために、『幾何学的精神について』という小品に目を向けたい。一六五七年ないし五八年頃の執筆とされるこの作品のなかで[71]、パスカルは「真理の証明を説得的なものとするのに守るべき方法を理解してもらうには、幾何学において守られていることを説明する以上のことを私はできない[72]」と書く。つまり、パスカルにとって「説得する技術」とは幾何学の方法であった[73]。そして、この方法に相対するものとして、パスカルは「誘惑する技術〔méthode d'agréer〕[74]」を位置づける。

（……）ゆえに説得術〔art de persuader〕は説得する技術であると同時に誘惑する技術でもある。それほど、人間は理性よりも気まぐれ〔caprice〕によって支配されているものなのである。／ところで、説得と誘惑というこれら二つの方法のうち、私は前者の諸規則だけをここで示したい。（……）／しかし、誘惑する方法とは〔説得する方法よりも〕比較にならないほど難しく、微妙であり、また有用かつ驚嘆すべきものである。したがって、私がそれを論じないのは、私にはそれができないからである。(……)／少なくとも、かりにそれを論じることができる人がいるとしたら、それは私の知っている人であり、それ以外の人々はこのことについて彼らほど明晰で豊かな知識をもっていないと思う。(75)

(71)『幾何学的精神について』は「幾何学的すなわち方法論的な完全な論証の方法について」(第一部)と「説得の技術について〔*De l'art de persuader*〕」(第二部)の二部構成になっている。第一部では、幾何学的論証の議論とメレが言及することになる物体の分限分割の可能性が論じられる。十八世紀フランスにおいて、二部構成からなる小著は単一の作品として扱われることなく、別々のものと見なされていた。一七二八年に初めて、デモレ師(Pierre-Nicolas Desmolets)は第二部全体と第一部の一部分を別々の作品として扱い出版した(Blaise PASCAL, « De l'art de persuader », in Pierre-Nicolas DESMOLETS, *Continuation des Mémoires de littérature et d'histoire*, t. V, Partie II, Paris, Simart, 1728, pp. 271–296 et 302–331)。この草稿が完全な形で刊行されたのは一八四四年であった。

(72) Blaise PASCAL, « De l'esprit géométrique », in *Œuvres de Blaise Pascal*, t. IX, Paris, Hachette, 1914, p. 241.

(73) もちろん、パスカルにおける説得の問題は単に幾何学的問題ではない。しかし、ここでは、このテクスト上における「説得」と「誘惑」という対立だけを問題にして議論を進める。

(74) « agréer » は訳出するのが困難な語である。既訳(『パスカル著作集』、『世界の名著』)では共に「気に入る法(方法)」と訳されている。他動詞的用法の「説得する」という訳語に対比させるために本書では「誘惑する」と訳した。ところで、このアイデアは上野成利の翻訳によるポール・ド・マンのパスカル論から得たものである。ポール・ド・マン「パスカルの説得のアレゴリー」『美学イデオロギー』、上野成利訳、平凡社ライブラリー、二〇一三年、一三四頁。

パスカルは、自らの能力の無さを理由に「誘惑する方法」を論じることを断念する。多くの注釈者たちによれば、「誘惑する方法」を知る者としてパスカルが仄めかしている人物とは先ほど私たちが検討したシュヴァリエ・ド・メレのことを指すようである。[76] 私たちは、推論ではなく自然の感覚に依拠すべしとアドバイスしたメレに対するパスカルの皮肉を「気まぐれ」という言葉から感知することができる。[77]

さて、先の懐疑論者の箇所で登場した「自然の感覚はこれら〔原理〕が真理であることを説得的に示す証拠ではない」という一節に戻ろう。「説得的に示す証拠」とは、幾何学的証明に不可欠な定義、公理、論証であり、これらをパスカルは「説得する方法」として規定したのであった。では、「自然の感覚」がそのような「証拠」でないとすれば、この感覚はもうひとつの証拠、すなわち〈誘惑的証拠〉であるということになるだろう。そして、この証拠は「嘘偽りなく誠実」な態度を前提とする。パスカルはこのような「自然の感覚」を「気まぐれ」とは言いつつも、『パンセ』においては「心〔cœur〕」という語で——消極的にではあれ、メレの側に歩みよるがごとく——理性とは別に存在する「真理の認識」の源泉を表現しようとしていた。しかも、「心」には「第一原理」を立てる役割が付与されており、理性的な「推論は第一原理の打倒を試みてもむなしい」のであった。そしてパスカルの死後、遺稿をまとめたポール・ロワイヤルの編者は、原稿の入れ替えと語句の改変によって、「心」という奇妙な言葉を「自然の感覚」ないし「感覚」（「知的直観」）と解釈できるように仕立て上げた。[78]

以上、やや長々とメレとパスカルの記述を論述してきたのは、ルソーが用いた「内的感覚」ないし「自然の感覚」がコンディヤック流の感覚論的語彙ではなくモラリスト的伝統のなかで培われてきた哲学的語彙であることを指摘するためである。[79] 私たちは「内的感覚」と同義である「自然の感覚」というルソーの用語に着目し、この言い回しが登場するルソー以前のモラリストたちの文章を読解してきた。メレの場合、「自然の感覚」は人間社会で適切な生を営むための「良識」を意味し、オネットムが持つべき感覚を意味していた。この感覚は理性的推論と証明の精神と対置され、後者の「空想的」側面が批判されるのであった。パスカルにおいても「自然の感覚」は「理性」に対置されるものであり、この感覚は「第一原理」を措定するものとして見なされていた。テクスト編纂を通じ、ポール・ロワイヤルの編者たちがこの自然の感覚の独断論的側面を批判していたとしても、少なくともパスカルのテクストでは「自然の感覚」は理性とは異なる原理を構成するものとして位置付けられていた。

さて、以上の「自然の感覚」という語の歴史を検討したところで、再度ルソーの『道徳書簡』に立ち戻ること

(75) Blaise PASCAL, « De l'art de persuader », in Pierre-Nicolas DESMOLETS, *op. cit.*, pp. 277–278.
(76)『メナール版パスカル全集第一巻』、訳注四〇、四二八頁。
(77) 先にも述べたように『幾何学的精神について』は、一六五七年から翌五八年にかけて執筆されたと言われている。メレのパスカル宛書簡の執筆時期は一六五八年夏から翌年春であるとされている。これらの情報が正しければ、『幾何学的精神について』における「私の知っている人」がメレであるという確証は曖昧になる。とはいえ、これ以上テクスト成立年代に関する問題を探求することができないので、この点に関してはこれまでの注釈者たちの解釈に依拠することにする。
(78) もちろん、パスカルにおける「心」ないし「感覚」の問題はこれに留まらない。例えば、絶えず研究者たちによって指摘されてきたパスカルの「感覚」概念におけるアウグスティヌス主義の重要性等に関しては触れることができなかった。Cf. Antony MCKENNA, « Pascal et le cœur », *Courrier du Centre international Blaise Pascal*, 16, 1994, pp. 3–8.
(79) 本来であれば、『パンセ』において有名な断章のひとつである「幾何学の精神」と「繊細の精神」の対比も検討すべきであろうが、「自然の感覚」という語に焦点を当てるため、ここでは問わなかった。

にしよう。「貴女に私たちの獲得した知覚と自然の感覚を区別していただく必要があります[80]」というルソーの言葉のなかに、私たちはメレやパスカルの痕跡を見出すことができる。「自然の感覚」は、諸々の知覚から作り上げられる「観念」を「評定する〔apprécier〕」能力を有する。評定する能力を与えられている「自然の感覚」（＝「内的感覚」）は、観念を評定する以上、ひとつの「原則」すなわち「原理」として機能することになる。ゆえに、ルソーは以下のように言うのである。「我々はこの感覚そのもの以外に、あらゆる真理が生じてくる原則〔axiomes〕と呼ばれる原初的真理の証明を何も有していないのだから[81]」。ここで「証明」という語が使われているが、先にも述べたようにこの語には皮肉なニュアンスが込められている。「内的感覚」を証明することなどできない。それは、パスカルが説明を断念した「誘惑する方法」によってのみ成し遂げられるのであろう。ゆえに、ルソーは『道徳書簡』のなかでソフィに対し、「自然の声」、「心」という語を何度も用いながら証明ではなく自らの内に感じてもらうことを求めていたのである。

　このように考えれば、ルソーの言う「自然の感覚」ないし「内的感覚」がコンディヤック的な感覚の直接性と同様の意味を有するものではない、ということは明らかである。そして、ルソーの「内的感覚」とは単なる非論理的な感情ではなく、知的伝統に依拠する非論理的な論理性を持つ戦略的概念であると言える。というのも、コンディヤックにおける内的な感覚（外的なものと関係を有さない知覚）には判断が存在しないが、ルソーの「内的感覚」は判断を伴うひとつの命題であるからだ。次にこの点を確認していこう。

（c）命題としての原初的真理

私たちは『道徳書簡』のなかでルソーが知覚と感覚を区別し、後者を感覚論的語彙の範疇に属する「感覚」ではなくモラリスト的語彙であるということを示した。前章第三節で検討したように、ルソーにおいて知覚（ないし観念）と感覚は別のものであった。「我々の感覚印象〔sensation〕は純粋に受動的であるが、我々のあらゆる知覚あるいは観念はすべて判断する能動的原理から生じるのである」[82]。一見すると、『エミール』におけるこの定義は『道徳書簡』の当該部分の記述と合致するように見える。なぜならば、スタロバンスキーの言うことが正しければ、コンディヤック同様[83]、ルソーにおいても感覚は受動的であるがゆえに、感覚は誤謬かどうかという認識論的な領野に属していないことになるからだ。

だが、『道徳書簡』内で議論される内的感覚をこのように考えるならばルソーが問いたかった重要な問題を見落とすことになってしまう。というのも、モラリスト的言説を検討した私たちは、『道徳書簡』における「内的感覚」を『エミール』の記述における前理性的段階の受動的な「感覚印象」に還元することはできないからであ

（80）ROUSSEAU, *Lettres morales*, OC IV, p. 1109.〔十、五三〇―五三一頁。〕
（81）*Id.*, Ms. R. 18, f. 34r ; *Disjecta membra*, ET IX, p. 463.
（82）*Id.*, *Émile*, OC IV, p. 344.〔六、一〇〇頁。〕
（83）注意すべきは、コンディヤックにおける単純な「知覚」はルソーの言う「感覚」であり、言葉の運用上では彼らの間にはズレがある。

る。

ところで知覚と感覚の区別を要求するこの一節は、良心の問題とも結び付く。『道徳書簡』のこの部分は「信仰告白」においても登場する。「信仰告白」では「したがって、観念は外から私たちのところにやって来ますが」の前に、「良心の活動とは判断ではなく、感覚〔sentiment〕である」[84]という一文が挿入されている。先の注で言及した『新エロイーズ』の同頁に付されたルソーの原註も「信仰告白」のこの挿入文と呼応関係にある。「サン＝プルーは道徳的良心を感覚とし、判断とはしていない。これは哲学者たちの定義に反する。しかしながら私はこの点において〔サン＝プルーを〕哲学者の同僚と称することは道理があると思う」[85]。内的感覚としての良心の把握は、ルソーの道徳論の特色である。[86]

このような論点があるなかで、私たちはもう一度、認識論の観点から内的感覚と原初的真理の問題に立ち返ろう。問題は、「信仰告白」ないし『新エロイーズ』では良心という内的感覚は「判断」ではないと書くルソーが『道徳書簡』においても同様に主張していると言えるかどうか、である。

コンディヤックが知覚（ないし感覚印象）に誤謬は存在しないと言う場合、そこで問題となっていることは判断の有無であった。具体的に言えば、私たちが遠くに丸い物体を見た場合、〈丸い物体〉という知覚を有することになるのだが、近づいてみるとその物体は四角いビルであったということがある。この場合、私たちは四角いビルを〈丸い物体である〉と錯覚していたことになる。だが、最初に私たちが〈丸い物体〉を知覚した事実そのものは私たちにとって生々しい所与としてあった。ゆえに、この知覚そのものには「いかなる誤謬も曖昧さも混乱もない」ことになる。これがコンディヤックの議論であった。

ところでコンディヤックにとって判断とは、観念としての二つの知覚を〈であるêtre〉ないし〈ではないne

pas être〉で結び付ける心的行為であった。[87] この考えに基づけば、判断のない知覚とは〈丸い物体〉という知覚が私たちの心の内に存在する状態を指し示すだけであって、〈私に見えているものは丸い物体である〉ではない。なぜならば、後者の場合は「である」によって二つの観念（〈私に見えているもの〉、〈丸い物体〉）が結び付いているからである。言い換えれば、判断を有する知覚とはひとつの命題 proposition の成立を意味する。ゆえに、命題の形態（A＝BないしA≠B）で表明されたときに、ひとはその命題の真偽を問うことができるのである。反対に命題形態ではない知覚は、真理の問いの対象とはならない。

　コンディヤックの議論をこのように考えた場合、ルソーのそれは果たして同じものであると言えるだろうか。ルソーにとって「内的感覚」とは私たちに「原初的真理」を告げ知らせるものであった。真理という語は、『道

（84）ROUSSEAU, *Émile*, OC IV, p. 599.〔七、五五頁。〕

（85）*Id.*, *La Nouvelle Héloïse*, OC II, p. 683.〔十、三五八頁。〕

（86）ルソーの倫理学ないし徳論については本書で正面から取り上げることは不可能である。この点に関して、新しいルソー像を私たちに提供してくれるのが、幾度も参照している飯田賢穂の研究である（Yoshiho IIDA, *La « religion civile » chez Rousseau comme art de faire penser*, Thèses de doctorat, Université Grenoble Alpes, 2015）。飯田は良心としての内的感覚に着目し、思想史上のルソー倫理学の意義を解明し、さらには『社会契約論』の新解釈を打ち出した。飯田の主張によれば、ルソーの市民宗教は政治体で生きる私と公が分裂してしまう市民一人ひとりに道徳思考を促す〈装置〉であって、社会的一体化を担保するものではない。本書の『道徳書簡』読解においても私たちは彼の研究にその多くを負っていることを繰り返し強調せねばならない。

（87）本書第一章第二節を見よ。

徳書簡』における推論批判の箇所でも用いられていた。「推論とは、知られていない他の真理を既知の真理から構成するために既知の真理を比較する技術であり、私たちはこの技術によって未知の真理を発見するのです」[88]。私たちは、これらの箇所でルソーが用いている「真理」なる語の意味内容を述定された命題として考える。なぜなら、例えば三段論法という推論方法を用いて既知から未知を導出することを考えた場合、その既知なるものは命題形式で表現されるからだ。〈人間は死ぬ〉という既知の大前提、そして〈ソクラテスは人間である〉という既知の小前提、ここから私たちは〈ソクラテスは死ぬ〉という新しい命題、すなわち新しい真理を推論によって導く。ゆえに、ルソーが「真理」という語を用いる場合は命題形式の真理を意味していると言えるだろう。だとすれば、ルソーは「原初的真理」もひとつの命題形式の真理として思考していたと考えることは正当である。

このように考えた場合、ルソーの感覚はコンディヤックのそれ（知覚）とは異なることになる。というのも、その原初的な真理を告げ知らせる「内的感覚」はひとつの命題によって構成されている感覚であるからだ。「観念を評定する〔apprécier〕感覚」[89]としての内的感覚（「自然の感覚」）は、コンディヤック流の判断なき素朴な知覚ではない。それは判断によって命題の形をとって私たちの内に生起する感覚であり、この感覚が私たちに心的確実性をもたらす。

私には三段論法によってはどうにも整序できない内的感覚があるが、これは推論よりも説得力がある。[90]

〈私〉にとって「原初的真理」の真理性を担保するのは三段論法や分析的方法という推論ではない。それは、〈私〉のなかに生起する根源的判断としての内的感覚である。これは、真理が天啓のように〈私〉に降ってくるということを意味するのではない。そうではなく、分析的方法であろうが何であろうが、何らかの知的方法が対象の真理性を支えるのではないということを意味している。〈真だ〉と是認される契機としての内的感覚がなければ、〈私〉にとってなにものも真理にはなりえない。ルソーが主張していることは、内的感覚こそが理性的認識にせよ、感覚的認識にせよ、あらゆる認識の真理性を担保するということである。(91)それにもかかわらず、ひとは何かの方法や知的操作が事物の真理性を担保していると思い込んでいる。こうした社会に共有されている〈嘘〉に対する徹底した批判が、ルソーにおける内的感覚をめぐる議論には込められているのである。

(88) ROUSSEAU, *Lettres morales*, *OC* IV, p. 1090.〔十、五〇七頁。〕

(89) *Ibid.*, p. 1109.〔十、五三一頁。〕

(90) *Id.*, *Art de jouir et autres fragments*, *OC* I, p. 1175.〔三、四〇七頁。〕プレイヤード版(およびそれに従う白水社版全集)ではこの断章は『楽しみの技術および他の断章』と題され収録されている。この断章の執筆年代は一七六二—七八年頃だと推定されている。しかし、オノレ・シャンピオン版全集の編者フレドリック・エーゼルダンジェは、プレイヤード版編者がヌーシャテル大学図書館に保管されているこの断章(Ms. R. 19, f. 141v)を恣意的に『楽しみの技術』のなかに入れてしまった、と主張している(*ET* VIII, p. 1037)。

(91) 西嶋法友は私たちと同様に、ルソーの内的感覚に真理の認識能力を認めている。ただし、西嶋の議論は内的感覚が理性か感性のどちらに属するのかという二項対立的問題に嵌まってしまっている。西嶋法友『ルソーにおける人間と国家』、成文堂、一九九九年、一三九—一五九頁。

第三節　分析批判その二――自同性原理への懐疑

前節において私たちは、後進的運動としての分析的方法では「原初的真理」に到達できず、「原初的真理」と呼ばれるものは単純な感覚とは質的に異なる真理性を担保する「内的感覚」による是認が必要であるというルソーの主張を確認した。これが〈認識の方法〉をめぐるルソーの解答のひとつである。

しかし、ルソーの分析的方法への批判はここでは終わらない。『道徳書簡』第二書簡には、もうひとつの論点が存在する。それが以下の文章である。これは先の「理性」と「推論の技術」の区別を語った箇所の次の段落である。

> ひとつの体系を形成するのに役立つ推論の鎖〔chaîne〕において、同一の命題〔même proposition〕は哲学者の精神を逃れてしまうほとんど感覚できない差異〔différences presque insensibles〕をともなって幾度となく現れます。これらの差異は次第に増大し、ついには哲学者に気付かれることなく完全に変化させるほどまでに命題を変えてしまいます。そうして哲学者はあることについて語りながらも別のことを証明していると思い込んでいます。ですから、彼の帰結はいずれも誤謬となるのです。この不都合は体系の精神〔esprit de système〕と不可分のもので、この精神だけが大原理にたどり着き、かつこの精神はつねに一般化〔généraliser〕をしようとするのです。[92]

多くの注釈者たちは、先の「理性」と「推論の技術」の箇所には様々な解釈を与えてきたにもかかわらず、この部分にはあまり注釈を加えてこなかった[93]。言うなれば、忘却されてきた一節である。しかし、私たちにとってこの一節は決定的である。その理由は、この一節が第一章において私たちが追ってきた「分析的方法」に対するルソーの明確な批判として読むことができるからである。

おそらく、そこに登場する語彙から私たちは〈啓蒙主義の哲学〉に共通する基本的な姿勢を見出すかもしれない。すなわち、「体系の精神」への批判である。「体系の精神」とはダランベールによって『百科全書序文』のなかで批判され、その事実からカッシーラーが〈啓蒙主義の哲学〉の攻撃対象と見なしたものである[94]。ルソーによって言及される「体系の精神」もこのような思想潮流のひとつの表れであり、私たちは体系の形成を最優先の課題としている「推論」に対するルソーの批判的姿勢を見出すことも充分に可能であろう。だが、問題は単純ではない。〈体系の精神〉から〈体系的精神〉へというカッシーラー的な啓蒙主義のイメージをひとまず横に置き、テクストに則して検討を進めよう。

理性と推論の区別を提示しかつ推論を批判した後に、ルソーは上で引用した「体系」の形成過程について語る。

---

(92) ROUSSEAU, *Lettres morales*, OC IV, p. 1090.〔十、五〇七頁。〕

(93) 少ない例として、ガブリエル・ラディカがこの箇所に言及しているが、彼女は当該箇所を理性の濫用としての事例として解釈するに留まっている。Cf. Gabrielle RADICA, *L'histoire de la raison : anthropologie, morale et polotique chez Rousseau*, Paris, Honoré Champion, 2008, p. 334.

(94) Ernst CASSIRER, *La philosophie des lumières*, trad. Pierre Quillet, Paris, Fayard, 1966 [1932], pp. 43–44.〔エルンスト・カッシーラー『啓蒙主義の哲学』下、ちくま学芸文庫、二〇〇三年、三〇頁。〕

ルソーがここで体系についての議論を展開した理由は二つある。ひとつは、幸福について語る哲学者たちの体系の欺瞞と矛盾を告発するためであり、もうひとつは、体系を構築するのが「推論」であるためである。私たちは後者に着目する。というのも本書序論で見たように、ルソーは「鎖」のイマージュのなかに方法の問いを見ているからである。[95] すなわち「鎖」が構築されるとき、「秩序」や「方法」が要請されるのであり、それが「哲学者の方法」なのである。[96] よって、「推論の技術」批判が推論による〈第一命題の定位〉の不可能性を指摘することにその焦点があるのだとすれば、この箇所でルソーは〈命題の連鎖〉を議論の俎上に載せているのである。

ルソーの記述に基づけば、体系は命題による「推論の鎖」から成る。この考えはコンディヤックをはじめ、広く共有されていた発想である。第一章で確認したように、体系とは「ひとつの技術もしくは学問の様々な部分の配列」[97] であって、その配列において「[体系を構成する] 諸部分はすべてが相互に支え合っており、最後の部分は最初の部分によって説明される」[98]。ところで、推論とは命題の形で表現される判断の連鎖であった。[99] ゆえに、体系とは「一連の命題〔une suite de proposition〕」[100] から成ると言えるのであった。このような発想を元に、ルソーは「推論の鎖」という表現を用いたと考えられる。

さて、こうした文脈に対してルソーは批判を加えるのであるが、彼の批判の要点は非常に分かりにくく、解釈が必要である。再度、その批判の箇所を引用しよう。

> ひとつの体系を形成するのに役立つ推論の鎖において、同一の命題は哲学者の精神を逃れてしまうほとんど感覚できない差異をともなって幾度となく現れるのです。これらの差異は次第に増大し、ついには哲学者に気付かれることなく完全に変化させるほどまでに命題を変えてしまうのです。[101]

「同一の命題」という表現は、体系という「推論の鎖」において複数回登場する〈ある命題〉を意味すると考えられる。例えば、命題〈A＝B〉（＝〈AはBである〉）があるとしよう。「推論の鎖」が展開されるなかで「幾度となく」命題〈A＝B〉が登場する。だが、最初に登場した〈A＝B〉と二度目の〈A＝B〉は同じものではない。ルソーが言っていることはこうしたことである。つまり、最初は〈A＝B〉であったが、二度目は〈A＝B′〉なのである。このダッシュ（′）は、哲学者にとっては「ほとんど感覚できない差異」である。見かけ上、〈A＝B〉と〈A＝B′〉は同じであるが、厳密な意味においては異なる。そして「推論の鎖」のなかで〈A＝B′〉は、次いで〈A＝B″〉、〈A＝B‴〉、〈A＝B⁗〉というように「気づかれることなく」変化していく。ついには、〈A≠C〉と〈B⁗＝C〉という命題が成立しているとしても、差異の変化に気づかなければ、ひとは〈A＝B〉を〈A＝C〉として取り扱うことになってしまう。ゆえに、「哲学者はあることについて語りながらも別のことを証明していると

（95）序論第一節（a）を見よ。

（96）「あらゆる学問を共通の原理に結びつけ、それら学問を次々と発展させていく一般的真理の鎖〔une chaîne de vérités générales〕がある。この鎖が哲学者たちの方法なのである」（ROUSSEAU, *Émile*, OC IV, p. 436.〔六、二二四頁〕）。

（97）CONDILLAC, *Traité des systèmes*, *OP* I, p. 213.

（98）*Ibid.*

（99）*Id.*, *Essai sur l'origine des connaissances humaines*, *OP* I, p. 27b.〔『人間認識起源論』上、一一五頁。〕

（100）*Id.*, *Art de raisonner*, *Cours d'étude*, *OP* I, p. 621b.

（101）ROUSSEAU, *Lettres morales*, OC IV, p. 1090.〔十、五〇七頁。〕

思い込んで」しまうのである。

哲学者たちの分析的方法とは、「推論の鎖」を形成するために二つの命題や二つの項の間に自同的な繋がりを見出して各命題を連続的に結びつけていく方法であった。すなわち、命題の連鎖は命題および項の間の意味内容における自同性に基づいて構成されねばならない。これがコンディヤック哲学の基本原理であった。しかし、ルソーはこの基本原理に疑義を呈しているように見える。ルソーは、〈同じものである〉と信じていることが実は〈同じものではない〉という可能性を見ている。言い換えれば、『道徳書簡』第二書簡のこの一文は、ルソーによる自同性原理への懐疑の表明である。自同性原理というそれ以上説明不可能な原理に対する懐疑の眼差しは、あらゆる命題を無に帰す危険を有する。しかし、ルソーはそのような危険な懐疑論者の道を進む必要はなかった。なぜならば、「内的感覚」がある事柄を原初的真理として措定し、ルソーの哲学的営為を基礎付けてくれるからである。これがルソーの哲学的方法の原理である。

そして、ルソーが言及する「体系の精神」とは、デカルトやスピノザ的な精神だけを指すのではなく、合理主義哲学も経験論哲学をも含む。自同性原理の方法を内在化する哲学的営為そのものの「精神」を意味する。ゆえに、ルソーにとって体系を作る「原理を思いつく人」も体系を壊す「観察する人」[102]も共に「体系の精神」を分有する者として互いに〈体系〉の生成消滅を繰り返す哲学者にすぎない。

このようにして諸々の体系は作り上げられ、そして破壊されるのです。しかも、新しい推論者たちは、壊れた廃墟の上に、前のものよりも長くは保たないであろう別の体系を性懲りもなく打ち立てるのです。[103]

以上の議論を経て、私たちはルソーによる方法への批判、つまり分析的方法への批判を明確にした。その批判とは、分析的方法そのものによる「原初的真理」の発見不可能性と分析的方法が実行する推論の正しさを正当化する自同性原理への懐疑であった。これがルソーの〈認識〉の方法批判の原理論なのである。だが、自同性原理を批判した場合、いかにして命題の連続、すなわち推論をルソーは展開することができるのだろうか。言い換えれば、〈私〉が内的感覚によって発見した真理を〈私〉はいかにして他者に伝えることができるのだろうか。この問題について私たちは第二部において検討することになる。この検討において、これまでの研究で指摘され続けたルソーの〈発生論的方法〉についての具体的な内容を、私たちは明らかにすることができるであろう。

第四節　分析批判のひとつの起源——『化学教程』の一解釈

『道徳書簡』第二書簡において、ルソーは分析的方法による「原初的真理」の発見の不可能性と自同性原理への懐疑を主張していた。この知的態度の〈起源〉は何であろうか。もちろん『百科全書』派に対する党派的な態

（102）*Ibid.*, p. 1091.〔同書、五〇七頁。〕
（103）*Ibid.*〔同書、五〇八頁。〕

度としてルソーのこの態度を考えることはできるだろう。しかし、私たちはあえてそういう党派的解釈ではない、〈真面目〉な起源の可能性を指摘したい。それがルソーの若書きの書『化学教程 *Institutions chimiques*』(一七四七年頃執筆)における物質をめぐる認識論である。

まず、あまり知られていないこの書物について語らねばならない。論壇デビュー作『学問芸術論』[104]以前、ルソーは独学ながら化学理論を学ぶだけではなく、実際に化学実験をしていたことはよく知られている。当時、ルソーはデュパン家のフランクイユと共に実験をおこなっていた。科学アカデミーへの入会を希望していたフランクイユは、様々な科学講義に出席し、実験室も有していた。一七四三年五月には、フランクイユとルソーは王立植物園で化学者ルエルの公開講義に参加し、その際のノートが残されている。『化学教程』という手稿それ自体は、アカデミー入りを望むフランクイユのためにルソーが代筆したものではないかという仮説があるが、その手稿の執筆過程は詳らかにされていない。『化学教程』は生前刊行されることはなく、一八八二年にその手稿が発見されるまでルソーの知られざる著作であった。その後、一九一八年から二一年にかけて『ルソー年報』にて『化学教程』が刊行されたにもかかわらず、プレイヤード版ルソー全集に収められることはなく、研究の対象になることは少なかった。しかし、一九九九年ファイヤール社からの単行本が出版されてから『化学教程』の研究は急速に進展した[105]。

化学には多くの操作、つまり方法——例えば蒸留、濾過、燃焼等——が存在するが、〈分析〉は最重要かつ根本的な方法であった。というのも、化学の目的とは物質の分解‐構成であるからである。『化学教程』第一編冒頭でルソーは化学を以下のように定義している。

化学の目的は、自然的な物体をその構成物質の諸原質〔principes〕へと分解すること、自然的な物体へと再構築すべく物質の諸原質を再結合すること、新しい物質を作るために諸原質を組み合わせることにある。それゆえ、何よりもまずこれらの諸原質を認識するために混合物、合成物のなかの諸原質の結合を断つ何らかの手段を発見し、諸原質を一つひとつ、おのおのの量に応じて、それらを内包している物質から引き出すことが問題となるのである。(106)

物体を分解し再結合すること、ないし新しい物質を生み出すこと、これが化学の目的である。たが、これらの目的を達成するには「合成物のなかの諸原質の結合を断つ何らかの手段」を確立することがことさら重要なのであ

(104) ルソーがいかにして化学（ないし錬金術）と接触していったかという史実的研究については以下のものを参照せよ。Cf. Bernadette Bensaude-Vincent, et Bruno Bernardi, « Rousseau chimiste », in *Rousseau et les sciences*, sous la direction de Bernadette Bensaude-Vincent et Bruno Bernardi, Paris, L'Harmattan, 2003, pp. 59–76.

(105) ファイヤール版『化学教程』の編者のひとりであるブリュノ・ベルナルディは、〈ルソーと化学〉という近年の問題系を作り上げた第一人者である。『概念の工房――ルソーにおける概念発明の研究』において、ベルナルディはルソーがどのような方法で自身の政治的概念を〈制作 fabrique〉したかを示した。その概念制作においてルソーが用いた〈道具〉こそ化学であった、というのがベルナルディの主張である。Cf. Bruno Bernardi, *La fabrique des concepts : recherches sur l'invention conceptuelle chez Rousseau*, Paris, Honoré Champion, 2006.

(106) Rousseau, *Institutions chimiques*, texte revu par B. Bernardi et B. Bensaude-Vincent, Paris, Fayard, 1999, p. 10.

る。つまり、物質をナイフで切り刻んだところで、その物質を分解したことにはならない。物質を内的に構成するより下位の物質へと分解せねばならない。ゆえに、物体の結合を解く方法を確立することが化学においては重要となる。

このような化学観から、ルソーは物質を構成する最小単位のもの〔原子、原質〕を認識しようとする科学的態度を批判する。

幾人かの哲学者たちはあらゆる偶有性が取り除かれた一つの根源的物質〔une matière première〕、すなわちあらゆる物体の源を想像したのである。しかし、どのような権利で彼らはその根源的物質というものを揺るぎない真理として認めたのであろうか。どんな実験によって彼らはそれを発見したのか。あるいはどんな実地検証〔démonstrations〕によってその存在を確信したのであろうか。そのような仮説についての真理を明らかにすることが、化学の役割なのである。分割と分解によって、私たちが世にいう根源的物質にようやくたどり着き、私たちがその物質をあらゆる物体の分析〔Analyse de tous les corps〕によって同様に得られるならば、その〔根源的物質の〕存在を疑う余地はもはや存在せず、私たちはある一つの原質あるいは一つの要素を認識せざるをえない。そして形象や運動によって組み合わされているその原質、要素は、自然の光景が私たちに与えてくれるような類や種の多様性のなかですべての異なる物体を生み出すのに十分な存在であろう。しかし、この〔化学の〕技術〔art〕が、最後の砦、すなわちあらゆる他の物体を構成する真に単純な物体へと私たちを導くまで、私たちにはその存在を疑う権利があり、それを発見するのに感じる困難は自分たちの手腕の限度や探求の妄想に由来するのかもしれないと疑う権利が私たちにはあるのだ。(107)

アリストテレス以来、物質を構成する最小要素（「根源的物質」）とは何かという問いは主要な問いであった。例えば、アリストテレスの四元素説やパラケルススの三元素説はこうした問いに対する有力的解答であった。だが、これらの説に対してルソーは懐疑的であった。「どのような権利で彼らはその根源的物質というものを揺るぎない真理として認めたのであろうか」というルソーの懐疑を解消するには、「技術」の問題、つまり「結合を断つ何らかの手段」である「物体の分析」が確立されねばならないのである。

だが、物体の分析に対するルソーの姿勢は『化学教程』全般を通じて懐疑的なものであった。ルソーは化学が抱える問題点を以下のように指摘する。

化学者の様々な研究はあまりにも不可欠であるのだが、同時にそれは残念ながらこのうえなく困難なものでもあるのだ。なぜ困難なものであるかというと、それは主として三つの理由による。[108]

それではそれら「三つの理由」を順に見ていこう。第一の困難は物質の多様性である。

第一の理由は、あらゆる自然的混合物を知るために理解せねばならない組み合わせが無数に存在するという

(107) *Ibid.*, p. 11.
(108) *Ibid.*, p. 36.

ことである。この地を覆い、その内部を充たしている並外れた数の様々な物体を見よ。確かに原質とは様々な種類の物体を構成するものであり、物体はその素材となる一次ないし二次的な原質の多様な混合物にすぎない。しかしながら、この地を覆う物体の並外れた多様性について〔少しでも〕考えを抱こうとするのであれば、数の組み合わせを想像するのが一番よい。その組み合わせは、八つの物体だけでも四万通り以上にものぼってしまうのである。[109]

世界に存在するあらゆる物体を構成する原質の数が限られたものであるとしても、物体がその原質の組み合わせから成ると考えれば、その組み合わせの数は膨大なものとなる。ゆえにあらゆる物質を認識することは困難な作業となる。これが最初の理由である。

次に第二の困難を見てみよう。それは、作業量の多さという現実的な問題であった第一の困難よりも認識論的なレベルの困難である。

第二の理由としては次のとおりである。すなわち、有名な著者〔フォントネル〕が言ったように事実に基づいて本性を把握することが、またその本性を混合物の生成段階のうちに見出すことが、不可能であるとは言わないまでも、大変難しいからである。[110]

「事実に基づいて〔物質の〕本性を把握すること」の不可能に近い困難という台詞から、私たちは『不平等起源論』[111]の一文を想起するが、ここで化学論とルソーの人間論との関係を探求することはやめておこう。[112]問題は、物体を構成する「根源的物質」を確定する審級である。実験や「錬金術の技術」によって、私たちはある物体を分析（分解）する。そうして得ることができた物質がどうしてこれ以上分析できない「根源的物質」であると言えるのだろうか。分析技術によって「事実」物質を分解できたとしても、それによって物質の本性を把握することができたと言える根拠を、分析技術自身は示すことができない。よって、「物体の単純さとはつねに一時的なもの」[113]でしかない。新しい分析技術が登場すれば、それまで「根源的物質」と思われていたものは、より根源的な「根源的物質」にその座を譲ることになるであろう。だが、技術的問題が乗り越えられていくとしても、認識論的に「根源的物質」という「事実」の永続的真理性が担保されることはない。以上が、「事実に基づいて本性を把握すること」の意味内容であり、これが意味するのは「分析のアポリア」[114]なのである。そしてこのアポリアは、『道徳書簡』第二書簡における推論批判と同様の構造を有しているように思われる。分析的方法によって「原初的真理」へと至ることは原理的に不可能であるというルソーの主張は、この化学における「分析のアポリア」同

（109）*Ibid.*, p. 37.

（110）*Ibid.*

（111）「それゆえあらゆる事実を退けることから始めよう、というのも事実は問題の核心に触れないからである」（Rousseau, *Discours sur l'orgine de l'inégalité*, OC III, p. 132.〔四、二〇〇頁〕）。

（112）『不平等起源論』におけるこの問題については第二部第五章にて論じる。

（113）Martin Rueff, « L'élément et le principe : Rousseau et l'analyse », *Corpus*, n° 36, 1999, p. 151.

（114）*Ibid.*, p. 147.

様、認識論的な懐疑に由来する。ゆえに、私たちはルソーの〈分析〉批判のひとつの〈起源〉として彼の化学論を解釈することができると考えるのである。

最後の困難は、私たちの〈能力〉に関わる。引用しよう。

最後に、三番目の理由は、私たちの器官〔organes〕の不十分さである。私たちの器官は、凝集形式〔une forme agrégative〕のもとでしか原質も混合物も目にすることができない。このことをあなた方に納得してもらうために、例として、半ドラクマの良質な銀を十分な量の硝酸液のなかで溶かしてみよう。そして、純粋かつ新鮮な五パントないし六パントの雨水のなかにこの溶液を混ぜてみよう。すると、視覚を使っても味覚でも嗅覚でも、この液体が水以外のものを含んでいるということをあなた方が見破るのは不可能になるだろう。(116)

ルソーの主張を端的に言えば、「根源的物質」や微細な物質を感覚することの不可能性である。例えば、現在私たちは金という元素を知っているが、一個の元素として金を感覚することはできない。つねに金塊という「凝集的形式」でしか金を感覚できない。つまり、金元素それ自体を直接的に知覚するわけではない。これは私たちの身体能力の限界に由来する。また、引用文の具体例にもあるように、私たちが非常に微細な物質を知覚することは難しい。このような感覚能力は、実験という「事実」を評価判断することを許さない。ゆえに、『化学教程』においてルソーは物質の問題と同様ないしそれ以上の関心をもって実験器具や方法の問題に紙幅を費やすのである。

さて簡単ではあるが、私たちは『化学教程』において提起された物質の分析をめぐる諸問題を素描してきた。

そこから分かることは、私たちが検討した分析的方法をめぐる諸問題がすでに若きルソーの問題関心のなかにあったということである。もちろん、様々な領野に跨がる問題を同一水準において議論することには、解釈上、多くの危険が伴うであろう。だが少なくとも、〈認識の方法〉をめぐる思索がつねにルソーの脳裏にあったということは確かであり、ルソーを〈方法なき哲学者〉と見なすことは彼のテクストの背後にある微細な問題系を無視することになってしまうのである。

(115) 一ドラクマは、約三・二四グラム。
(116) 一パントは、約〇・九三リットル。

第二部　歴史の方法

問題設定

第二部では〈歴史の方法〉を主題に据える。第一部で私たちはルソーにおける分析的方法に対する批判を検討した。真理の発見という事態は、分析ではなく内的感覚によって達成されるというルソーの認識論は、極めて個人主義的な立場であるように思われる。分析的方法は発見の方法であると同時に他者への教育の手段でもあった。この意味において、分析的方法は自らの知を伝えるというコミュニケーションの手段とも言える。しかし、分析に激しい批判を加えたルソーはいかに自らの内的感覚を他者に伝えることができるのだろうか。こうして〈語りの問題〉はルソーの思想においてひとつの問題圏をなす。これが第二部の主題である。本書で、私たちは〈歴史 histoire〉をかなり広い意味合いで用いる。つまり、私たちは歴史をあらゆる事柄の生成についての〈語り narrative〉として考える。このように考えれば、〈歴史の方法〉とはあるものの生成、展開をどのように語るかという問題であることになる。そして、私たちの問いに引きつければ、問題はいかにルソーは生成を語ろうとしているか、ということに帰着する。

したがって、第二部では歴史記述の方法をめぐって、三つの観点からルソーのテクストを検討する。まず、ルソーが歴史を語る歴史家をどのような存在として見ていたかを明らかにするために『エミール』の歴史教育論を検討する。社会を学ぼうとするエミールに対し、歴史家はどのように彼と接するのか、この点を明らかにする。

この作業を通じて、私たちは〈歴史家ルソー〉の輪郭を知ることになるだろう（第四章）。

次に検討すべきは『不平等起源論』である。起源論と題されているように、この作品は人類史の長きにわたる変遷を叙述しようとするものである。とはいえ、ルソー自身が断りを入れているように、本作はいわゆる歴史書ではない。様々な史実や人類学的知見に依っていようと、この作品は事実の記述を目論んだものではない。だが、生成を語るという意味において『不平等起源論』はひとつの歴史記述であり、かつ歴史記述の方法にルソーは細心の注意を向けていた。ゆえに、このテクスト内で作動している語りの方法を明らかにすることが課題となり、この作業から私たちは第一部での議論が歴史の語りと無関係ではないということを知ることになる（第五章）。

最後は自伝の問題を取り上げる。自伝とは自己の歴史を語るという意味において、ひとつの歴史記述の行為である。私たちは、歴史家ルソーが自伝的テクストにおいて読者にいかなる自己の歴史記述の方法を開陳しているかを明らかにする。すると、ルソーが読者の自伝の読み方に対して用心している様が理解できるだろう。つまり、歴史家とエミールの関係性が反復されているかのごとく、ルソーの自伝の方法とは読者が読む方法を規定しようとするものであると言える（第六章）。

以上、三つの観点から、私たちはルソーにおける〈歴史の方法〉が彼のテクスト戦術において本質的な部分を担っているということを理解することになるだろう。

第四章　「歴史家」の問題

本章では、歴史を語る歴史家の方法を検討する。序論でも指摘したように、『不平等起源論』や『告白』におけるルソーの方法は、〈発生論的方法〉ないし〈系譜的方法〉として解釈されてきた。しかし、解釈者たちが提案したこれらの方法の意味内容はあまりに空虚であった。かつ、私たちは第一部で分析的方法に対するルソーの姿勢を解明したのであるが、この姿勢がいかに歴史の方法と関係するかを明らかにする必要がある。本章はこれらの問題を論じるための準備作業である。すなわち、歴史を語る〈歴史家〉のフィギュールをルソーがいかに捉えていたかを解明する。

第一節　ルソーの凡庸な歴史観？

人間の諸能力を発展させるべく、ルソーは『エミール』のなかで様々な教育的方法を提案している。運動、実験、農業、工作等々、多種多様な方法を用いて教師はエミールを有徳な自然人として育て上げようとする。その方法のなかには本章で私たちが検討する歴史も含まれる。歴史を通じた教育がエミールに施されるのは『エミール』第四巻においてであるが、ロランス・モールはこの箇所に関して「いわゆる歴史に対して、ルソーはモラリスト的観点からしか関心を寄せせなかった」(1)と評している。「歴史が何の役に立つのか説明してよ」(2)という子供の無垢な質問に真剣に取り組んだマルク・ブロックが抱く歴史――もしくは歴史学、歴史理論――への情熱を、ルソーは持っていただろうか。おそらく、そう考える者はいないであろう。つまり『エミール』にて展開されるルソーの歴史論は、〈歴史に学ぶ〉というありふれた発想でしかない。このような評価は、多くのルソー研究において見ることができる。(3)

確かに『エミール』第四巻の当該箇所を一読すれば、歴史はエミールを道徳的に教化するための補助的な方法として用いられているにすぎず、『エミール』は歴史に対する「凡庸な」(4)視点しか有していないテクストであるという感想を読み手は抱くであろう。(5)またそこで論じられる歴史とは、モンテスキューやヴォルテールが取り組んだような風土、習俗を対象とする社会学的‐哲学的歴史でも、ビュフォン的自然史でもなく、ヘロドトスやトゥキディデスらの「いわゆる歴史」である。この点においても、ルソーの歴史への関心は時代の思想潮流からすれば目新しいものであるどころか、古代趣味の表れとさえ言えるだろう。

事実、ルソーはいわゆる歴史書を書こうと何度か試みていた。しかし、それは達成されることはなかった。とはいえ、ルソーは歴史書の草稿を「熱心な働き者」[6]として大量に執筆し、様々な歴史書の抜き書きをおこなっていた。現存している主な歴史書的な草稿には以下のものがある。『普遍年代記 *Chronologie universelle*』（一七三七年）、『ラケダイモンの歴史 *Histoire de Lacédémone*』（一七五二年）、『ヴァレーの歴史 *Histoire du Valais*』[7]（一七五四年）そして

（1）Laurence MALL, *Émile ou les figures de la fiction*, SVEC, 2002, p. 222.

（2）Marc BLOCH, *Apologie pour l'histoire ou métier d'historien*, Paris, Armand colin, 1974, p. 19.〔マルク・ブロック『新版　歴史のための弁明――歴史家の仕事』、松村剛訳、岩波書店、二〇〇四年、ix頁。〕

（3）ゴルドシュミットの議論がまさにそうである。「『エミール』第四巻において歴史記述を扱っている理由はまったく別の意図に由来するので、ここで検討することはしなかった。〔我々が〕ここで検討した見解といくつかの点で類似はしているが、第四巻の記述は本質的には教育的な考察からその着想を得ており、その着想は歴史に対する古代以来〔古代ローマの歴史家〕の伝統である道徳的着想への回帰なのである」（Victor GOLDSCHMIDT, *Anthropologie et politique : les principes du système de Rousseau*, Paris, Vrin, 1974, p. 165, note 41）。

（4）Bronisław BACZKO, *Rousseau : solitude et communauté*, trad. par C. Brendhel-Lamhour, Paris, Mouton, 1974, p. 107.

（5）事実、十八世紀中葉において歴史は子供の感情教育にとって有益であると考えられていた。ラ・コンダミーヌ（Charles Marie de La Condamine, 1701–1774）やカラッチオリ（Louis Antoine de Caraccioli, 1721–1803）の歴史教育については、グランディエールの研究を参照せよ。グランディエールは、『エミール』における歴史教育をこれらの系譜に位置づけているが、私たちは別の観点からルソーのテクストを検討する。Marcel GRANDIÈRE, *L'idéal pédagogique en France au dix-huitième siècle*, SVEC 361, 1998, pp. 161–164.

（6）Bernard GAGNEBIN, « Introduction sur les *Textes historiques* », *OC* V, p. ccxxxii.

（7）ヴァレーとは現在のスイス南部の州。ツェルマットが有名である。

『ジュネーブ政体の歴史*Histoire du gouvernement de Genève*』（一七六三―四年）である。また、デュパン夫人の秘書時代（一七四五―五一年）には、ルソーは夫人の指示の下で膨大な量の歴史に関する草稿を書いていたようである。[8] しかしながら、アルベルト・ヤンセンの表現を借りるならば、ルソーはこれら歴史書の「計画を放棄した」。[9]

ここで簡単にルソーの歴史に対する眼差しの変遷を確認しておこう。若い頃からルソーは先人や同時代人たちと同様に歴史の有用性を大いに認めていた。[10] 全人類にとって歴史は有用である。[11] というのも、歴史は「統治術、戦争学、統治の原理、国政の規則、市民社会〔société civile〕と生活態度に関する準則」[12]を私たちに教え、「精神と心」[13]を形成するからである。ゆえに、歴史は「オネットムに関する研究の主要部分の一つを成さねばならない」。[14]この意味において、歴史を学ぶこととは自己を知ることを意味し、ルソーは歴史を「自らの姿全体を見ることができる巨大な鏡」[15]と呼ぶのである。『サント＝マリ氏のための教育案』（一七四〇年前後）においても、歴史は諸学問のなかでも中心的な位置を占めていた。[16]

だが、時を経るごとにルソーの歴史という学への愛着は少しずつ減じていったように見える。『新エロイーズ』の第一部にて、サン＝プルーがジュリーに彼女の学習計画を提示する場面では歴史は「ぞんざい」[17]に扱われている。「我々の国の歴史を例外にして、近代史〔histoire moderne〕は永久に放棄しましょう」[18]。「我々の国」を例外的に学ぶ理由は、「この国が自由で素朴な国であって、近代において古代人が見出される」[19]からである。注意すべきは、自国の歴史であるという理由のみで学ぶ価値があるのだとサン＝プルーは言っているのではない、ということである。愛国心、郷土愛ゆえに自国の歴史を学ぶのではなく、ここでは歴史から学ぶことができる徳の豊穣さが問題となっているのである。そして、サン＝プルーは以下のように言う。「もっとも興味深い歴史とはあらゆる種類の範例、習俗、性格が最も多く、いわばもっとも多くの教訓が見出される歴史です」[20]。つまり、ルソーは

（8）Cf. Anicet Sénéchal, « Jean-Jacques Rousseau, secrétaire de Madame Dupin, d'après des documents inédits, avec un Inventaire des papiers Dupin dispersés en 1957 et 1958 », *AJJR* XXXVI, 1963–1965, pp. 173–259.

（9）Albert Jansen, *Jean-Jacques Rousseau : fragments inédits*, Paris, Sandoz & Thuillier, 1882, p. 10.

（10）『普遍年代記』では、フェヌロン（François de Salignac de La Mothe-Fénelon, 1651–1715）やシャルル・ロラン（Charles Rollin, 1661–1741）、ラミ神父（Bernard Lamy, 1640–1715）の作品が引用されている。

（11）歴史に対するルソーの眼差しの変遷については以下の研究に負っている。Cf. Pierre Burgelin, *La philosophie de l'existence de J.-J. Rousseau*, Paris, Vrin, 1973, pp. 195–198 ; Marc Eigeldinger, « La Vision de l'histoire dans Émile », *L'Histoire au dix-huitième siècle : colloque d'Aix-en-Provence, 1–2–3 mai 1975*, Aix-en-Provence, Éditions Sud, 1975, pp. 429–445.

（12）Rousseau, *Chronologie universelle*, *OC* V, p. 488.

（13）*Ibid.*

（14）*Ibid.*

（15）*Ibid.*, p. 490.

（16）「このように諸学問をあちらからこちらへと進めさせながらも、私はご子息の学習の主要な対象である歴史を決して見失わないつもりです。歴史の枝葉は他のあらゆる学問にまで広がっているのです」（*Id.*, *Pour l'éducation de Sainte-Marie*, *OC* IV, p. 51.〔七、四三五頁〕）。

（17）Burgelin, *La philosophie de l'existence de J.-J. Rousseau*, p. 195.

（18）Rousseau, *La nouvelle héloïse*, *OC* II, p. 60.〔九、五四頁。〕

（19）*Ibid.*〔同書、同頁。〕

（20）*Ibid.*〔同書、同頁。〕

歴史という学そのものには関心を寄せず、〈古代〉だけに関心を持っていた。彼にとって古代とは「神話的な舞台、近代の世界のアンチテーゼとして定義される根本的に異なる他なる世界」[21]であり、まさにひとつの規範であった。[22]

以上、私たちはルソーの歴史に対する見方を簡潔に見てきた。確かにこれらの眼差しを考慮すれば、モールらの解釈は妥当であるように思われるし、彼の歴史への眼差しのなかには歴史記述や歴史理論といったものへの関心は見出せそうにはない。そして、『エミール』第四巻においても他のテクストと同じく、ルソーは教訓としての歴史を語っているように見えるだろう。

しかし、本章において私たちは『エミール』で展開される歴史教育論の新たな読み方を提示する。すなわち『エミール』の歴史教育論は単なる道徳的教育の有用性を論じたものに留まらず、語りの方法をめぐるテクスト、歴史の語り手である歴史家のフィギュールをめぐるテクストとしても読める、ということを私たちは示す。

もちろん「歴史［histoire］」という語の多義性には注意を払わなければならない。というのも、当時のこの語にはいわゆる歴史以外の物語や肖像という意味も含まれるし、通時的時間だけではなく共時性をも意味する言葉であるからだ。このような歴史の多義性を理解しつつも、本章では歴史を〈過去に起きたとされる事実に関する記述〉と見做し議論を進めていく。

これらの問題設定を踏まえ、本章では以下のように論述を進める。まずモールらの主張であるルソーのモラリスト的歴史観というテーゼを再検討し、いかなる理由で同テーゼが導出されるのかを明確にする。次に『エミール』第四巻で議論の俎上に載るルソーのトゥキディデス評価を分析し、ルソーが要求する歴史家のあり方とはいかなるものであったかを検討する。この作業を通じて、私たちは歴史家の権威という問題がこのテクストの裏に隠されていることを示す。最後にルソーの他のテクストに対して、私たちが『エミール』の分析を経て明らかとなった歴史家のフィギュールがいかなる射程を有しているのかを示し、本章を終える。

第二節　『エミール』における歴史批判

前節で確認したように、モールやゴルドシュミットがルソーの歴史をモラリスト的歴史として位置づけた理由は、ルソーが事実の学として歴史を見ていなかったということにある。下に引用するのは『エミール』第二巻のルソーによる原注である。

古代の歴史家たちには我々に役立つ見識が豊かにある。たとえ、その見識を示す事実が間違っているとして

(21) Chantal GRELL, *Le Dix-huitième siècle et l'antiquité en France 1680–1789*, t. I, *SVEC* 330, 1995, p. 468.

(22) 古代に対するルソーの関心を年代別に論じた研究としてはトゥシュフを参照せよ。Yves TOUCHEFEU, *L'Antiquité et le christianisme dans la pensée de Jean-Jacques Rousseau*, *SVEC* 372, 1999. 十八世紀における倫理的モデルとしての古代の様相については、注（21）で示したシャンタル・グレルの研究と共に彼女の以下の研究も見よ。Chantal GRELL, *L'histoire entre érudition et philosophie : étude sur la connaissance historique à l'âge des Lumières*, Paris, PUF, 1993, p. 125 *sq*.

もである。ところで、我々は歴史を真に利用することを知らない。考証学的批判〔la critique d'érudition〕は、事実から有益な知識を引き出しうるのであればある事実が真実であることがかくも重大であるかのごとく、すべてを使い果たしてしまう。良識ある人間は歴史を寓話の織物と見なすべきで、その寓話から得られる道徳は人間の魂に非常に適しているのである。(23)

この原注は子供の食事法に関する件で、ヘロドトスの『歴史』に登場するリディア人の逸話をルソーが挿入する場面に付されている。ここでは二つの歴史が対置されている。ひとつが「考証学的批判」が対象とする事実としての歴史であり、もう一つが「良識ある人間」が論じる寓話としての歴史である。「歴史を真に利用する」とは、「寓話」としての歴史から「我々に役立つ見識」を多く得ることである。これが「良識ある人間」がなすべき歴史教育である。この観点は『エミール』第四巻でも引き継がれ、ルソーはラ・カルプルネードの『クレオパトラ』や『カッサンドル』を例に挙げつつ、「私はこれらの小説〔Romans〕とあなたがた〔『エミール』の読者〕の歴史の間にほとんど違いを認めない(24)」と述べていた。

こうしてルソーは、歴史は道徳的有用性を持つべきであるというモラリスト的歴史観に立つ。しかし、積極的にこの立場を取るというよりも歴史に対する消極的な理由からルソーはモラリスト的歴史観に寄っているように見える。というのも「考証学的批判」に対する激しい批判は『エミール』の各所において展開されるからである。「考証学的批判」とは何か。それは『歴史批評辞典』のピエール・ベールに代表される「批判的歴史〔histoire critique〕」である。野沢協によれば批判的歴史とは「内容的には厳密な史料批判や、先行する諸種の歴史記述に対する克明な再吟味という手続きをへ、また形式的には、それらの資料や典拠の直接的な引用や、その価値をめぐる詳細な議論をまじえた歴史記述、少なくともそのような歴史記述たらんとするもの」[25]である。『エミール』第四巻でルソーは批判的歴史を改めて批判している。

歴史のなかで描かれる事実とは、それらの事実が起こったとおりに正確に描かれたものとはとても言えない。それらの事実は歴史家の頭のなかで形を変え、彼らの利害関心に合わせて成形され、彼らの偏見によって着色される。(……)人々がとやかく言っている批判〔critique〕というものは、憶測の技法〔l'art de conjecturer〕、つまり多数の嘘のなかから真実に一番良く似た嘘を選び出す技法にすぎない。[26]

プレイヤード版全集の編者をはじめ多くの論者が指摘しているように、この箇所はルソーによる歴史ピュロニスム的態度の表明である。[27] もちろん、このような歴史記述における事実の不可知論はルソー特有のものではなく、古代以来の歴史をめぐる論争の種であった。[28] とりわけ十七世紀の宗教論争を通じて、カトリック、反カトリック、

(23) ROUSSEAU, *Émile*, OC IV, p. 415.〔六、三七二頁。〕
(24) *Ibid*., p. 528.〔六、三二七頁。〕
(25) 野沢協「解説」『ピエール・ベール著作集』第三巻、法政大学出版局、一九八二年、一一六六頁。
(26) ROUSSEAU, *Émile*, pp. 527–528.〔六、三二七頁。〕
(27) BURGELIN, *Notes et variantes*., OC IV, p. 1482, note 1 pour la page 528.
(28) 十八世紀およびそれ以前の歴史記述をめぐる論争に関する本節の記述は『ピエール・ベール著作集』に付された野沢の解

ジャンセニスト、自由思想家等々の論者たちは、歴史記述の理論的精緻化や古文書の検証技法などの考証学の整備を進めていた。この思想的運動のなかで、ラ・モット・ル・ヴェイエやピエール・ベールらの歴史ピュロニスムは、一つの代表的な理論的態度であった。[29] この潮流の拡大は同時に反発も生み出した。例えば十八世紀前半に活躍した考証学者ニコラ・フレレは、歴史ピュロニスムに対して明確な警戒心を示していた。[30] 青年期にベールの『歴史批評辞典』の読者であったルソーも〈歴史〉をめぐるこの時代の思想潮流と無縁ではなかった。ピエール＝モーリス・マソンは当時のルソーを「歴史の信奉者」ではあったが「ベールの批判精神」を理解するには至っていなかったと評した。[31] しかし『エミール』のテクストに関して言えば、ルソーが時代の流行に乗っただけであると解釈することは難しい。なぜならば、歴史ピュロニスム的立場をとるだけには留まらず、ルソーはこの立場を作り上げたベールらが持つ〈批判精神〉をも攻撃の対象とするからである。歴史的事実の不可知論に立つだけではなく、ルソーは考証学が重要視する方法それ自体を「憶測の技法」と呼び批判する。

考証学的方法に対するルソーの批判は信仰の問題とも結びつく。先ほど引用した「考証学的批判」の箇所のなかに、ピエール・ビュルジュランはルソーにおける「伝統的キリスト教に対する拒否」[32] の姿勢を見ている。ビュルジュランがこのように解釈する根拠は、『エミール』第四巻の半ばで挿入される物語内物語「サヴォワ助任司祭の信仰告白」において助任司祭が展開する考証学批判の箇所に基づいている。助任司祭は神と〈私〉の間に「大勢の人間」が存在することに不満を抱く。彼は「真理の使徒」との架空の対話を披露し、神と〈私〉の間における人間の介在を以下のように嘆く。

「神は人間に語った」。それでは、なぜ私には何も聞こえないのだろうか。「神はその言葉を、あなたに伝えるように他の人間に託したのである」。（……）〔神が起こした〕奇跡はどこにあるのか。「書物のなかである」。それでは、その書物を作ったのは誰か。「人間である」。ではその奇跡を見た者は誰か。「それを証言する人たちである」。なんということか！ いつも人間の証言ではないか。結局、他の人間が伝えたことを人間は私に伝えるではないか！ 神と私の間になんと大勢の人間がいることだろう！(33)

宗教批判の文脈においては「凡庸」(34)なこの議論が批判の対象としている宗教は、「信仰告白」のなかで助任司祭

説（野沢「解説」『ピエール・ベール著作集』第三巻、一一一五―一三四一頁）とグレルの研究にその多くを負っている。Cf. Chantal GRELL, *L'histoire entre érudition et philosophie : étude sur la connaissance historique à l'âge des Lumières*, Paris, PUF, 1993.

（29）野沢によれば、『歴史批評辞典』においてベール自身が歴史的真理の不可知論的立場を積極的にとったという形跡は皆無である。歴史不可知論者ベールというイメージはベールの同時代人や後代の人々が作り上げたものであるという。野沢「解説」『ピエール・ベール著作集』第三巻、一三〇三頁。

（30）Nicolas FRÉRET, « Réflexions générales sur l'étude des anciennes histoires et sur le degré de certitude des différentes preuves historiques (1724) », dans *Mémoires académiques*, Paris, Fayard, 1996, p. 85.

（31）Pierre-Maurice MASSON, *La religion de Jean-Jacques Rousseau*, t. I, Paris, Hachette, 1916, p. 87.

（32）Pierre BURGELIN, *La philosophie de l'existence de J.-J. Rousseau*, Paris, Vrin, 1973, p. 196.

（33）ROUSSEAU, *Émile*, OC IV, pp. 610–611.〔七、六八頁。〕

（34）*La « Profession de foi du vicaire savoyard » de Jean-Jacques Rousseau*, édition critique d'après les manuscrits de Genève, Neuchâtel et Paris, avec une introduction et un commentaire historique par Pierre-Maurice Masson, Fribourg, O. Gschwend, 1914, p. 323, note 2.

が提唱する「直接性〔無媒介性〕」[35]の宗教と対立するものである。つまり、啓示宗教と自然宗教の対立図式がここで定式化される。助任司祭によれば、啓示宗教は「人間の証言」に依存する宗教である。神の言葉や奇跡は、〈私〉に無媒介に示されることはない。つねに間接的な証言によってそれらを知ることになる。だとすれば、そこには偽りの証言や誤謬が入り込むことになる。ゆえに、「人間の証言」に基づく宗教にはその証言の真偽を点検することが必要不可欠となるのである。そのための「確実な規則〔règles sures〕」[36]こそ「考証学による批判」と考えられ、前節で述べたカトリック側にとって自身の正統性を維持する方法としてこの学は重要なのである。

友よ、どんなに恐ろしい議論のなかに私が巻き込まれているか考えてもらいたい。遠い昔にさかのぼるために、世界のあらゆる国々のなかで示されている預言、啓示、諸事実、信仰に関する全作品を検討し、吟味し、比較するために、そしてそれらの時や場所や著者や状況を確かめるために、私はどんなに莫大な考証〔érudition〕を必要とすることだろう。[37]

ルソー〔助任司祭〕にとって、カトリック側もプロテスタント側も「考証学」という方法に依拠して論戦する限り、その議論は「恐ろしい議論」にならざるをえない。考証学におけるこの終わりなき議論において、結局のところカトリック側はどのような手段を用いるのか。彼らは自らの不可謬性を主張することによって論戦を終結させようとする。「彼ら〔カトリック〕の体系では、一度承認された教会がこれこれの事実は奇跡であると決定すれば、それは奇跡なのです。なぜならば、教会が誤ることはないからです」[38]。それに対し、カトリックにおける不可謬性の原理が助任司祭の〈無媒介〉な宗教に影響を与えることはない。[39]助任司祭の宗教は良心に基づく信仰のみあればよい。ゆえに、考証学や批判という方法は不必要になる。「サヴォワ助任司祭の信仰告白」で展開される啓示宗教批判は事実そのものを知ることは不可能であるという原理に基づいてなされ、真の宗教は「霊的真理」(40)を基礎にもつべきという結論に至る。ゆえに、事実の真実性を点検する考証学は無に帰する。ビュルジュランをはじめとする多くのルソー解釈者たちはこのようにテクストを読解した。(41)

さて、やや遠回りをしながらも私たちはルソーの歴史観がモラリスト的歴史観とされてきた所以を明確にした。すなわち、ルソーが立脚する歴史の不可知論立場と彼の考証学に対する批判、またこれらの点と関連する信仰における直接性の希求という理由から、ルソーは歴史の有用性として道徳的価値しか見出すことはできなかったとモールやゴルドシュミットは考えた。(42)だが、〈歴史家〉のあり方に焦点を当てルソーのテクストを見ると道徳的

(35) *Profession de foi du vicaire savoyard*, édition de Bruno Bernardi, Paris, GF Flammarion, 2010, p. 152, note 103.
(36) ROUSSEAU, *Émile*, *OC* IV p. 611.〔七、六九頁。〕
(37) *Ibid.*〔七、六八―六九頁。〕
(38) *Id.*, *Lettres écrites de la montagne*, *OC* III, p. 744.〔八、二六一頁。〕
(39) 「奇跡の真偽を認識する確実な方法をカトリックが有しているということが本当だとしても、それが我々にどうかするのでしょうか」(*ibid.*〔同書、同頁〕)。
(40) Pierre BURGELIN, « Rousseau et l'histoire », in *De Ronsard à Breton*, Paris, Corti, 1967, p. 110.
(41) *Profession de foi du vicaire savoyard*, édition de Bruno Bernardi, Paris, GF Flammarion, 2010, p. 152, note 104.
(42) もちろん、問題は事実か教訓かには限らない。例えば、私たち同様、ゼイナ・ハキムもルソーが歴史に対し不可知論的立場を取っていると主張しているが、彼女の主眼はルソーの思想における虚構的歴史の効果を浮き彫りにすることであった。し

観点だけには留まらない別の眼差しが見えてくる。

第三節　歴史家の条件——ルソーのトゥキディデス評価

『エミール』第四巻で歴史が教育的題材として導入される理由は、「自然的かつ純粋に身体的知識しか有していない」[43]エミールを「人間と人間の道徳的関係」[44]へと教師が導くための方法として歴史が適切だからである。事物の関係から人間の関係を知ることへの飛躍は危険である。というのも、教育の仕方を一歩間違えれば、自己愛amour de soiのみを持つエミールは道徳世界に入った瞬間に利己愛amour-propreという情念に支配されてしまうからだ。よって、情念の危機をできるだけ最小限に留めるために歴史が教育的方法として要請されるのである。

（……）彼〔エミール〕の心を傷つける危険を冒さず、人間の心を彼の理解できる範囲で示すために、私は遠くにいる人間を彼に見せ、舞台を見ることはできるが決して舞台で演じることはできないように異なった時代や異なった場所の人間を彼に見せたい。いまや歴史を学ぶ時期なのである。[45]

エミールにとって歴史は一種の「遠くにいる人間」による活劇が展開される「舞台」である。この演劇のモチーフは『エミール』第四巻歴史教育の議論においてつねに登場する。

哲学の授業をせずとも、歴史を通じて彼〔エミール〕は人の心を読むことになろう。共犯者や告発者としてではなく、歴史を通じて彼は単なる観客として、何の利害も情念もなく、裁判官〔juge〕として人の心を見るであろう。(46)

かし、彼女の論点のなかには私たちが以下で論じる〈語り〉の問題は浮上してこない。虚構が問題になることは確かであるが、いかに虚構を語るかという方法の問題は大部分のルソー解釈において欠落している。Cf. Zeina HAKIM, « Histoire et fiction dans l'œuvre théorique de Rousseau », *AJJR* 48, 2008, pp. 149–168. また国内の研究に目を転じれば、ルソーにおける歴史を論じた先駆的研究がいくつか存在する。前川貞次郎はルソーの古代趣味を指摘しながらも、当時の史学史的状況からか、ルソーにおける歴史的事実の不可知論をドイツ実証主義の先駆的発想に結びつけようともした。しかし、このようなドイツ実証主義と結びつける解釈や、ルソーがベールらの前時代的状況を踏まえていなかったとする前川の解釈に私たちは同意することはできない。また、酒井三郎はルソーの歴史思想に迫る浩瀚な研究を残している。当時の思想史的状況を包括的に理解する上で、酒井の研究は非常に有益である。とはいえ、やはり酒井もいかに語るかという方法的視点は見落としていたように思われる。前川貞次郎「ルソーと歴史」『ルソー研究』、桑原武夫編、岩波書店、一九五一年、一八一―二〇五頁；酒井三郎『ジャン－ジャック・ルソーの史学史的研究』、山川出版社、一九六〇年；同『啓蒙期の歴史学』、日本出版サービス、一九八一年。

(43) ROUSSEAU, *Émile*, OC IV, p. 487.〔六、二八一頁。〕

(44) *Ibid.*〔同書、同頁。〕

(45) *Ibid.*, p. 526.〔同書、三二五頁。〕

(46) *Ibid.*〔同書、同頁。〕

ここで私たちはルソーが比喩として用いている舞台、演劇のモチーフが彼の演劇観と関係することに注意せねばならない。演劇批判を展開した『ダランベール氏への手紙』（一七五八年出版）の議論を参照し補助線を引こう。この『手紙』のなかで、演劇というものは人間が有する情念を描く場ではあるが、演劇はその情念を実際より良く見せようとするだけであり、人間の情念や習俗を根本的に変化させる力はなく、既存の社会的情念を反復するだけである、とルソーは断言する(47)。つまり、ルソーにとって演劇とは社会的生の単なる再演 représentation でしかなく、そこに人間の感性を育み涵養する力はない。もちろんルソーは社会全体を舞台化する市民祭を提案するなど演劇そのものを完全に批判するわけではないが(48)、ここではこの論点を踏まえ再度『エミール』の解釈を進めよう。

少年エミールは歴史というある種のスペクタクルを通じて人間を知ることになるのだが、それは『ダランベール氏への手紙』にて批判された社会的情念の模倣にすぎない演劇的歴史であってはいけない。というのも、人間社会の情念を知らず身体的知識しか有さないエミールは社会的表象にすぎない演劇を理解できないからだ。だとすれば、『エミール』の歴史教育においてルソーが比喩として用いている「舞台」とは何であろうか。情念の表象としての歴史ではない歴史をルソーは望んでいる。ゆえに、ルソーは裁判官としてエミールが歴史を学ぶことを欲する。しかし、いかにして「自然的かつ純粋に身体的知識しか有していない」ような〈無垢な〉エミールは道徳的公平性を要する裁判官になれるのだろうか。

ここでようやく本章の主眼である歴史家の問題が立ち現れてくる。自然から社会へとエミールを移行させるために歴史という法廷が家庭教師によって準備されるのであるが、そこで登場するのが歴史家である。ところで、エミールが「人の心」を目撃する裁判における歴史家の役目とは何であろうか。言い換えれば、歴史という法廷において歴史家は弁護士もしくは検事のどちら側として振るまうべきなのか。この問いに関するルソーの答えは奇妙なものとなっている。

若い人にとってもっとも悪い歴史家とは〔事実を〕判断する歴史家である。事実を述べよ、そして若い人自身がそれを判断するのである。こうして、彼は人間を知ることを学ぶのである。作者の判断が絶えずその若い人を導いたとすれば、彼は他人の目を通じてしか見ていないことになる。そしてこの目が彼に欠けているときには、彼はもはや何も見ていないことになる。(49)

「もっとも悪い歴史家は判断する歴史家である」というテーゼから、ルソーが期待する歴史家とは事実に価値を付与する（判断する）ことなく事実を語る歴史家ということになる。ゆえに良い歴史家とは、ある価値判断――有罪か無罪か――を示すべく事実を再構成する弁護士でも検事でもない。しかしルソーの歴史観からすれば、そ

(47)「一般的に舞台は人間的情念のタブローであり、その原型は人間の心のなかにあります。しかし、描き手がその情念に諂うような心遣いをしなければ、観客はすぐに嫌になってしまう」（*id., Lettre à d'Alembert*, OC V, p. 17.〔八、二九頁〕）。「ですから、演劇に感情や習俗を変化させる力があるとは考えてはいけません。演劇は感情や習俗に付き従い、それらを美化することしかできません」（*ibid.*〔同書、三〇頁〕）。

(48) *Ibid.*, pp. 115–116.〔同書、一五〇―一五一頁。〕

(49) *Id., Émile*, OC IV, p. 528.〔六、三二七頁。〕

れは不可能なことであろう。徹底的に客観的な事実だけを述べるというある意味奇跡的な行為をルソーは歴史家に強いているように見える。

ところでこの一節に登場する「目」という感覚器官のモチーフは注目に値する。歴史家はエミールの「目」の代理をしなければならない、とルソーは言う。つまり、エミールが〈歴史を直接見る〉という状態が重要であり、この状態にエミールを置くためには歴史家はエミールの〈目〉になる必要があるのである。こうしてエミールは裁判官になる。この観点は子供に徳や義務を教え諭すのではないという意味で『エミール』全編を貫く消極的教育の一側面であると言える。とはいえ、歴史を通じてエミールが学ぶ場合、歴史家ひとりがその教育的素材をエミールに提示しなければならない。つまりは、真実であろうと虚構であろうと、なにがしかの「事実〔fait〕」の提示方法にこそ歴史家は配慮しなければならないのである。

以上のように考えると、最初に提示したモラリスト的歴史観というテーゼに留まらない歴史への眼差しが『エミール』第四巻の歴史教育論には存在するということが言えるであろう。つまり、歴史の内容それ自体のみならず歴史家の〈語りの方法〉をもルソーは問題としていたのである。

それではルソーが考えた歴史家の語りの方法とは何か。先ほどの引用から考えれば、それは〈判断しない歴史家〉である。この最良の歴史家としてルソーはトゥキディデスの名を挙げる。

トゥキディデスは、私の考えでは、歴史家の真のモデルである。彼は判断することなく事実を報告するし、我々に自ら判断させるのに適当な状況をひとつも省かない。彼は物語ることを余すところなく読者の目の前に置く。彼は出来事と読者の間に介入するどころか、むしろ遠ざかる。ひとはもはや読んでいるとは思えず、見ているように思う。[50]

ルソーがトゥキディデスを真の歴史家として評価するのは、彼が判断せずに「報告する〔rapporter〕」歴史家であるからだ。第二節で確認したように歴史ピュロニスムの立場を取るルソーからすれば、あらゆる歴史的事実は「歴史家の頭のなかで形を変え、彼らの利害関心に合わせて成形され、彼らの偏見によって着色される」[51]ものである。そのような事実の例として、ルソーは近代の歴史が描く色彩豊かな「肖像」やタキトゥスの一般化された「格言」を挙げている。[52]しかしその一方で、ルソーはある種〈不可能な仕事〉である〈判断せずに歴史を語る〉ことをトゥキディデスは為しえていると主張する。その理由は「彼は物語ることを余すところなく読者の目の前に置く」からである。トゥキディデスは利害関心やある目的に沿って事実を意図的に配置することはしない。読者（エミール）に対して、自らが語る事実を「余すところなく」報告する。以上がルソーのトゥキディデス評価の理由である。

ここには論理の飛躍が感じられる。というのも、トゥキディデスが判断せずに事実を語っているとなぜルソーが主張しうるのかが不明であるからだ。歴史の方法論が人文主義者の間で議論の対象になってきた十五、六世紀頃から、トゥキディデスは客観的事実を重視する古代の歴史家として評価されていた。[53]ルソーの言辞も〈事実を

（50） *Ibid.*, p. 529.〔同書、三二八頁。〕
（51） *Ibid.*, p. 527.〔同書、三二六頁。〕
（52） *Ibid.*, pp. 528–529.〔同書、三二八頁。〕

語る歴史家〉としてのトゥキディデス評価の潮流に位置づけられるのかもしれない。また、トゥキディデスが為しえた〈余すことなく語る〉という点も理論的に考えれば理解しがたい。なぜならば、ルソーは事実を余すことなく語るには「莫大な考証」を必要とするという理由から、その不可能性を主張していたからである。ゆえに、彼の歴史観から考えれば、ルソーのトゥキディデス評価は奇妙なものであるように見える。

しかしながら、重要な点はルソーのトゥキディデス評価が理論的な水準においてなされるのではなく、実践的な水準のものであるという点だ。すなわち、歴史を語る際の振る舞いに対する視点からルソーはトゥキディデスを賞賛しているのである。

私たちが着目するのは、トゥキディデス評価の箇所で再度登場する〈目〉のモチーフである。ルソーによれば、トゥキディデスは読者から「遠ざかる〔se dérober〕」歴史家である。だがそれは歴史家が完全に姿を消すという意味ではない。むしろ、それは読者の目となることで限りなく読者に近づき、読者からすれば歴史家は消失したも同然ということを意味するのではないか。歴史家はエミールを〈無媒介〉なあり方で歴史に触れさせる。そして、この着想は歴史家の〈エートス〉の問題と結びつく。ルソーが理想と掲げる歴史家の職責が遂行可能か不可能かということが問題なのではない。むしろ、子供が無媒介に歴史そのものを見ていると〈思わせるような〉歴史家の振る舞いこそをルソーは重要視していたと言えるのではないか。歴史家は子供の目であらねばならないという繰り返されるルソーの言明がこれを示している。

ここで私たちは、歴史家の振る舞いが『社会契約論』第二編第七章で論じられる立法者のそれと類似していることを指摘したい。共同体の外部に位置する立法者とは、人民を「力によらず導き、説得することなく納得させる〔persuader sans convaincre〕」[54]者である。立法者は人民に対して強制的に働きかけることはしない。あくまでも自然から社会へと「生まれつつある人民」[55]が自らの力で理性的存在になれるように手助けすることが立法者の仕事となる。このような立法者の権威とは「無に等しい権威〔autorité qui n'est rien〕」[56]である。というのも、法を起草する立法者は「何らの立法権を持っていないし、持ってはならない」[57]からだ。立法権は主権を有す人民にしか属さない。確かにルソーは古代の宗教的権威を例に挙げ、立法者の宗教的超越性を認めているように見えるが、彼にとっての宗教的権威はあくまでも現実的に〈不可能な〉人民主権の原理——人民自ら法を決定する——を完遂させるための例外的な一手段である。[58]

さて、私たちはこの「無に等しい権威」を『エミール』における歴史家においても見ることができるのではないだろうか。判断せず語ることで歴史家は自らの姿を消し、社会に〈生まれつつある〉エミールの目になる。こ

(53) 志々見剛「「驚嘆すべきこと」と「真実の話」——アンリ・エチエンヌの『ヘロドトス弁護』」『仏語仏文学研究』、三四号、二〇〇七年、五—八頁。志々見によれば、このトゥキディデス評価に対する形でヘロドトスは内容の面白さを重視する歴史家として位置づけられていた。ルソーはヘロドトスを「最上の歴史家」と呼んではいるが彼の歴史が若者の習俗を堕落させるという理由からその評価は低い。ROUSSEAU, *Émile*, OC IV, p. 529.〔六、三二八頁。〕

(54) ROUSSEAU, *Du contract social*, OC III, p. 383.〔五、一四九頁。〕

(55) *Ibid.*〔同書、同頁。〕

(56) *Ibid.*〔同書、同頁。〕

(57) *Ibid.*〔同書、同頁。〕

(58) 増田真「立法者という奇蹟——ルソーにおける言説の権威の問題」『言語文化』、三一号、一九九四年、四五—四六頁。

の透明な権威とでも呼びうる立法者の権威のようなものによって、歴史家はエミールを道徳的世界へと気づかれないように導こうとする。道徳教育は「教師の経験と権威」ではなく「彼〔エミール〕自身の経験と理性の進歩(59)」によって実行されねばならない。だが、エミールの経験は舞台演出家として自らの姿を消している歴史家による舞台を通じて形成される。ルソーも認めるように主観を欠いた歴史は存在しない。ゆえに、事実を述べると言いつつ、歴史家はエミールに対して「無に等しい権威」を通じて術策を弄することになる。

そして、この透明な権威は『エミール』に登場する家庭教師の権威ともある面で一致する(60)。ルソーは「生徒に決して何も命令しないこと、どんなことであろうとも絶対に命令しないこと(61)」という消極的な態度を教師に求めつつも、続けて教師の権威を〈隠せ〉と言う。「あなたが生徒に対して何か権威を振りかざすことができると思っている、と生徒に想像させてもいけない(62)」。重要なのは生徒に教師の権威を感じさせないことであって、教師の権威そのものは禁じられていない。教師の権威が隠蔽、偽装されることで、子供は〈見かけの上〉では主体的に成長することが可能となる。以上の点から、教師や立法者の権威は私たちが確認した歴史家のそれと部分的に類似すると言える。私たちは単にこれらの形象のあいだの類似性を強調したいのではない。むしろ、他者に対していかに教え伝えるかという問題を前に、ルソーの思考のなかにはつねに権威の問題が存在することを強調したいのだ。それは、相手の主体性を考慮した上で、上からの教育にならないように配慮しようとするルソーの意図であり、戦略である。

これまでの議論を踏まえ、私たちは以下のように結論づけることができる。歴史の道徳的効果を論じたとされるルソーの〈凡庸な〉テクストは、歴史家と読者（エミール）の関係性、すなわち歴史家のエートスをめぐるテクストとして読むことができる。このような読解から〈語り方〉をめぐる方法の問いが浮上してくることが理解できるだろう。

第四節　歴史家ルソーの二つの形象

私たちはここまで『エミール』における歴史家の問題について検討してきた。本章の最終節では、ここまで議論してきた歴史家のフィギュールへのルソーの眼差しと他のテクストとの関係について簡単に触れつつ、以下に続く五章、六章の問題設定を提示したい。

晩年の作品、『ルソー、ジャン＝ジャックを裁く――対話』（以下、『対話』と略記）のなかでルソーは歴史家を自称する。

（59）Rousseau, *Émile*, OC IV, p. 526.〔六、三二五頁。〕

（60）「ある面」と限定した理由は、『エミール』における家庭教師の権威は一枚岩ではなく、エミールの成長と共に変化しているからである。この点に関しては以下の研究を参照せよ。桑瀬章二郎『嘘の思想家ルソー』、岩波書店、二〇一五年、第五章。

（61）Rousseau, *Émile*, OC IV, p. 320.〔六、九八頁。〕

（62）*Ibid.*〔同書、同頁。〕

私にとってジャン＝ジャックは自然の画家であり、人間の魂の歴史家だったのです。(63)

「自然の画家」と「魂の歴史家」という自己規定は、『不平等起源論』の議論と関係する。このテクストのなかでルソーは「あらゆる事実を退けよう」(64)と宣言しながらも、第一部末では歴史的事実──たとえそれが仮説的、哲学的事実であるとしても──の〈語りの技法〉を問うていた。(65)すなわち、『不平等起源論』における歴史家としての語りの方法を問題化することができる。次章冒頭で述べるように、『不平等起源論』の第一部と第二部には問題圏のズレ、ないし二重性（「自然の画家」と「魂の歴史家」）が存在するように見える。しかし、歴史的語りの観点からテクスト全体を見た場合、そこにはズレはなくひとつの歴史記述として解釈することが可能となる。これが第五章で私たちが明らかにすべきものである。

また「魂の歴史」と類似する表現（「魂の状態の歴史」）は、『告白』の草稿である「ヌーシャテル草稿序文」においても登場する。(66)そこでルソーは、自己を記述する歴史家として自伝のプロジェクトを遂行すると宣言する。スタロバンスキーが分析したように、このプロジェクトは知りうる「すべてを語る」という振る舞いを通じて自己の真正性を他者に示そうとする。(67)「すべてを語る」ことは原理的にはできないにせよ、この態度そのものは語り手の誠実さを読み手に感じさせることを可能にする。そして、この振る舞いは私たちが本章で検討したトゥキディデス評価と繋がりうる。とはいえ、読者にとって透明な歴史家と読者の前に現前する自伝作家という意味において〈語り手〉の存在形式は異なる。この点を踏まえ、自らを語る歴史家の方法という問題を深めることが本書最終章の課題となる。

生涯を通じて〈世界〉と〈私〉の歴史を語ることに執着したルソーが、歴史家のフィギュールについて思考していたと考えることは何ら不自然なことではない。この意味において、『エミール』第四巻の歴史家のフィギュールはいくつものルソーのテクストに根を張りめぐらす地下水脈であり、テクストを横断的に読むための蝶番なのだ。語り手の策略というこの結節点を見定めることによって、私たちは人間の歴史と自己の歴史を記述しようとする歴史家ルソーの方法に迫ることができるのである。

(63) *Id., Dialogues : Rousseau juge de Jean Jacques*, OC I, p. 728.〔三、七七頁。〕

(64) *Id., Discours sur l'origine de l'inégalité*, OC III, p. 132.〔四、二〇〇頁。〕

(65) *Ibid.*, pp. 162–163.〔四、二三〇―二三一頁。〕

(66) *Id., Ebauches des Confessions*, OC I, p. 1150.〔「『告白』ヌーシャテル草稿序文」(桑瀬章二郎訳)、『思想』、岩波書店、二〇〇九年十一月号、二三五頁。〕

(67) Jean Starobinski, *Jean-Jacques Rousseau : la transparence et l'obstacle suivi de Sept essais sur Rousseau*, Paris, Gallimard, 1971, pp. 225 et suiv.

第五章　『人間不平等起源論』における歴史記述

歴史家ルソーは、いかなる方法によって『不平等起源論』を記述したのか。

私たちは、これまで『不平等起源論』について多くのことが語られてきたことを知っている。ある時はそれは社会批判の書、自然礼賛の書、革命の書であり、そしてまたある時その著者は「人間諸学の創始者」として祭り上げられる。このような多様な読解の歴史は、『不平等起源論』というテクストが持つ豊穣さに起因することは確かである。

とはいえ、ある一定の読み方は別の読み方を不可避的に招いてしまう。読みの闘争におそらく終わりはない。こうした状況を招いている原因のひとつは、『不平等起源論』を書くルソーから垣間見える二重化された欲望にあるように思われる。すなわち、「みずからに空想家としての自由とともに責任ある歴史家の権威を与えることで、ルソーは二兎を同時に得ることを欲しているように見える」(1)。ポール・ド・マンによるこの診断は非常に適切である。(2)読者は、私たちが前章で確認した『対話』における二重の自己規定を『不平等起源論』に反映させようとする。(3)つまり私たちには、ルソーは一方では現実的世界とは無関係ないし「無時間的〔uchronie〕」な自然状態について語りながらも、他方でこの虚構を現実の世界を生きる私たちと接続させようとしているようにも見える。すると問題は複雑化する。というのも、「こうした虚構は、経験的世界に対して、いったいいかなる意義を有するのか」[4]という問いが生じるからだ。そしてアルチュセールの用語（「ズレ」）を引き受けながら、ド・マンは『不平等起源論』の問いの中心を以下のように定式化する。

> 厳密にテクスト的な観点から述べるなら、問題はこのテクスト〔『不平等起源論』〕の第一部と第二部の不整合に帰着する。人間・自然・方法論についての理論的な諸問題を取り扱う第一部の純然たる虚構と、第二部で用いられている歴史的・制度的な色合いがまさる言語のあいだには、確実な自己－認識という誤った主張にとらわれていたルソーには決して知覚できない距離、架橋不可能な「食い違い〔＝ズレ、*décalage*〕」[5]が存在していたと言えるだろう[6]。

ルソーは『不平等起源論』において自らに「空想家」と「歴史家」という二重の顔《フィギュール》を与えているように見える。この二つの顔の間には、「架橋不可能」なズレがある。どのような権利においてひとりの作者にこうした身振りが可能であるのか。私たちの語彙で言えば、いかなる方法によってこの「ズレ」を孕むようなテクストが生成されるのか。

本章は、『不平等起源論』のなかにある理論的モデルの再構築を目的としているのではない[7]。そうではなく、上に述べた方法の問いに答えることが本章の目的である。『不平等起源論』における〈歴史の方法〉とは、私たちが第一部で検討してきた〈方法への批判〉と無関係ではない。第一部で読解をおこなったルソーのテクストは、

『不平等起源論』以後のものである。しかし、それらに先立つこのテクストにおいてすでにルソーは自らの〈歴史の方法〉を用いている。つまり、『不平等起源論』は時代の方法的趨勢に対するひとつの抵抗の書であり、あるいはこう言ってよければ、私たちが序論で見た「山師のやり口」(8)で構成されたテクストなのである。ゆえに、アンドレ・シャラクが言及したものの明確にはしなかった分析的方法の「細工」(9)の内実が、本章を通じて明らか

(1) Paul DE MAN, *Allegories of Reading*, New Haven, Yale University Press, 1979, p. 137.〔ポール・ド・マン『読むことのアレゴリー』、土田知則訳、岩波書店、二〇一二年、一七七頁。〕

(2)「私にとってジャン＝ジャックは自然の画家であり、人間の魂の歴史家だったのです」(ROUSSEAU, *Dialogues : Rousseau juge de Jean Jacques*, OCI, p. 728.〔三、七七頁〕)。

(3) Henri GOUHIER, *Les méditations métaphysiques de Jean Jacques Rousseau*, Paris, Vrin, 1970, p. 14.

(4) DE MAN, *Allegories of Reading*, p. 136.〔ド・マン『読むことのアレゴリー』、一七六―一七七頁。〕

(5)「ズレ」とは、アルチュセールによって提唱された『社会契約論』の症候的読解のための鍵語である(Louis ALTHUSSER, « Sur le 'Contrat social' (Les Décalages) » in *Cahiers pour l'analyse*, n°8, mai-juin 1967, pp. 5-47.〔ルイ・アルチュセール「『〈社会契約〉について」『マキャベリの孤独』、福井和美訳、藤原書店、二〇〇一年、八四―一三四頁〕)。

(6) DE MAN, *Allegories of Reading*, p. 139.〔ド・マン『読むことのアレゴリー』、一七九頁。〕

(7) ルソーが描いた人類史の構造に関する研究は無数に存在するが、主要なものとしてはミシェル・デュシェのものを挙げることができるだろう。デュシェは、『不平等起源論』および『言語起源論』を比較検討し、ルソーにおける発展史的モデルを再構築した。Cf. Michèle DUCHET, *Anthoropologie et histoire au siècle des Lumières*, Paris, rééd., Albin Michel, 1995 [1971], pp. 323-376.

(8) *Rousseau à Dom Léger-Marie Deschamps*, le 12 septembre 1761, n° 1490, CC IX, pp. 120-121.〔十三、五三九頁。〕

になるだろう。また、これまで『不平等起源論』は〈発生論的方法〉ないし〈系譜的方法〉といったものによって書かれているとされてきたが、これらの命名についてレッテル以上の指摘がなされることはなかった。ゆえに、ルソーの〈歴史の方法〉がこれらの名で呼ばれるとすれば、いかなる発生論的・系譜的方法なのかを明らかにせねばならない。

以上の点を示すために、私たちは以下のように論述を進める。まず、ルソーによるディジョン・アカデミーの懸賞論文題目の書き換えに着目し、「起源」という語が意味しているものを再度コンディヤックを通じて明確にする（第一節）。次いで、ルソーが問いとして浮上させた自然状態説の諸問題を整理する（第二節）。そして、私たちは『不平等起源論』にて作動している二つの方法を明らかにする。すなわち、自然状態を発見する方法と歴史叙述の方法である（第三節、第四節）。

これら二つの方法のあいだには、ド・マンが言うような〈ズレ〉は存在しない。ルソーのテクストが示す痕跡を丹念に精査していけば、事物の生成を描く方法――それが発生論的方法と呼ばれるべきか系譜的方法と呼ばれるべきかという名付けの問題はまったく重要ではない――とは、この二つの方法から構成されねばならず、そこでは分析的方法は排除される、ということが理解できるであろう。

第一節　起源の位相

（a）問いの書き換え

一七五三年十一月、ディジョン・アカデミーは『メルキュール・ド・フランス』紙上において「人間の間の不平等の根源〔source〕とは何か？　かつ、それは自然法によって是認されるか？[10]」という懸賞論文の問題を発表した。この懸賞論文には、ルソーを含め十二名が応募した。アカデミーに送付された十名分の原稿は現存しているが、残り二名の原稿は失われている。[11]その失われた原稿のひとつが、ルソーの『不平等起源論』である。周知の

（9）André CHARRAK, *Rousseau : de l'empirisme à l'expérience*, Paris, Vrin, 2013, p. 27.

（10）*Mercure de France*, Paris, Pissot, Chaubert, Nully, Duchesne, 11/1753, p. 69.

（11）ここでのディジョン・アカデミーの懸賞論文および『学問芸術論』、『不平等起源論』に対するアカデミーの評価に関しては以下の研究に負っている。Cf. Roger TISSERAND, *Les Concurrents de J.-J. Rousseau à l'Académie de Dijon pour le prix de 1754*, Paris, Boivin, 1936；川合清隆『ルソーの啓蒙哲学——自然・社会・神』、名古屋大学出版会、二〇〇二年、第一章；永見文雄『ジャン＝ジャック・ルソー——自己充足の哲学』、勁草書房、二〇一二年、六一頁以降。また、ルソーを除く現存する十名の懸賞論文はファイヤール社から出版されている。Académie de Dijon, *Discours sur l'origine de l'inégalité : concours de 1754*, texte revu par Barbara de Negroni, Paris, Fayard, 2000.

ように、ディジョン・アカデミーの一七四九年の問題に答えた『学問芸術論』は入選したが、『不平等起源論』は落選した。五三年コンクールの金賞は、ディジョン・アカデミー会員であったタルベール師であった。師の答えは、不平等は自然状態によって是認されるというものであった。

さて、最初に引用したように、この懸賞論文問題では不平等の「根源〔source〕」が問われている。つまり、各々の人間の間に不平等が存在する〈原因〉をアカデミーは問うていた。しかし、ルソーはこの問題を次のように書き換えた。「人間の間の不平等の起源〔origine〕とは何か？　かつ、それは自然法によって是認されるか？」[12]。すなわちルソーは、元の問題文にあった「根源」を「起源」に書き換えた。先に述べたようにルソーがディジョン・アカデミーに送付したはずの原稿は失われているため、『不平等起源論』を執筆した当時は何と題されていたかは分からない。しかし、今日私たちが読む『不平等起源論』が一七五五年に出版された時点で、「根源」は「起源」に改められていた。もちろん、単なる書き間違えの可能性も十分にあるが、あえて私たちはこの書き換えの事実を重視したい。すなわち、ルソーはこの書き換えに何らかの意図を込めた、と私たちは考える[13]。

それでは、この意図とは何か。この問題を検討するために、言葉の定義問題から見ていくことにしよう。つまり、〈起源 origine〉という概念の意味である。この点についてルイ・アルチュセールはルソーだけが〈起源〉概念そのものをラディカルに思考した哲学者だと指摘している。長くなるが引用しよう。

> ルソーがすべての自然権哲学者たちと接近するのは、ルソーも彼らと同様、起源において考えるところでした。(……) しかし、ルソーを彼らとラディカルに区別するのは、起源の哲学者たち、起源において考えるあらゆる自然権哲学者たちのうちで、ルソーがただひとり、起源の概念自体を思考しているからです。「思考

する」といったのは強い意味においてです。つまり利用するとか、実践するとか、操作するとか、用いるとかいうふうにたんに概念のなかで考えるのではなく、「思考する」、すなわち概念を対象として見据え、起源を対象として見据えて、思考にとっての対象とする、概念のかたちをとる思考の対象とすることです。ルソーは自然権哲学者たちのなかで、唯一それを果たした人物だった。ルソーだけが起源の概念そのものを考えようとしたのです。(14)

私たちとアルチュセールの間でルソーにおける「起源の概念」のなかに見出すものには違いはあるが、ルソーにおける「起源」概念の特異性は繰り返し強調されるべきである。そして、この特異性はルソーの〈歴史の方法〉と結びついているのである。このことについては後ほど議論することにして、まずは再度コンディヤックに登場してもらい、いわゆる「起源」概念とルソーのそれの差異について検討しよう。

(12) ROUSSEAU, *Discours sur l'origine de l'inégalité*, OC III, p. 129.〔四、一九七頁。〕

(13) ルソーの書き換えに意図があることを示す傍証にしかならないが、現存する十本の原稿のタイトルでは、アカデミーの問題文と同じく« source »の語が用いられている。よって、失われた一名の原稿を除いて、« origine »の語をタイトルに用いたのは唯一ルソーだけであったと言える。

(14) Louis ALTHUSSER, *Cours sur Rousseau (1972)*, édition établie par Yves Vargas, Paris, Le Temps des cerises, 2012, pp. 57–8.〔ルイ・アルチュセール『政治と歴史——エコール・ノルマル講義1955–1972』市田良彦・王寺賢太訳、平凡社、二〇一五年、四〇八頁。〕

（b）「起源」概念――コンディヤック再訪

ルソーは二度、「起源」を自らの書名に用いている。それら作品とは『不平等起源論』と『言語起源論』である。もちろん、彼はわざわざ「起源」を定義することはしていない。それゆえまず、当時の「起源」の語意に着目しよう。『百科全書』のディドロ執筆と言われる項目「起源」では、「何らかの始まり〔commencement〕、誕生〔naissance〕、萌芽〔germe〕、原理〔principe〕」[15]と定義されている。次に、『トレヴー辞典』（一七五二年、第五版）を見てみよう。ディドロの定義と同様に、「起源」は「あるものの始まり、誕生、原理、根源〔source〕」と定義される。また以下のようにも説明されている。「起源という言葉は、ある結果の原因〔cause〕あるいは原理の類義語としてしばしば用いられる」[16]。このディドロの定義と『トレヴー辞典』の定義を見る限り、上記の資料にはこれ以上の定義はなされない。十八世紀において「起源」は原因、誕生、原理を意味する非常に曖昧な語であり、この点を鑑みれば、ルソーの〈書き換え〉に何らかの意味を見出そうとすることは不毛なように思われる。しかし、ここで私たちは第一部第一章で検討したコンディヤックに再度登場を願う。なぜならば、『人間認識起源論』の著者であるコンディヤックが、「起源」という語に何らかのコノテーションを付与していたと考えることは正当であり、彼の思考のなかで「起源」の概念は分析的方法と無関係ではないからである。

では、コンディヤックの定義を見てみよう。彼は『類義語辞典 *Dictionnaire des Synonymes*』[17]のなかで「起源」を定義している。項目「起源〔ORIGINE〕」を見ると、「原理〔principe〕」と「始まり〔commencement〕」を参照するよう指示される[18]。それでは、項目「原理」から検討しよう。

原理、原因、起源は、ひとつの結果〔effet〕と関係する。原因とは、生み出されたひとつの結果、あるいはその結果の契機〔occasion〕であるもののみを指す。原理とは、原因それ自体から結果を引き出す原因である。起源とは、遠くにある原因〔遠因〕である。したがって、起源と結果の間には複数の中間的諸原因〔plusieurs causes intermédiaires〕が存在する。(19)

まず、「原因とは、生み出されたひとつの結果、あるいはその結果の契機であるもののみを指す」という記述の意味するところは、ひとつの原因はひとつの結果と結びつき、つねにある結果にはある原因が先行するということ

（15） Diderot, *art.* « ORIGINE », *Enc.* XI, 1765, p. 648b.

（16） *Art.* « ORIGINE », *Dictionnaire universel français et latin, vulgairement appelé Dictionnaire de Trévoux*, 5e éd., t. VI, Paris, Compagnie des Libraires associés, 1752, p. 397a.

（17）『類義語辞典』は草稿の形で残され、コンディヤックの死後に出版された作品である（フランス国立図書館所蔵）。執筆時期は不明であり、一説ではパルマ公フェルディナント王子の家庭教師を務めた時期の前半（一七五八—一七六二年）ではないかと推察されているが、史料的証拠は存在しない。Cf. « Introduction », in Condillac, *Dictionnaire des Synonymes*, édition, présentation et notes par Jean-Christophe Abramovici, *Œuvres de Condillac*, Paris, Vrin, 2012, p. 7.

（18） Condillac, *art.* « ORIGINE », *Dictionnaire des Synonymes*, *OP* III, p. 416b. また、『論理学——考える技術の初歩』（一七八〇年）のなかで、コンディヤックは「原理は始まりの類義語である」と述べている。*Id.*, *La Logique ou les premiers développements de l'arts de penser*, *OP* II, p. 403b.〔『論理学——考える技術の初歩』、山口裕之訳、講談社学術文庫、二〇一六年、一六五頁。〕

（19） *Id.*, *art.* « PRINCIPE », *Dictionnaire des Synonymes*, *OP* III, p. 459a.

とだ[20]。このような定義は至極当然の話と思われるが、ひとまず例を使って考えていこう。床の上で卵が潰れていたら、それは卵が落下したためである。つまり、潰れた卵という結果は卵の落下という原因によって引き起こされる。次に、この因果関係を引き起こす原因、すなわち、より上位の原因がコンディヤックの定義する「原理」である。先ほどの例を使って表現すれば、〈卵が落下して、潰れる〉という因果を引き起こす原因は重力であると言える。つまり、この事例において重力は落下現象の「原理」となる。

しかし、コンディヤックにおける「原理」概念は単純なものではない。科学者としてのコンディヤック像を浮かび上がらせた山口の研究[21]は、コンディヤックの「原理」概念の曖昧さについて言及している。

『体系論』のなかで、天文学者がおこなう「諸天体のそれぞれの運動を測定する」作業をコンディヤックは「こうした探求は成功が期待できる」と評価する[22]。しかし、自然学者は「宇宙がいかなる手段によって形成され、維持されているのか、事物の第一原理〔les premiers principes des choses〕は何であるかを発見しようと企てる。これは失敗するほかない無駄な好奇心である」[23]とコンディヤックは述べる。そして、コンディヤックのニュートン評価はこの見方に関係する。「ニュートンは、自然の第一原理を見抜こうとか想像しようなどということに取り組んだのではない」[24]。ところが、コンディヤックは同じ『体系論』のなかで「原理」について以下のようにも述べている。

> 機械学〔mécanique〕[25]は、我々が物体において観察した力を利用することを教えてくれる。機械学は運動の法則に基づいており、自然を模倣することで、自然と同じように諸現象を生み出すのである。／それゆえ、機械学における体系は自然学における規則と同じ規則に従う。例えば複雑な機械や時計のなかには原因と結果

の進行が存在し、そうした進行はその原理を最初の原因〔une première cause〕のうちに有している。あるいは最初のもの〔un premier〕によって説明される諸現象の進行が〔機械や時計のなかに〕存在する。したがって、宇宙も巨大な機械でしかないのである。(26)

ここでひとつの矛盾が生じる。すなわち、このコンディヤックの一文は先ほどのニュートンを評価した理由と矛盾するのではないか。その矛盾について山口は以下のように指摘している。

(20) コンディヤックによる項目「原因〔CAUSE〕」では以下の説明がなされている。「ある結果を生み出すもの、広義では結果の契機であるもの。原理〔*principe*〕を参照せよ」(*id., art.* « CAUSE », *op. cit*, p. 112b)。項目「結果〔EFFET〕」の説明は以下の通りである。「ある原因によって生み出されたすべてのもの。結果は物理的なものと精神的なものに対しても使われる」(*id., art.* « EFFET », *op. cit*, p. 232b)。

(21) 山口裕之『コンディヤックの思想——哲学と科学のはざまで』、勁草書房、二〇〇二年、二五八頁以下。

(22) Condillac, *Traité des Systèmes*, *OP* I, p. 198b.

(23) *Ibid.*

(24) *Ibid.*, p. 200a.

(25) ここでは、通常〈力学〉と訳出される« mécanique »を「機械学」と訳した。なぜなら、「力学」では物体間の運動関係等の抽象的なものを扱う学が想起されるからである。コンディヤックが時計の例を多く用いているように、« mécanique »はむしろ歯車といった様々な部品から成るひとつの機構、構造に関する学である。ゆえに、「機械学」と訳した。

(26) *Ibid.*, pp. 212b–213b.

コンディヤックは、（……）「原因と結果の進行」の「原理」とは「最初の原因」であると述べていたのであった。つまり、ここではコンディヤックは原理を、一連の現象を開始させる最初の原因となる現象だと考えていたようである。時計など実際の機械について言えば、一連の歯車を回転させる最初のバネ仕掛けの運動が「原理」だということになる。そして、原理についてのこうした見方を太陽系に当てはめるなら、最初に惑星を運動させた力が原理だということになるであろう。しかしそれでは、原理は万有引力であるどころか、彼が批判するところの「自然の第一原因」〔第一原理 premiers principes de la nature〕だということになってしまう。(27)

山口が指摘するコンディヤックの言説上の矛盾について改めて考えてみよう。まず、コンディヤックがその探求を批判した「第一原理」とは何か。それは神的なものを指しているのだろう。世界のなかには、万有引力や慣性の法則といった様々な「原理」が存在する。ニュートンは宇宙がどのように生成したかについては問わず、現象の観察から原理を引き出すことを求めた。後のカントも宇宙の生成論的問題をアンチノミーとして人間の理性の領域から排除した。コンディヤックがニュートンを評価した理由は、ニュートンが神の領域と人間の領域を厳密に区別し、宇宙の生成という神の領域の問い、すなわち第一原理を不可知なものだとしたことに由来するのではないだろうか。このように考えると、コンディヤックにおける「第一原理」とは神的作用のことであり、最初から彼は神の領域に属する問いを退けていたのである。この点について山口の以下の指摘は適切であろう。「結局のところ、対象を再構成するという体系の順序は、その対象が実際に生成してきた順序を辿るものではなく、その対象を理解するために辿るべき順序なのである」。(28)

機械学についてコンディヤックが述べた『体系論』の箇所では、「第一原理」ではなく「最初の原因〔une

première cause〕」、「最初のもの〔un premier〕」と記されていた。この二者は時計のような機械内部の歯車の運動（「原因と結果の進行」）を駆動させる最初の一突きである。そして、宇宙自体をも「機械」とコンディヤックは見做している。この点を鑑みれば、いかにして世界が始動したのかを明らかにしたいというコンディヤックの欲望が伺える。つまり、ここでは原理ではなく生成の端緒という意味における起源の問題が問われている。しかし、実際の生成の順序と理解のための順序という二重化した発想がコンディヤックの哲学には存在するがゆえに、概念規定上の困難が表出するのである。

整理しよう。コンディヤックにおける「原理」概念とは、ある運動、つまりある因果関係を引き起こす原因である（例えば、重力）。この意味での「原理」とは非時間的なものである。なぜなら、つねに私たちはその原理を観察することができるからである。次に、彼の「起源」概念は因果の連鎖（「複数の中間的諸原因」「原因と結果の進行」）の果てにある「最初の原因」である。では、その最初の原因たる「起源」をいかにして知ることができるのか。それこそ、私たちが第一部にて確認した「分析的方法」なのである。この点を明らかにするために、『類義語辞典』の項目「起源」の概念規定に戻ろう。

コンディヤックは二つの説明を「起源」に与えている。まず、起源とは「遠くにある原因」である。「原因」は、それが引き起こす直接の結果とのペア（因果）としてコンディヤックによって定義されるが、「起源」はそう

(27) 山口『コンディヤックの思想』、二六二頁。
(28) 同書、二六〇頁。

ではない。次に、「起源と結果の間には複数の中間的諸原因が存在する」という説明に目を向けよう。コンディヤックの「原理」の最初の定義である因果の関係性に関する定義（「原因とは、生み出されたひとつの結果、あるいはその結果の契機であるもののみを指す」）を思い起こせば、起源と結果は中間的諸原因の連続によって単線的に結ばれると考えることができる。では、『類義語辞典』項目「起源」において、コンディヤックが参照せよと指示するもうひとつの項目「始まり」を見てみよう。

始まり〔commencement〕とは、ある事柄の最初の部分、あるいはある事柄が存在する最初の瞬間である。誕生〔naissance〕とは現れる瞬間である。起源とは誕生が負っているところの原理である。ある家の創始者はその起源である。ひとりの子供は母の胎内のなかにその始まりを持っており、彼の誕生とは彼が世界に現れた時である。(29)

まず、コンディヤックにとって「起源」は「原理」や「始まり」との類義語である。項目「原理」で説明された起源とは、ある結果に対する直接的な原因ではない（「起源とは、遠くにある原因である」）。ある結果から因果関係の連続を遡っていくことによって発見される「最初の原因」こそが、「起源」の意味内容であった。このことを説明するために、項目「始まり」のなかで、コンディヤックは家族の比喩を用いる。彼はひとりの子供をひとつのある結果として考える場合、家の創始者を「起源」に、母の胎内を「始まり」の場に、そして出産を誕生に喩える。子供が誕生するためには、その家系の存在が必要条件である。つまり、家の創始者が「誕生が負っているところの原理」である。家の存在という原因によって、母の胎内のなかで子供は「始まり」を持つのだが、子供がその胎内のなかで成長するためには多様な原因が存在する（例えば、細胞分裂や臍の緒からの栄養等々）。そして、最後に産み落とされることによって子供は誕生する。起源としての家の創始者から結果としての子供の間には、コンディヤックが述べたように「複数の中間的諸原因」が存在する。

それでは、これまでの議論をまとめよう。「原理」、「始まり」の二項目における「起源」概念を検討した結果、コンディヤックは「起源」をある結果の間接的、かつその結果と「複数の中間的諸原因」によって因果的かつ単線的に結ばれた所にある「最初の原因」と考えていたということがわかる。『人間認識起源論』においても、「起源」を「最初の原因」としてコンディヤックは考えており、序文にて先人の哲学者たちを批判しつつ以下のように説いていた。

しかしこうした哲学者たちのあれこれの誤りを発見できたとしても、その原因が見抜けなければ十分ではなかろう。つまり誤りのひとつの原因からそのまた原因へと遡り、最初の原因〔une première cause〕にまで到達せねばなるまい。[30]

第一章においてコンディヤックの分析的方法を検討してきた私たちは、コンディヤックの「起源」概念がこの

（29） Condillac, *art.* « COMMENCEMENT », *Dictionnaire des Synonymes*, *OP* III, p. 133a.
（30） *Id.*, *Essai sur l'origine des connaissances humaines*, *OP* I, p. 4a.（『人間認識起源論』上、一七頁。）

方法と非常に親和性が高いということにすぐに気づくであろう。彼の哲学において、観念の分析と歴史的展開の分析は同じ平面上に位置し、啓蒙の世紀の〈起源論〉はコンディヤックのこの方法と大きく重なるものであった。

このような思想潮流のなか、ルソーもディジョン・アカデミーに答える際にあえて「起源」という語を用いたことになる。しかし、第一部で確認したように、ルソーは〈起源論〉における常套手段であった〈分析的方法〉に対して繰り返し批判を投げかけていた。それではいったい、ルソーにはどのような〈起源論〉が描けたのだろうか。これを明らかにすることが本章の目的なのであるが、そのために次節では彼の『不平等起源論』の主題を検討しよう。

第二節　『人間不平等起源論』における批判

（a）先行者たちへの批判

ディジョン・アカデミーの懸賞問題を契機として執筆された『不平等起源論』の正式な題目は、『人間の間における不平等の起源と基礎に関する論文〔*Discours sur l'origine et les fondements de l'inégalité parmi les hommes*〕』である。教科書的理解で言えば、人類は平等な自然状態から不平等な社会状態へと移行したのであり、「自然法をどのように定義するとしても、（……）多くの飢えた人々が必要なものをこと欠くというのに、一部の人々が余分なもので満ちあふれているということは明らかに自然法に反している」[31]というのが『不平等起源論』の結論であった。こうして、ルソーは社会批判の思想家として連綿と語り継がれることになったのである。なるほど、『学問芸術論』および『不平等起源論』のルソーは社会の不正・欺瞞を徹底的に暴くラディカルな思想家であることは確かだ。

このような欺瞞が社会で蔓延している理由を、ルソーは人間たちのあいだで「人間についての知識」[32]が決定的に立ち遅れているためだと考えた。ゆえに、ルソーは『不平等起源論』のなかでこの知識を立ち遅らせている張本人である法学者や哲学者たちを激しく論難する。ルソーが批判の矛先を向けるのはホッブズ、ロック、グロティウス、プーフェンドルフ[33]といった「社会の基礎を検討した哲学者たち」[34]である。批判の要点は明解である。引用しよう。

社会の基礎を検討した哲学者たちは皆、自然状態にまで溯る必要を感じていたが、彼らのうちの誰ひとりそこに到達した者はいないのである。[35]

（31）Rousseau, *Discours sur l'origine de l'inégalité*, OC III, p. 194.〔四、二六三頁。〕

（32）*Ibid.*, p. 122.〔同書、一九〇頁。〕

（33）ルソーが彼らの作品の何をどの版で読んだかについては以下の文献を参照せよ。Cf. Robert Derathé, *Jean-Jacques Rousseau et la science politique de son temps*, 2e éd., Paris, Vrin, 1970〔1950〕, ch. II.〔ロベール・ドラテ『ルソーとその時代の政治学』、西嶋法友訳、九州大学出版会、一九八六年、第二章。〕

（34）Rousseau, *Discours sur l'origine de l'inégalité*, OC III, p. 132.〔同書、一九九頁。〕

この「哲学者たち」は、誰もが自然状態という起源に遡ることによって社会状態について語ることができると考えていた。だが、誰もその起源を把握できていない。これがルソーの批判の要点である。ルソーの言によれば、グロティウスは「この状態〔＝自然状態〕にいる人間に正不正の観念を躊躇いなく想定した」[36]が、なぜこれらの観念が自然状態に存在し、自然人にとって有益であったかを示さなかった。プーフェンドルフは「各人が自らに属するもの〔appartenir〕を保有する自然権〔Droit Naturel〕」[37]について語っていたが、所有とは何かを語ることはなかった。ホッブズは、「まず最強者に最弱者に対する権威を与えて、すぐに統治体制を作り上げてしまったが、権威や統治という語の意味が人間たちの間で存在する以前に流れ去ったはずの時間を考慮することはなかった」[38]。批判はロックにも及んでいる。家族共同体が自然状態にも存在することを主張するロックの「推論」を、ルソーは生殖活動における男女関係の偶然性・刹那性を強調することで明確に否定する。「ロックの推論は脆くも崩れ去る。この哲学者の弁証法〔Dialectique〕は、ホッブズや他の人々が犯した過ちから自らの推論を守ることができなかった」[39]。以上の先行者たちの「弁証法」の「過ち」をルソーは以下のように定式化する。

要するに、皆、欲求や貪欲や抑圧や欲望そして傲慢について絶えず語りながらも、我々が社会のなかで獲得した諸観念を自然状態のなかに持ち込んでいたのである。彼らは未開の人間について語りながら、都市の人間を描いていたのである。[40]

現在私たちが持つ情念や欲望は社会的生のなかで作りあげられたものであり、ゆえにこれらの諸観念を自然状態に反映することは、結果を原因にしてしまうことになる。この意味において、ホッブズやロックらの書物は「作り上げられたままの人間たちしか我々に示すことをしない学問の書物」でしかない。この種の批判は、ホッブズらの政治思想家以外の哲学者にも向けられる。そのひとりがコンディヤックである。『不平等起源論』第一部にて展開される言語起源に関する箇所でルソーはコンディヤックの名を挙げ、「私に最初の着想を与えてくれた」哲学者として評価する一方で、ホッブズらと同様の過ちを犯していると指摘する。そこでは「やり方」、つまり方法が問題視されている。

この哲学者〔コンディヤック〕が制度化された記号の起源[42]について自らに課した難問を解決するやり方〔manière〕は、まさに今私が問題としていること、すなわち言語の発明者たちのあいだですでにある種の社会

(35) *Ibid.*〔同書、同頁。〕
(36) *Ibid.*〔同書、同頁。〕
(37) *Ibid.*〔同書、同頁。〕
(38) *Ibid.*〔同書、同頁。〕
(39) *Ibid.*, p. 218.〔同書、二八五頁。〕
(40) *Ibid.*, p. 132.〔同書、一九九頁。〕
(41) *Ibid.*, p. 125.〔同書、一九四頁。〕
(42) コンディヤックは『人間認識起源論』第二部第一節で言語の起源を論じているが、ルソーの議論とは異なり、コンディヤックの出発点は人間同士の交流がすでに始まっている状態である。

が打ち立てられていることを前提にしてしまっている。(43)

ところで、『不平等起源論』以後に執筆された『戦争法諸原理 *Principes du droit de la guerre*』(44)においてもルソーは『不平等起源論』にて展開されたタイプの批判を繰り返している。

ホッブズや哲学者たちの誤謬は、自然人を自分たちが目のあたりに見ている人々と混同して、ある理論のなかにほかの理論のなかでしか生存しえない存在を持ち込むことなのだ。(……)。ある皮相な哲学者〔ホッブズ〕は、社会という酵母〔levain〕のなかで何回となく繰り返し発酵した〔fermentées〕魂を観察して〔observer〕、その結果人間を観察したと信じている。しかし、人間をよく知るためには、その感情の自然な推移〔la gradation naturelle de ses sentiments〕を見分けなければならず、そして、人間の魂に刻み込まれた自然の最初の痕跡〔trait〕を、大都会の住人のなかに探究すべきではない。(45)

ルソーは「酵母」の発酵というメタファーや「観察」という語句を用いてホッブズらの方法を当て擦っている。ホッブズはすでに発酵してしまった人間（「自分たちが目のあたりに見ている人々」、「大都会の住人」）を観て、「自然人」を研究したと考えた。『不平等起源論』で展開された批判とまったく同種のものであることが確認できるだろう。そして、ルソーはこのホッブズらの方法を「分析的方法」と呼ぶのである。

したがって、この分析的方法〔méthode analytique〕は謎と神秘を提供するだけであり、そこではもっとも賢い

(43) *Ibid.*, p. 146.〔同書、二一四頁。〕

(44)『戦争法諸原理』は、近年ブリュノ・ベルナルディら研究グループによって〈再発見〉されたルソーのテクストである。これまで断片『戦争状態は社会状態から生まれるということ *Que l'état de guerre nait de l'état social*』(ヌーシャテル大学図書館所蔵)および断片『戦争と戦争状態 *Guerre et état de guerre*』(ジュネーヴ大学図書館所蔵)は別々の断片であると考えられてきたのだが、ベルナルディらは両断片がルソーによって構想された『戦争法諸原理』の一部であると主張した(Rousseau, *Principes du droit de la guerre : écrits sur la paix perpétuelle*, sous la direction de Blaise Bachofen et Céline Spector, édition nouvelle et présentation de l'établissement des textes par Bruno Bernardi et Gabriella Silvestrini, textes commentés par B. Bachofen et al., Paris, Vrin, 2008 ; *Id.*, *Principes du droit de la guerre*, texte établi, annoté et commenté par B. Bernardi et G. Silvestrini, Paris, Vrin, 2014)。一七五八年三月九日付書簡にてルソーはアムステルダムの出版人レイ(Marc Michel Rey, 1720–1780)に「私の『戦争法諸原理』はまだ準備できておりません」と書き送っている(*Rousseau à Marc Michel Rey*, le 9 mars 1758, n° 626, *CC* V, p. 51)。プレイヤード版全集三巻(白水社版全集では第四巻)にこれら両断片は採録されたが、編者の恣意的な改変および組み替えによって両断片は別々のものとして区別されてしまった(*OC* III, pp. 601–616 et 1899–1904)。だが『戦争法諸原理』は『社会契約論』と合わせて準備された作品であり、『社会契約論』では論じられなかった国際関係論をその対象としている。『戦争法諸原理』そのものについての読解はバコフェンの研究を参照せよ(ブレーズ・バコフェン「ルソーの政治思想における戦争論——戦争するとは何をすることか?」(三浦信孝訳)、『思想』、岩波書店、二〇一六年九月号、三四—五五頁)。また幸運なことに、私たちはベルナルディらが〈再発見〉した『戦争法諸原理』をすでに日本語で読むことができる(『人間不平等起源論　付「戦争法原理」』、坂倉裕治訳、講談社学術文庫、二〇一六年)。以上の点を踏まえつつも、テクスト的煩雑さを防ぐために、私たちは『戦争法諸原理』の引用に関して基本的にプレイヤード版全集(および白水社版全集)を用いる。Vrin 版を参照する際は適宜示す。

(45) Rousseau, *Que l'état de guerre nait de l'état social*, *OC* III, pp. 611–612.〔四、三八四頁。〕ドラテとヴォーンは、この断章が一七五三年から五六年の間に書かれたと推定している。ドラテは『不平等起源論』と『政治経済論』、『戦争状態』は同一時期(一七五三—一七五五年)に編纂されたと考えている(Derathé, *Jean-Jacques Rousseau et la science politique de son temps*, p. 56.〔ドラテ者でも理解するところがない。（……）／彼らは自分の見るものしか認識せず、決して自然を見なかった。彼らはロンドンやパリのブルジョワとはなにかをよく知っている。しかし彼らは人間とは何かを知らないのである。[46]

第一部を通じて私たちが検討してきた「分析的方法」がここで突如現れる。この言葉は『不平等起源論』では登場しない。本書序論においてすでに言及したように、この一語からルソーの方法は分析ではなく発生であるという解釈が生まれたのである。[47]

とはいえ、なぜルソーはホッブズらの方法を「分析的方法」と呼んだのか。本書第一章第一節で確認したように、『市民論』のなかでホッブズは「国家の権利や市民の義務に関して探究するためには、なるほど国家をほんとうに解体する必要はないが、しかし少なくともそれをあたかも解体したかのようにして考察する必要がある」[48]と述べていた。ルソーがホッブズの何を読んだのかは定かではないが[49]、ホッブズの方法を「分析的方法」と呼ぶ理由のひとつは『市民論』序文における方法[50]についての言及箇所であろう。だがこの表面的な命名の問題に留まらず、分析的方法に付随する理論的な問題について、私たちは本書第一部を通じてコンディヤックを軸に据え検討してきたのだった。

思い起こそう。分析的方法とは分解と再構成という二つの作業を内包するひとつの推論の技術であった。各作業において、各命題はひとつの鎖として形成されることが重要な点であった。すなわち、連続的に推論は構成されねばならない。そして、その連続性を担保するのが自同性原理であった。これが主としてコンディヤックの認識論における分析的方法の意味内容である。そして前節で確認したように、コンディヤックの〈起源〉概念はこの認識論のもとで規定されている。〈起源〉と〈現在〉は「複数の中間的諸原因」によって満ちている。言い換えれば、生成過程は連続的に構成されており、間隙は存在しない。これがコンディヤックの考える〈起源論〉であった。

ホッブズの場合も事情は同じである。つまり、現在の人間の「魂」を分解し、単純な心的要素を発見すること

『ルソーとその時代の政治学』、四七頁〕）。しかし、プレイヤード版校正者のステラン＝ミショーは、『不平等起源論』と『戦争状態』における国家概念の相違から一七五六年から五八年の間に『戦争状態』が執筆されたと推定する（*Introduction*, OC III, p. CXLVII）。そして、ベルナルディらは五五年夏から五六年春に書けて執筆されたと結論づけた。

(46) ROUSSEAU, *Que l'état de guerre naît de l'état social*, OC III, p. 612. ベルナルディらの研究によれば、この一節は先のホッブズ批判の段落に付されたルソーによる注であるようだ（*Principes du droit de la guerre*, texte établi, annoté et commenté par B. Bernardi et G. Silvestrini, Paris, Vrin, 2014, p. 30, note 2）。

(47) DERATHÉ, *Jean-Jacques Rousseau et la science politique de son temps*, p. 132.〔ドラテ『ルソーとその時代の政治学』、一二一頁。〕

(48) Thomas HOBBES, *De Cive*, Oxford, Oxford Clarendon Press, 1983, p. 79.〔ホッブズ『市民論』、本田裕志訳、京都大学学術出版会、二〇〇八年、一八頁。〕

(49) ドラテはルソーがラテン語版『市民論』（一六四二年）だけではなく、サミュエル・ソルビエールによる『市民論』仏訳（一六四九年）およびラテン語版『リヴァイアサン』（一六六八年）を読んだ可能性があると指摘しているが、ドラテの説に根拠はない（DERATHÉ, *Jean-Jacques Rousseau et la science politique de son temps*, pp. 103–104.〔ドラテ『ルソーとその時代の政治学』、九一―九二頁〕）。

(50) ソルビエールによる一六四九年の仏訳版『市民論』では先の引用箇所の段落冒頭で « méthode » と訳出されている。

で、「人間の本性がどのようなものであるか、どのようなものから国家を組み立てるのが適切または不適切であるか、また融合しようと欲する人々はどのような仕方で互いに統合されなければならないかを正しく理解する[51]」ことが可能となるのである。このようにホッブズの「分析的方法」を鑑みた場合、やはり問題はコンディヤック同様、連続的に分析が為される必要があるという点にある。この考えを自然状態と社会状態という認識枠組みに当てはめれば、これら二つの状態は連続的に繋がっていなければならないということになる。

人類史を描くにせよ、ある政治体制を説明するにせよ、自然状態と社会状態は連続的に記述されねばならない。これこそ分析的方法が満たすべき要件なのである。だが、〈連続的に説明する〉ということにはひとつの困難が付きまとう。というのも、自然状態と社会状態が連続するのであれば、分析が開始される社会状態は自然状態の結果であることになるのだが、同時に分析によって発見される自然状態は社会状態の結果でもあらねばならないからである。つまり、社会状態における諸要素の原因を含んでいるという想定のもとで自然状態は構築されるのであり、この場合、自然状態は社会状態が生み出したものと言える。このような事態をアルチュセールは「円環」という表現を用いて説明している。

〔ホッブズやロックら〕理論家たちが自然状態に訴える際、その訴えは円環〔cercle〕として機能します。この円環はまず自然状態の規定に見てとれる。自然状態が社会状態の規定を通じて考えられているからです。自然状態の人間に、社会ではじめて意味をもち、社会状態の人間のものでしかありえない規定、情念・属性・能力（例えば理性・自尊心）が帰されている。理論家たちの円環は、その思考形式が円環をなしているところにあります。結果であるはずの社会状態が起源に投影され、そのために起源から結果が生じることが容易になっているのです。ところがそれは、結果を起源として投影し、前提することにほかならない。こうして自然状態は容易に自己原因となり、起源の意匠のもとで自己正当化される。ここにあるのは反復だからです。[52]

ルソーは「彼らは未開の人間について語りながら、都市の人間を描いていたのである[53]」と述べホッブズらを批判したのだが、その理由は「都市の人間」という研究対象の選択的誤謬というだけではなく、「思考形式」の「円環」に存する。円環を形成する形で自然状態は構築されてきた。ゆえに、「彼らのうちの誰ひとりそこに到達した者はいない[54]」のであり、ただそれは「社会状態に実在するものを合理化する[55]」ことでしかない。だが、この円環としての思考形式は既成事実を正当化したい者たちにのみ存するのではない。既成事実、既成権力への攻撃をする者たちもまた円環の思考形式をとっているのである。ブロニスラフ・バチコが指摘したように啓蒙主義の進行を「起源の問い」の増加にあると主張したとしても[56]、その問いを発した者たちもまた「自分が望むような社会の未来を起源に投影し、起源において基礎付けることで合理化しようとするユートピア主義[57]」を目論む者たちな

(51) HOBBES, *De Cive*, p. 79.〔ホッブズ『市民論』、一八頁。〕
(52) ALTHUSSER, *Cours sur Rousseau*, p. 62.〔アルチュセール『政治と歴史』、四一一頁。〕
(53) ROUSSEAU, *Discours sur l'origine de l'inégalité*, OC III, p. 132.〔四、一九九頁。〕
(54) *Ibid.*〔同書、同頁。〕
(55) ALTHUSSER, *Cours sur Rousseau*, p. 62.〔アルチュセール『政治と歴史』、四一一頁。〕
(56) Bronisław BACZKO, *Rousseau : solitude et communauté*, tr. C. Brendhel-Lamhour, Paris, Mouton, 1974, p. 61.

のである。
アルチュセールの「円環」を私たちの言葉で言い換えるならば、それは〈鎖〉である。分析的方法は出発地と目的地が連続的に結ばれる鎖を形成する。つまり、分析的方法を通じて起源の問いを思考することは必然的に円環という鎖を作り上げることに繋がる。

以上のことから、アルチュセールは「起源に訴えることが、あらゆる意味で、存在する者を合理化するための偽装された形式にすぎないとルソー以上にはっきりと公言した人はいません[58]」と主張する。そうであれば、『不平等起源論』においてルソーが成すべきことはひとつである。それは円環からの脱出である。これによってこそ、ルソーは誰も到達したことのない真の自然状態に達することができるのである。だが、この脱出は困難である。というのも円環から脱するには、「世紀の精神[59]」とは別の思考形式、つまり分析的方法ではない〈別なる方法〉が要求されるからだ。

（b）自然状態と社会状態における断絶の問題

どうすれば私たちは、自然状態と社会状態が互いに連結している〈円環〉から脱することができるのか。ひとつの解答は、両者を断絶させることである。事実、多くの解釈者たちが指摘してきたように、『不平等起源論』では自然状態と社会状態が断絶しているように見える[60]。「自然の叫び声」から分節音言語への移行の起源や所有の起源について、すなわち自然状態から社会状態への移行の起源についてルソーは明確な解答を与えず、「一種の暴力的な——破局的な——中断[61]」が自然状態と社会状態のあいだには存在している。このことは理論的にもテクスト上の表現的にも確認できる。

理論的観点から見ていこう。ルソーの自然状態を生きる自然人は、ホッブズら先行者たちのそれとは異なり、他者とコミュニケートするのに必要な「社会性〔sociabilité〕」を備えていない。自然人が有するのは「理性に先立つ二つの原理」である。すなわち、

> ひとつは我々の安楽と自己保存に対して強い関心を抱かせ、もうひとつは可感的存在者や主に我々の同類が死んだり苦しんだりするのを見ることに対して自然な嫌悪感を我々にかきたてるのである。[62]

---

(57) Althusser, *Cours sur Rousseau*, p. 63.〔アルチュセール『政治と歴史』、四一二頁。〕
(58) *Ibid.*〔同書、四一一頁。〕
(59) Jean Starobinski, « Rousseau et la recherche des origines », *Jean-Jacques Rousseau : la transparence et l'obstacle, suivi de Sept essais sur Rousseau*, Paris, Gallimard, 1971, p. 324.〔ジャン・スタロバンスキー「ルソーと起源の探求」(山路昭訳)、『現代思想』、一九七四年五月号、二一一頁。〕
(60) Jacques Derrida, *De la grammatologie*, Paris, Éditions de Minuit, p. 365〔ジャック・デリダ『グラマトロジーについて』下、足立和浩訳、現代思潮新社、二三三頁〕; Victor Goldschmidt, *Anthropologie et politique : les principes du système de Rousseau*, Paris, Vrin, 1974, p. 219.
(61) Jacques Derrida, « Le cercle linguistique de Genève », dans *Marges de la philosophie*, Paris, Éditions de Minuit, 1972, p. 173.〔デリダ「ジュネーヴの言語学サークル」『哲学の余白』上、高橋允昭・藤本一勇訳、法政大学出版局、二〇〇七年、二四八頁。〕
(62) Rousseau, *Discours sur l'origine de l'inégalité*, OC III, p. 126.〔四、一九四頁。〕

いわゆる自己保存の原理と憐れみの情pitiéの原理である。この二つの原理さえあれば、社会性を自然状態に導入することなく、自然法が存在するのと同じような効果を社会状態に生み出すことができる。多くの同時代人たちが社会性を人間の基本的性向と規定し、この性向によって他の動物に対する人間の種の優位を示したにもかかわらず、[63]ルソーはこれを自らの自然状態から排除したのであった。

そしてもうひとつ重要な理論的装置が私たちが第一部第二章で議論した自己改善能力である。そこで確認したように自己改善能力はそれ自体では発展することがない。『不平等起源論』第一部末にて、ルソーはこのことを明確に述べている。

自己改善能力や社会的徳、そしてその他の自然の人間が潜在的に授かった諸能力はそれら自身では決して発達することができなかったということ、それらの諸能力を発達させるためには、複数の外的原因の偶然の協力が必要であったこと、その外的原因は決して生じないこともありえたこと、そしてそれらの原因がなかったなら自然の人間は永遠に原初的体制のままであっただろうということを私は示した（……）。[64]

自然状態は偶然的な事態に陥らなければ社会状態に移行することがない。ルソーの理論において、一方から他方への移行の必然性は皆無である。自然状態と社会状態のあいだにはロジカルな繋がりは存在しない。自然状態は「いつも同じ秩序であり、いつも同じ循環〔révolutions〕」[65]なのである。

さて、次にレトリック的、表現的観点から自然状態と社会状態の断絶を見てみよう。理論体系に限らず、テクストの表現的側面においてもルソーは慎重に自然状態と社会状態の円環を断ち切っている。私たちが着目したいのは〈思いつく s'aviser〉という表現である。[66]『不平等起源論』のなかで、ルソーはこの語を三度使用している。しかも、三度すべてが人類の歴史にとって革命的な大変化を描写する瞬間に割り当てられている。そして、この〈思いつく〉は物語的ないし歴史的記述を意味する単純過去の形（s'avisa）で用いられている。以下、その箇所を引用しよう。最初は言葉の起源の場面である。

ひとは身振りの代わりに声を分節化することを思いついた。[67]

次は第二部冒頭の有名な一節であり、それは所有の起源の場面である。

ある土地に囲いをして、「これはおれのものだ」と最初に思いつき、それを信じてしまうほど単純な人々を見つけた人こそ、政治社会の真の創設者であった。[68]

(63) René HUBERT, *Les sciences sociales dans l'encyclopédie : la philosophie de l'histoire et le problème des origines sociales*, Paris, F. Alcan, 1923, pp. 164–165.
(64) ROUSSEAU, *Discours sur l'origine de l'inégalité*, OC III, p. 162.〔四、二三〇頁。〕
(65) *Ibid.*, p. 144.〔同書、二一二頁。〕
(66) 管見の限り、このルソーの表現に着目したのは古茂田宏のみである。古茂田宏「ルソーにおける「情念」概念の構造」『倫理學年報』、第二九号、一九八〇年、二七頁。
(67) ROUSSEAU, *Discours sur l'origine de l'inégalité*, OC III, p. 148.〔四、二一六頁。〕

最後が家族の起源である。自然状態では存在しない家族という社会が誕生する場面である。

こうした最初の進歩によって、ついに人間はよりすみやかに進歩をするようになった。(……)やがて、最初に出会った木の下で眠ったり、洞窟のなかに引きこもったりするのをやめて、堅くてよく切れる石の斧のようなものを見出した(……)。次いで小屋を粘土や泥で塗り固めようと思いついたのである。これが家族の成立とその区別とを形成し、一種の所有を導入した最初の革命の時代であり、所有からはおそらくすでに多くの争いや戦いが生じた。(69)

これら三つの場面は、どれも人類史にとってクリティカルな場面である。言語の起源、所有の起源、家族の起源は哲学史上重要な主題であり、これらの問いに対して多くの哲学者たちが解答を試みてきた。こうした問いを前にして、ルソーの筆致はあまりにも軽やかである。というのも、「思いついた」という表現はなんら起源を説明していないからだ。なぜ思いついたのかを説明しない限り、これらの起源を説明したことにはならないだろう。

ところで、本書第二章第三節において私たちは〈思いつく〉という表現とすでに出会っている。それは、『エミール』第四巻における抽象観念の獲得に関する箇所である。

最初の抽象観念は梯子の一段目なのだが、いかにしてそれを構築することをひとが思いつく〔s'aviser〕のか私にはとても理解できない。(70)

ここでは、感覚論哲学の枠組みにおいて〈いかにしてひとは抽象観念を生み出すのか〉という生成の問いが提示され、そしてその不可能性、断絶が〈思いつく〉という表現によって強調されていた。にもかかわらず『不平等起源論』では、ルソーは言語、所有、家族の起源を明確には説明せず「思いついた」という表現でそれらの問いを軽々と越えてしまう。言い換えれば「思いついた」という創発的表現は[71]、自然状態から社会状態への移行の論理的説明の拒否を示しているのである。

さて、私たちは理論的および修辞的観点から『不平等起源論』における自然状態と社会状態の断絶の様相を確認してきた。ルソー研究において、この断絶は低く評価されてきた。例えば、ドラテは「自然状態から文明状態へ、あるいは、もしその表現を欲するなら、純粋に本能的な生から合理的な生への移行は、ルソーの体系中もっとも弱い部分である」と評している[72]。またエージェルダンジェは、ルソーが「神の摂理」を持ち出すことによっ

（68）*Ibid.*, p. 164.〔同書、二三二頁。〕

（69）*Ibid.*, p. 167.〔同書、二三六頁。〕

（70）ROUSSEAU, *Émile*, OC IV, p. 551.〔六、三五三頁。〕

（71）例えば『トレヴー辞典』（一七四三年、第四版）では« s'aviser »は「発明」や「発見」と結びつけられている。Cf. Art. « AVISER », *Dictionnaire universel français et latin, vulgairement appelé Dictionnaire de Trévoux*, 4e éd., t. I, Paris, La Veuve de Delaulne, 1743, p. 857a.

（72）Robert DERATHÉ, *Le rationalisme de J.-J. Rousseau*, Paris, PUF, 1948, p. 30.〔ロベール・ドゥラテ『ルソーの合理主義』、田中治男訳、木鐸社、一九七九年、二三三頁。〕

て、自らの理論の論理的不備を辛うじて解消している、と判断している。[73] つまり、彼らは移行の説明をルソーに要求している。私たちの考えでは、これらの評価ないし要求は評者たち自身が円環の思考形式、つまり分析的方法の発想に陥ってしまっていることの証左であると言わざるをえない。

反対に、この断絶を好意的に読み取ろうとする解釈者たちも存在する。例えば、バチコは「一見したところ、『不平等起源論』の著者は自然状態から社会状態への移行の問題が問われることから逃れるように自然状態の観念を構築したように見える。自然状態が出口のないような閉じた円環であるように見える限り、自然と文化の対立は激しさを増す」[74] と述べた。つまり古茂田が指摘したように、ルソーにとって移行の記述の欠落は「両者〔自然状態と社会状態〕の本質的差異性を強調するために不可欠の論理」[75] であり、自然と人為を徹底的に対立関係へと導くことで、自然が社会批判としての効力を有することになり、人為性の不自然さを強調することができるようになったのである。

断絶に対するこのような好意的解釈には同意できる点もあるが、私たちが導きたいものはそれとは異なる。というのも、自然と人為の差異性を強調するだけに留まらず、ルソーは歴史記述という観点から新しい方法を実践しようとしていたからである。断絶を強調しすぎることは、この点を見過ごすことに繋がる。すなわち、歴史家ルソーの方法という視点から『不平等起源論』を読むことによってこそ、このテクストの新しさが把握できるのである。その方法とは、断絶を孕む歴史叙述を提示することにある。これを論じる前に、先にルソーにおける自然状態の措定の問いを検討することにしよう。

第三節　自然状態の措定とその正当化の戦略

本書第三章ですでに見たように、ルソーは分析的方法によっては〈起源〉すなわち「原初的真理」を発見できないと考えていた。感覚の分析を通じて、根源的なものを発見することは不可能である。『不平等起源論』の前後に書かれた『化学教程』や『道徳書簡』のなかに、このテーゼを見出すことができる。そして、『不平等起源論』においてもこのテーゼは存在する。「時と海と嵐によってあまりにも姿を変えられてしまったグラウコスの彫像」[76]のイマージュに託される形で、「人間の現在の本性における起源的にあるものと人為によるものを区別する」[77]ことがいかに困難であるかが述べられるのである。この困難は、『戦争法諸原理』のなかで用いられていた「人間の魂」のメタファーである「酵母」と「発酵」という語においても読み取ることができるだろう。発酵以前の物質と発酵後の物質の質的差異および発酵したものを発酵以前に戻すことの困難ないし不可能性は、『化学教程』を書いたルソーにとって既知の事実であったはずである。[78]

(73) Marc EIGELDINGER, *Jean-Jacques Rousseau et la réalité de l'imaginaire*, Neuchâtel, Baconnière, 1962, p. 120.

(74) BACZKO, *Rousseau : solitude et communaute*, p. 88.

(75) 古茂田「ルソーにおける「情念」概念の構造」、二〇頁。

(76) ROUSSEAU, *Discours sur l'origine de l'inégalité*, OC III, p. 122.〔四、一九〇頁。〕

(77) *Ibid*., p. 123.〔同書、一九一頁。〕

(78)『化学教程』のなかでルソーは発酵現象を以下のように説明している。「発酵とは凝集的物体のなかで火の力が生み出す運動

私たちはすでに、自然状態をいかに措定するかというこの問題に対する答えを別の文脈から検討してきたのであった。すなわち、ルソーが自然状態を発見した方法とは、本書第三章で議論した「原初的真理の証明」としての「内的感覚」[79]である。アルチュセールも私たちの考えと同様に、円環からの脱出方法を「考える心〔*un cœur qui pense*〕」[80]である内的感覚に見ている。ただ同時にアルチュセールは内的感覚への依拠というルソーの姿勢そのものも、哲学者たちの「起源による思考の構造」[81]という円環から出ることはできないと指摘している[82]。だが、内的感覚は感覚論者が言うような単なる感覚の直接性、真実性ではないということはすでに指摘した。パスカル的色彩を帯びた「内的感覚」は、理性的真理（分析的方法による真理）とは異なる、もうひとつのルソーにとっての真理の導き手であった。同様の操作が『不平等起源論』でもおこなわれている。つまり自然状態は分析的方法による発見ではなく、内的感覚によって〈まず始めに〉措定される[83]。ルソーにとって、虚構であったとしてもそれはデカルトのコギトと同様に哲学的原理としての強度を持つものなのである。ゆえに、自然状態をルソーは理知的に記述するのではなく、体験したかのごとく「目に浮かぶ〔＝私は見た、je vois〕」と記述するのである。

人間が自然の手を離れたままであるに違いないような人間を考察すると〔considérer〕、ある動物よりは強くなく、他の動物よりも機敏ではないが、結局はすべての動物のなかでもっとも有利に構成された一匹の動物が目に浮かぶ〔je vois〕。樫の木の下で腹いっぱい食べ、最初の小川で渇きを癒やし、食事を与えてくれた木と同じ木の下で寝床を見出す動物が目に浮かぶ〔je vois〕[84]。

とはいえ、『不平等起源論』ではルソーは「内的感覚」という語を用いていないということに注意しよう。

である。この凝集的物体を構成している塩的、油的そして土的な諸部分は互いに強く結合していない。長時間に渡る諸部分同士の衝突とその衝撃でそれらは分裂し、分解される。だが恒常的な運動によって諸部分は細かくなり〔固有の力が〕弱まっていく。そして〔諸部分の〕新しい面同士を通じて互いに合致することで、これら諸部分は完全かつ持続的な新しい結合を形成する（……）」（Rousseau, *Institutions chimiques*, texte revu par B. Bernardi et B. Bensaude-Vincent, Paris, Fayard, 1999, pp. 324–325）。ただし酵母＝パン種のメタファーには、聖書における堕落（発酵＝腐敗）のモチーフが残響しているようにも思われる（「コリント人への第一の手紙」五：六―八）。すなわち、善悪のない自然状態に生きる無垢な人間が脱自然化（発酵）を経て悪徳への道へ進むというルソーの認識がこの「酵母」と「発酵」というメタファーに表出しているとも考えられる。

（79）Rousseau, Ms. R. 18, f. 34 ; *Disjecta membra*, *ET* IX, p. 463.

（80）Althusser, *Cours sur Rousseau*, p. 80.〔アルチュセール『政治と歴史』、四二三頁。〕

（81）*Ibid.*,〔同書、同頁。〕

（82）とはいえ、アルチュセールは見かけ上のルソー的「反復」を「古い哲学的対象にかかわる新しい哲学的対象」の創出であると主張する（*ibid.*, p. 85.〔同書、四二七頁〕）。ここにアルチュセールのルソー読解のダイナミズムが存在する。この点については以下の文献を参照せよ。王寺賢太「起源の二重化――アルチュセールのルソー『人間不平等起源論』読解（一九七二）」『現代思想』、青土社、二〇一〇年一〇月号、九〇―九一頁。

（83）Yoshiho Iida, *La « religion civile » chez Rousseau comme art de faire penser*, Thèses de doctorat, Université Grenoble Alpes, 2015, p. 30.

（84）Rousseau, *Discours sur l'origine de l'inégalité*, *OC* III, p. 134.〔四、二〇三頁。〕この引用文の直前でルソーは以下のように言って当該引用文を開始している。「このように構成されたこの存在から、受け取ったかもしれない超自然的なあらゆる贈り物と長い進歩を通じてのみ獲得されたあらゆる人為的能力をはぎ取り〔dépouiller〕、いわば」（*ibid.*〔同書、同頁〕）。この「取り除き」という語は分析的方法を想起させるが、「いわば」という言い換えによって分析から内的感覚へと方法の転換を皮肉的に示している。というのも、この前段落の第一部冒頭でルソーは解剖学的知見を批判しており、かつ「はぎ取る」という語は解剖学を想起させる単語であるからだ。例えば、アカデミー辞典（一六九四年版）では « dépouiller » は「皮を剝ぐ enlever la peau」を一七五三年十一月から翌年六月に執筆された[85]『不平等起源論』において「内的感覚」という語は登場せず、この語が明確な日付をもって確認されるのは一七五八年二月十八日付のヴェルヌ宛書簡である。「それゆえ私はそこで理性を離れ、自然すなわち私の理性とは独立に私の信念を導く内的感覚に従いました」[86]。この書簡は、『道徳書簡』を書き終えたとされる時期と一致する。また、別の問題も生じる。その問題とは、自らの「内的感覚」への依拠という方法についての釈明である。ホッブズらと同様、自らもまた社会のなかで生きる存在であるにもかかわらず、なぜルソーだけが自然状態という起源へと到達することができたのか。自らに付与した特権的地位の正当性は何によって担保されるのか。サン゠ジェルマンの森のなかで[87]、ルソーはいかにして円環から脱して自然状態を見出すことができたのか。

語彙上の問題と正当化の問題について答えるべく、私たちは『不平等起源論』序文冒頭[88]に付されたルソーによるひとつの注に着目したい。その注でルソーは「私の最初の一歩から、哲学者たちから尊敬されている権威のひとつを信頼を持って私のよりどころとする」と述べ、ビュフォンの『博物誌』「人間の本性について」[89]から引用をおこなっている。ルソーが引くビュフォンの記述は以下の通りである。

我々が自分自身を知ろうとすることにどれほど関心をもっていようと、自分ではないものすべての方をよりよく知っているかどうか私には分からない。自然から与えられ、もっぱら我々の保存だけに向けられた身体器官〔organes〕を、我々は外的な印象を受け取ることにしか用いておらず、我々を外側に広げ、自分の外で存在することだけしかしようとしないのである。我々の感官の機能を増加させ、自らの存在の外部への拡張を増進させようと努めるあまり、我々を真の大きさへと連れ戻し、我々から我々ではないものを引き離す内的感官[90]〔sens intérieur〕を我々が使用することは滅多にない。しかしながら、我々が自分自身を知ろうと欲す

意味するとされている（*Dictionnaire de l'Académie française*, 1ère éd., t. I, 1694, p. 316a)。

（85）Blaise BACHOFEN et Bruno BERNARDI, « Introduction », in *Discours sur l'origine et les fondements de l'inégalité parmi les hommes*, introduction, notes, bibliographie et chronologie par Blaise Bachofen et Bruno Bernardi, Paris, GF Flammarion, 2008, p. 11.

（86）*Rousseau au ministre Jacob Vernes*, le 18 février 1758, n° 616, *CC* V, pp. 32–33.〔十三、四三二頁。〕

（87）「この大問題〔ディジョン・アカデミーの問題〕を思いのまま思索するために、サン゠ジェルマンへ一週間ほど旅行した。テレーズと、好人物の下宿の女主人、そして彼女の女友達のひとりがいっしょだった。この遠出は、私の生涯でもっとも心地よい遠出のひとつに数えられる。（……）テレーズは彼女たちと楽しみ、私はなんの気苦労もなく、食事の時間にやって来ては、遠慮なく笑い興じるのだった。それ以外の時間は、一日中森のなかに深く入り、そこに原初の時代のイマージュを求め、見出し、その歴史を誇らかにたどるのだった」（ROUSSEAU, *Confessions*, *OC* I, p. 388.〔一、四二一頁〕）。

（88）「あらゆる人間の知識のなかでもっとも有用でもっとも立ち遅れているものは人間についての知識であるように私には思われる」（ROUSSEAU, *Discours sur l'origine de l'inégalité*, *OC* III, p. 122.〔四、一九〇頁〕）。

（89）一七四九年に『博物誌』の最初の三巻が四つ折り本で刊行されたが、一七五二年には十二折り版も出版された。ルソーが用いているのは十二折り版の方である。

（90）多くの『不平等起源論』邦訳においてこの« sens intérieur »は「内的感覚」と訳されているが、ここでは« sens »を「感官」と訳した。というのも、ルソーは引いていないが、ビュフォンはこの箇所の少し後で「内的感覚〔sensation intérieure〕」という用語も用いており、上の箇所では身体器官への言及および「機能」や「使用」という表現との組み合わせから、« sens »が器官を意味しているように思われるからである。また後で指摘するように、『博物誌』第四巻「動物の本性についての論説」においてビュフォンは« sens intérieur »を「純粋に物的な感官」とも述べている。

るならば、この感官を使わなければならないのである。唯一この感官によってこそ自分自身を判断できるのだ。だが、どうすればこの感官を活動させ、展開させることができるだろうか。この感官が住まう我々の魂を、我々の精神のすべての幻想から救い出せるだろうか。我々は魂を使う習慣を失ってしまっており、魂は肉体的感覚〔sensations corporelles〕の喧噪の只中で働かないままであり、情念の炎に炙られ干からびてしまっている。心、精神、感官も、すべてが魂に逆らって働いていたのである。(91)

この一文は「人間の本性について」の冒頭部分である。それをルソーは引用している。人間の博物誌を開始するための方法からビュフォンは始めるのだが、まずその困難を告白している。自分自身よりも自分以外の方を人間は知っているのではないかというビュフォンの不安は、自らを認識することを可能にする感官の不具合に由来する。その感官こそ「我々から我々ではないものを引き離す内的感官」である。別の箇所でビュフォンは動物の「内的感官」について言及している。それは「純粋に物的な感官」(92)、つまり脳である。感覚的印象の原因となる存在(例えば日光)が不在の場合でも、内的感官はその印象を「保存」することができる(夜でも日光の印象が保存される)。ビュフォンはこの感官を人間にも想定している。「動物の内的感官は外的感官と同様にひとつの器官、ひとつの機械仕掛けから成るもの、純粋に物的な感官なのである。動物同様、我々も物的な内的感官を持っている」(93)。ただし、内的感官は印象を「保存」するだけであって、反省能力や思考がここに割り当てられているわけではない。(94)「その上、我々はまた別の上位的本性をもつ感官も有している。それは我々を生気づけ導く霊的実体に宿っている」(95)。つまり、ビュフォンは「内的感官」を思考や反省が働く場所とは考えていない。このような内的感官を用いた自己認識に対して、ビュフォンは疑いの念を示している。なぜならば、目や耳、手といった外的感官から受け取った感覚とそれによって増幅される情念にばかり人間は囚われており、人間の精神は「内的感覚[96]」を生み出す内的感官を意識して使用する機会を失っているからである。以上が、ルソーが引いたビュフォンの記述の内容である。

（91）ROUSSEAU, *Discours sur l'origine de l'inégalité*, *OC* III, pp. 195–196.〔四、二六五頁。〕; BUFFON, « Histoire naturelle de l'homme », *HN* II, pp. 451–452.

（92）「それゆえ私は、動物において感官に対する対象の作用は脳に対する別の作用を生み出していると考える。そして私は、外的な感官が伝達するあらゆる印象を受け取る内的かつ統括的な感官〔un sens intérieur & général〕として脳を見ている。この内的感官は、外的な感官や器官の作用によって刺激を蒙るだけではなく、その感官の本性からこの作用を生み出した刺激を長時間保存することもまた可能なのである。この刺激の連続性のなかにこそ印象は存するのであり、この刺激の持続の長短に応じて印象の強弱も変わるのである。（……）動物の内的感官は外的感官と同様にひとつの器官、ひとつの機械仕掛けから成るもの、純粋に物的な感官なのである」（BUFFON, « Discours sur la nature des Animaux », *HN* IV, p. 127）。

（93）*Ibid.*, p. 128.

（94）本書第二章第二節を参照せよ。

（95）*Ibid.*

（96）ビュフォンは内的感官によって作られる作用を« sensation intérieure »や« sentiment intérieur »と呼んでいる。ビュフォンの用語法において« sensation »と« sentiment »のあいだには区別がないようである。ところで内的感官は脳を指すのであるが、別の箇所では「内的感覚が属する主要な器官」として横隔膜も挙げられている（BUFFON, « Histoire naturelle de l'homme », *HN* II, p. 544）。

さて、このようにビュフォンの記述を考えた場合、本書第三章で論じたルソーの「内的感覚」とビュフォンの「内的感官」および「内的感覚」は、表現上は近いが、その意味内容や思想的背景は大きく異なっている。よって、『不平等起源論』の段階のルソーは「内的感覚」という方法にたどり着いてはいるが、その語そのものは『不平等起源論』以後のテクスト上にゆっくりと現れだすのである。

本節の最後に「権威」の問題について検討したい。ルソーがビュフォンを「権威」として利用した理由は、人間が巻き込まれている様々な条件（環境、情念等）が人間の本性を知りえなくしており、人間はその本性からますます遠ざかっている、という事態を正当化するためである。しかし、ビュフォンの権威に依拠する理由はもうひとつ考えられる。つまり、ビュフォンの権威を逆手に利用することで、ルソー自身が「内的感官」を正しく使用できる者というイメージを他者に提示することができさえすれば、自然状態の発見者としての特権的「権威」を獲得することができる、とルソーは考えたのではないか。ゆえに『不平等起源論』の随所で、ルソーは直接的な「自然の声」[97]を聴く書き手の形象を強調しながら、自らの「自然の明証性における透明性」[98]を訴えるに至ったのである。重要な点は、これらの諸要素がルソーのロマン主義的な側面に由来しているというのではなく、分析から内的感覚へという方法の転換に付随するものであるということであり、書き手から感じられるロマン主義的形象は自らの方法の正当化の戦略なのである。以上が自然状態論におけるルソーの方法であった。残る作業は、断絶を孕む歴史叙述についての検討である。

第四節　歴史叙述の方法

内的感覚によって措定される自然状態と現在の社会状態が断絶しているとしても、その断絶は純粋な自然状態と社会状態のあいだだけに存するのであり、純粋ではない自然状態（未開の状態）と社会状態のあいだには断絶は存在しないのではないかという反論もあるだろう。事実、幾人かの解釈者は、ルソーが旅行記等で現実に確認される未開人を想起させる〈現実的な自然状態〉とイデアのごとき〈純粋な自然状態〉を概念的に区別している、ということを主張している。(99) このように考えた場合、内的感覚によって措定される自然状態は純粋な自然状態であり、それは歴史の〈外〉に位置する。他方、未開人によって表象されるような自然状態は歴史の端緒に位置し、現実の社会状態と歴史という舞台において線的に結びつけられることになるだろう。

しかしながら、このように自然状態を分節化したとしても、本章第二節で指摘した〈断絶〉の問題は依然として残ったままである。すなわち、歴史家ルソーの歴史記述の方法である。ルソーが描く歴史の過程には幾つも〈断絶〉が存在し、その過程の説明の仕方は啓蒙の世紀の起源論とは隔絶している。いかなる方法でルソーは『不平等起源論』の歴史叙述を展開しようと目論んでいたのか。ルソー研究の語彙を用いて言えば、〈発生論的・

(97) ROUSSEAU, *Discours sur l'origine de l'inégalité*, OC III, p. 125.〔四、一九四頁。〕

(98) ALTHUSSER, *Cours sur Rousseau*, p. 80.〔アルチュセール『政治と歴史』、四二四頁。〕

(99) Cf. Michèle DUCHET, *Anthoropologie et histoire au siècle des Lumières*, pp. 329–335；戸部松実「主要概念解説」、『不平等論——その起源と根拠』、国書刊行会、二〇〇一年、三〇九—三二〇頁。

系譜的方法〉の内実とは何か。

この点を考えるために私たちが検討せねばならない箇所は、『不平等起源論』第一部末である。人間の自然状態がいかに静的なものであったか、社会の発生が人間にとって必然ではなく偶然であったかを主張した後に、残る使命を不平等の「起源と進展とを、人間精神の相継ぐ展開〔développements successifs〕のなかに示すこと[100]」だと宣言し、これが第二部で描かれることになる。だが、ルソーは第二部を開始する前にある告白をする。すなわち、「相継ぐ展開」を描くことは真の事実ではなく、「憶測〔conjecture〕」にすぎないとルソーは言う。「私が記述しなければならない出来事は色々な起こり方がありえたので、それのどれを選択するかは憶測によってしか決定できない[101]」。本書第四章での『エミール』分析において確認した歴史ピュロニスム的態度は、すでに『不平等起源論』においても見られると言えるだろう。しかし、ルソーは歴史の不可知論的立場に留まり判断停止をするのではない。『エミール』では「憶測の技法」は「多数の嘘のなかから真実に一番良く似た嘘を選び出す技法[102]」と見なされていたが、『不平等起源論』においては「憶測」は「真理を発見するために我々が持ちうる唯一の方法〔moyens〕」であった。

それではルソーが展開しようとしている憶測の「方法」とは何か。『不平等起源論』第一部の最終段落でこれを五つの命題として記している。しかし、ルソーはこの各命題について詳述することはしない。なぜならば、この方法に関する話題は、学芸に精通したアカデミーの「審査員〔Juges〕」にとってだけ重要であり、「一般読者〔Lecteurs vulgaires〕[103]」にとっては煩雑な事柄でしかないからである。『不平等起源論』における二種類の読者の想定は重要な論点であり、以下でまた検討することになる。こうしてルソーは「以上を鑑みれば次のような事にまで考察を広げるには及ばないと思う[104]」と述べ五つの命題を列挙する。それではまずこれらの命題を引用しよう。分かりやすいように、各命題に番号を振る。

以上を鑑みれば次のような事にまで考察を広げるには及ばないと思う。〔一〕時の経過が出来事の真実らしさ〔vraisemblance〕を埋め合わせるということ、〔二〕非常に軽微な原因〔causes très-légères〕でもそれが間断なく作用し続けると驚くべき力を持つということ、〔三〕ある種の仮説〔hypothèses〕を、事実の確実性という度合い〔degré de certitude des faits〕をその仮説に与えることができる状態にないからといって、破壊することはできないということ、〔四〕二つの事実が現実のものとして与えられ、その二つの事実を未知の、あるいは未知と見なされている一連の中間的諸事実〔une suite de faits intermédiaires〕によって結びつける必要があるとき、歴史があるならそれらを結びつける事実を与えるのは歴史であるが、歴史がないなら、それらを結びつけることができそうな類似する事実を見定めるのは哲学であるということ、〔五〕最後に、出来事〔événements〕に関して言えば、事実はその類似性によって想像される以上にはるかに少ない数に分類されるということ。(105)

（100）ROUSSEAU, *Discours sur l'origine de l'inégalité*, OC III, p. 162.〔四、二三〇頁。〕
（101）*Ibid.*〔同書、同頁。〕
（102）*Id., Émile*, OC III, pp. 527–528.〔六、三二七頁。〕
（103）*Id., Discours sur l'origine de l'inégalité*, OC III, p. 163.〔四、二三〇頁。〕
（104）*Ibid.*〔同書、同頁。〕
（105）*Ibid.*, pp. 162–163.〔同書、二三〇―二三一頁。〕

以上の五つの命題こそ、「憶測」の方法であり、『不平等起源論』の歴史哲学の核心である。これらの命題についてこれまで解釈されることは少なかった。この箇所を分析した数少ない解釈者のひとりであるヴィクトール・ゴルドシュミットは、ビュフォンの地球論の影響を指摘している。[106] ビュフォンは『地球の歴史と理論 *Histoire et théorie de la Terre*』（以下、『地球論』と略記）を『博物誌』第一巻（一七四九年）の第二論文として掲載した。ここでは動物や人間ではなく、いわゆる地形学および地質学が論じられている。以下では、ゴルドシュミットの主張を再検討するべく、ビュフォンを読み、『不平等起源論』の各命題を見ていこう。そして、私たちがこれまで検討してきた方法をめぐる問題圏と『不平等起源論』の歴記記述がどう関係するかを見ていく。

命題一が意味する内容は、『不平等起源論』第二部でも語られる。

> 私は矢のように無数の世紀を駆け抜ける。流れゆく時間と、私が語らねばならぬ多くのことと、始まりからのほとんど感じられない進歩がそうさせるのである。というのも、出来事の生起が緩慢であればあるほど、出来事の描写は速くなるのである。[107]

ここで問題となっているのは、出来事を記述することに伴う時間の問題である。先に見たように、ルソーは言語の誕生を「思いついた」と表現し、そこに一種の論理的断絶を持ち込んだのだった。というのも、理論的に考えても言語の発生は〈アポリア〉に陥ってしまうからだ。「諸言語の制定のためにはすでに人々が結びつけられた社会が必要だったのか、あるいは社会の設立のためにはすでに発明された言語が必要だったのか」[108]。理論上は〈アポリア〉であるが、現実ではルソーは言葉を話す人間が住まう社会状態を生きている。つまり理論的には断絶的な表現でしか語りえないが、莫大な時間を導入することで、鶏が先か卵が先かという問題をあたかも解決済みのものとして記述することができ、難問をキャンセルされた一般読者は「人間精神の相継ぐ展開」[109]として歴史を辿ることができる。ゆえに、ルソーは審査員に対して弁解をする。「私は審査員に（……）あらゆる発話の論理を作り上げるためにはどれほどの時間と知識が必要であったかについて考えて下さるようお願いする」[110]。命題一は学問芸術に精通した人間たちへのエクスキューズとして機能している。一般読者に対しては、ルソーは歴史の叙述を一種の〈舞台〉の転換として見せる。『言語起源論』において描かれる時間が圧縮されたかのような人類史の記述は、この〈舞台の転換としての歴史〉を顕著に示している。

宮殿や都市が建設されるのが見える〔je vois〕。技芸や法律、商業が現れてくるのが見える。諸民族が形成さ

（106） Victor GOLDSCHMIDT, *Anthropologie et politique : les principes du système de Rousseau*, Paris, Vrin, 1974, p. 338. ゴルドシュミット以前に『不平等起源論』の典拠研究をおこなったジャン・モレルもビュフォンの影響を指摘しているが、モレルは方法の観点からよりも題材の典拠としてビュフォンの名を挙げるに留まっている。Cf. Jean MOREL, « Recherches sur les sources du Discours de l'inégalité », *AJJR* 5, 1909, pp. 179–198.

（107） ROUSSEAU, *Discours sur l'origine de l'inégalité*, OC III, p. 167.〔四、二三五頁。〕

（108） *Ibid.*, p. 151.〔四、二一九頁。〕

（109） *Ibid.*, p. 162.〔四、二三〇頁。〕

（110） *Ibid.*〔同書、同頁。〕

れ、広がり、消滅し、波のように相継いで起こるのが見える――。[111]
スタロバンスキーは、この反復される « je vois » の表現をビュフォンが『地球論』で用いた修辞的演出であると指摘している。[112]「私は見た」という表現は、修辞学で言うエナルゲイア enargeia の効果を読者にもたらす。すなわち、目の前で起きているかのように出来事を記述する術である。[113] スタロバンスキーはこれを『地球論』に用いたのがビュフォンであり、ビュフォンのこの方法を継承したのがルソーであると主張した。言うなれば、このレトリックは読者を〈私 je〉に仕立て上げ「実際に起きた事実」の目撃者へと変える装置なのである。[114] これは私たちが『エミール』の歴史教育において検討した問題と関係するように思われる。この検討は最後にすることにして次に進もう。では、理論的には出来事の生起はどのように考えられるか。その解答が命題二である。
命題二についても命題一と同様に対応する記述が『不平等起源論』で登場する。それは『不平等起源論』原注Xの記述である。ルソーに従えば、旅行記で描かれる多様な人間の存在について驚愕する人は、「気候、空気、食料、生活様式そして一般に習慣というものが、いかに大きな影響を及ぼすか、そして特に、同じ原因が何世代にもわたって持続的に作用するとき、それらがいかに驚くべき効力を発揮することになるか、知らないのである」。[115] モンテスキューの風土・習俗論を想起させるが、ジャン・モレルとゴルドシュミットはビュフォンの影響をここに見ている。ビュフォンの『地球論』を見てみよう。ビュフォンは、地形の形成についての説明原理として主流であった「天変地異〔révolution〕」、すなわち天地創造やノアの大洪水といった神的出来事に頼らず、別の説明原理を『地球論』で用いた。

二千年ないし三千年以来、地上に起こった諸変化は、天地創造のあとの最初の時代に起こったはずの天変地異とはまったく比較にならない。というのも、重力や物質の粒子を近づけ集合させる他の力の絶え間ない作用〔action continuée〕によってしか地上のすべての物質はその安定性を獲得せず、そして地表はその初め、後にそうなったように固くはなかったに違いないということは容易に証明できるからだ。また、何世紀もの隔たりのなかで今はほとんど感じられない諸変化〔changements presqu'insensibles〕しかもたらさない同一の諸原因

(111) *Id.*, Essai sur l'origine des langues, *OC* V, p. 401.〔十一、三五〇頁。〕

(112) Jean STAROBINSKI, « L'inclinaison de l'axe du globe », in *Essai sur l'origine des langues*, Collection Folio, Paris, Gallimard, 1990, p. 166. スタロバンスキーが挙げているビュフォンの記述は以下の通り。「飲み込もうとするかのごとく船を引きよせる渦を私は見た〔je vois〕。それ以上に、つねに穏やかで静かであるが危険でもある広大な平面（……）を私は見た。地球の末端まで目を向け、巨大な氷を私は見た」(BUFFON, « Histoire et théorie de la Terre », *HN* I, pp. 242–243)。ゴルドシュミットはこの修辞的観点については言及していない。

(113) クインティリアヌスは、ギリシャ語のエナルゲイアをラテン語で〈明晰さ evidentia〉と訳し変えた。クインティリアヌス『弁論家の教育』三、森谷宇一・戸高和弘・吉田俊一郎訳、京都大学学術出版会、二〇一三年、二四四—二四七頁。ただし、古代ローマ期から近代に至るまで明晰さとしてのエナルゲイアそれ自体は必ずしも肯定的に評価されてきたわけではない。この点については以下の研究を参照。玉田敦子「世界表象の光と闇——エナルゲイアとエネルゲイアの概念をめぐって」『Stella』、九州大学フランス語フランス文学研究会、三六号、二〇一七年、五五—七五頁。

(114) STAROBINSKI, « L'inclinaison de l'axe du globe », p. 167.

(115) ROUSSEAU, *Discours sur l'origine de l'inégalité*, *OC* III, p. 208.〔四、二一九頁。〕

がたったの数年で甚大な変化を引き起こすに違いない、ということも容易に証明できる。[116]

地理上の変化について説明するために、ビュフォンは天変地異ではなく緩慢かつ持続的に作用する「ほとんど感じられない」原因に訴える。そのような原因としてビュフォンは重力と潮の満ち引きを挙げ、これらの原因によって土が少しずつ移動を繰り返し地形を形成していく姿を『地球論』で描写した。[117]「ほとんど感じられない」が現在もつねに作用しているような重力と潮の満ち引きは、「現在原因〔cause actuelle〕」[118]と呼ばれる。ビュフォンが『博物誌』のなかで記述しようとした地球の生成は現在原因によって生じるものなのである。「つねに生じる結果や絶えず次々と起こり、繰り返される運動、恒常的かつつねに反復される作用が我々にとっての原因であり論拠なのである」[119]。そして、この原因についての記述は、先の「見える」のレトリック同様、特徴的なものとなる。効果の緩慢さを強調するために、ビュフォンは地形の変化を語る際につねに〈少しずつpeu à peu〉、〈徐々にpar degrés〉、〈相継いでsuccesivement〉という莫大な時間を読者に意識させる表現を用い、地形の変化が〈突然tout à coup〉起きるのではないことを『地球論』の各所で主張している。[120]このようなビュフォンの特徴は、先にみた『不平等起源論』の記述（原注X）でも用いられている。またこの「ほとんど感じられない」ものに対するこだわりはルソーの他のテクストにおいても見られる。

イヴ・ヴァルガスは、『山からの手紙』においてルソーがジュネーヴ共和国の小評議会が市民の主権を簒奪する様子を分析する際に彼が「ほとんど感じられない」物事に執拗に拘っていることを指摘している。[121]というのも、簒奪は一挙になされるのではなく、「少しずつ、ゆっくりと、誰にも結果が分からないように」[122]進められるからだ。こうした「ほとんど感じられない」改革の進行を食い止めるには、些細なものに抵抗する必要があるとルソーは言う。

仮に市長たちは右足から評議会に入るのが慣例だったとします。ですが、もし彼らが左足から入ろうとしたら、彼らがそうするのを許してはなりません。[123]

ヴァルガスはこのような記述からルソーの思考にあるひとつのモデルを指摘している。それは「一瞬のうちの取るに足らないものが持続のなかで何物かになる」[124]というモデルである。このモデルは一対の因果が連鎖して事が

（116）BUFFON, « Histoire et théorie de la Terre », *HN* I, pp. 252–253.

（117）地形の形成の要因を水の運動として考える理論は水成論と呼ばれる。しかしながら、ビュフォンは晩年の『自然の諸時期』（一七七八年）では火成論者に転向した。このビュフォンの転向についてはゴオーの研究を参照せよ。Gabriel GOHAU, *Histoire de la Géologie*, Paris, La Découverte, 1987.〔ガブリエル・ゴオー『地質学の歴史』、菅谷暁訳、みすず書房、一九九七年。〕

（118）GOLDSCHMIDT, *Anthropologie et politique*, p. 388.

（119）BUFFON, « Histoire et théorie de la Terre », *HN* I, pp. 274–275.

（120）「〔海水による浸食〕運動は突然に生じたのではなく、相継いで、かつ徐々に生じたのであり（……）」（*ibid.*, p. 254）。

（121）Yves VARGAS, « A propos des “causes insensibles” : politique et philosophie dans les *Lettres écrites de la montagne* », *AJJR* 48, 2008, pp. 339–344.

（122）ROUSSEAU, *Lettres écrites de la montagne*, *OC* III, pp. 819–820.〔八、三五八頁。〕

（123）*Ibid.*, p. 873.〔八、四二四頁。〕

生起するモデルとは異なる。そして、ヴァルガスはこのモデルが『社会契約論』や『対話』、『政治経済論』にも存在することを示している。もちろん『不平等起源論』も同様である。ヴァルガスの論文ではルソーのテクスト上におけるこのモデルの遍在を指摘するにとどまっているが、この指摘を盾にすれば、私たちが今までおこなってきた分析はルソーの思考のなかで些末な問題ではないということがより確かなものとなるだろう。

さて、命題三「ある種の仮説を、事実の確実性という度合いをその仮説に与えることができる状態にないからといって、破壊することはできないということ」に話を進めよう。ゴルドシュミットはここでもビュフォンの『地球論』の影響を見ている。『地球論』冒頭にて、ビュフォンは先人たちの「地球の理論」を批判する。[125]ビュフォンによれば、彼らは「自然学に寓話を加えた[126]」にすぎず、彼らの説は学問として成立していない。ビュフォンの目的は、彼らの打ち立てた寓話のような「大がかりな体系」を作り上げることではなくむしろ「平凡なもの」を作り上げることであった。そのためビュフォンは三つの規則を挙げる。まず歴史家は作り出すものではなく、記述するものであること。次に、歴史家はいかなる「推測〔supposition〕」もしてはならない。最後に、「観察を組み合わせ、諸事実を一般化し、明晰な観念や一貫性を有する真実らしい諸関係の体系的秩序を精神に示すようなあるひとつの全体を諸事実から構成するためにしか歴史家は自らの想像力を使用してはならない[127]」。これがビュフォンの方法の基礎である。ここで重要なのが「真実らしさ」である。方法論を概説した後に、ビュフォンは自らの学説を数学的真理とは違い、真実らしいものでしかないと述べる。なぜなら、その学説は観察された諸事実から帰納的に構成されたものにすぎないからだ。

周知のようにコンディヤック同様、ビュフォンも啓蒙の科学的姿勢を分有していたことは言うまでもないが、彼の認識論には真か偽かという二値的な認識枠組みではなく、「真実らしさ」という新しい真理観が胎動していることがここに見てとれる。[128] これは啓蒙の世紀における学問のあり方の特徴のひとつと言えるだろう。[129] 事実、テュルゴーは、論理学、形而上学、物理学といった「自然の科学」のなかに歴史も加えられるかもしれないと述べていた。[130] なぜならば、「真実らしさ」に基づく確実性によって仮説的歴史が構成されていれば、単なる推測的な記述として排することができないという真理観をテュルゴーがもっていたからである。ルソーは自らの記述が「事実の確実性」と同じ水準にあるとは言えないということを認めつつも、内的感覚による自然状態とそこから

（124） VARGAS, « A propos des “causes insensibles” », in *op. cit.*, p. 341.

（125） ビュフォンによって批判される先行者は、ウィリアム・ホイストン（William Whiston, 1667–1752）、トマス・バーネット（Thomas Burnet, 1635–1715）、ジョン・ウッドワード（John Woodward, 1665–1728）である。

（126） BUFFON, « Histoire et théorie de la Terre », *HN* I, p. 231.

（127） *Ibid.*, p. 232.

（128） ビュフォンの認識論については以下の研究を参照せよ。Benoît DE BAERE, *La pensée cosmogonique de Buffon : percer la nuit des temps*, Paris, Honoré champion, 2004, pp. 23–44.

（129） もちろん、真実らしさに関する哲学的議論は古代から散見されるが、デカルト以降のポール・ロワイヤル学派やジョン・ロックの経験論哲学を経てこの問題は啓蒙の世紀において前景化した。この点をめぐる研究としてはカルロ・ボルゲーロのものがある。Cf. Carlo Borghero, *Les Cartésiens face à Newton : philosophie, science et religion dans la première moitié du XVIIIe siècle*, traduit de l'italien par Tomaso Berni Canani, Turnhout, Brepols, 2011 ; *Id.*, « Le roi du Siam et l'historien », in *Dix-huitième siècle*, n° 39, 2007, pp. 23–38.

（130） Anne-Robert-Jacques TURGOT, « Plan du second Discours les progrès de l'esprit humain [vers 1751] », dans *Œuvres Turgot et document le concernant*, avec biographie et notes par Gustave Schelle, t. I, Paris, Félix Alcan, 1913, pp. 310–311.

の歴史——命題一と二によって描かれる歴史——は〈真実らしさ〉を持つがゆえに、単純に否定されるべきものではないということをこの命題三のなかで述べているのである。

命題四は、歴史叙述の問いを追う私たちには重要なものである。まず命題が指示する「二つの事実」とは何か。ひとつは自然状態という事実であり、もうひとつが現実の社会状態である。ジャン・モレルはこの命題とディドロ執筆による『百科全書』項目「技術〔ART〕」（一七五一年）の記述の類似性を指摘している。[131] 確かにこの項目で、ディドロはガラス製造や製紙技術の誕生の歴史が人間のあいだで忘却されていることを指摘し、「真実らしい仮定」から出発し「哲学的推測〔suppositions philosophiques〕」によって技術の歴史を書くべきではないかと提案している。というのも、大抵の場合、ガラスの発見といった「真の歴史」は〈たまたまレンガを強く焼いたときに発見した〉という「偶発的な経験」でしかないことが多く、「哲学的推測」による歴史の方が「より教訓的にかつより明晰に」技術の進歩を描くことができるからである。[132]

確かに命題三の真実らしさを伴う仮説による歴史は、哲学的な歴史と言え、ディドロの計画と一致するように見える。しかし、私たちはモレルとは別の解釈を提示したい。[133] 命題四において、ルソーが自然状態と社会状態のあいだにある「一連の中間的諸事実〔une suite de faits intermédiaires〕」[134] という言葉を用いているのを見て、私たちは本章第一節（b）で検討したコンディヤックの言葉を思い出す。それは『類義語辞典』でコンディヤックが用いていた「複数の中間的諸原因〔plusieurs causes intermédiaires〕」[135] という言葉である。コンディヤックは、「最初の原因」としての起源とある結果のあいだには中間的諸原因が連続的に存在すると述べたが、ルソーは「中間的諸事実」という表現を用いる。ルソーのこの表現には、私たちが本章において繰り返し強調してきた因果の連続の放棄、各事実間の〈断絶〉というコノテーションが含まれていると考えるべきであろう。事実を与えてくれるのが歴史なのか哲学なのかという以前に、ここでは断絶を孕む歴史叙述を目指す意志が表れているのである。

このルソーの意図について、ビュフォンを経由しルソーの各命題を見てきた私たちには語ることが許されている。ルソーがビュフォンの『地球論』を自らの歴史記述の方法のモデルにした理由は、コンディヤック的な因果論的説明ではなくビュフォン的なゆるやかな説明とでも呼ぶべき方法にある。莫大な時間の流れのなかに存在する現在原因というゆるやかな作用因が引き起こす変化は「ほとんど感じられない」変化ではあるが、歴史のなかの各局面は描写可能である（これが命題五の意味内容である）。例えばそれは『不平等起源論』で描かれる所有の観念、鉄と小麦、法の誕生である。このように歴史における各段階についてルソーは饒舌に語るのである。だが、その各段階の移行については〈偶然〉や〈思いついた〉などの表現だけを述べ因果論的に語ることは慎む。このような各事実を提示する『不平等起源論』の方法は、エミールに歴史を見せ、道徳的感情を育ませる歴史家の方

（131）MOREL, « Recherches sur les sources du Discours de l'inégalité » in *op. cit.*, pp. 132–133.

（132）DIDEROT, *art.* « ART », *Enc.* I, 1751, pp. 714b–715a.〔ディドロ「項目　技術」『百科全書——序論および代表項目』、桑原武夫訳編、岩波文庫、一九七一年、二九九―三〇〇頁。〕

（133）ゴルドシュミットは、モレルの解釈に反対し、真の歴史に対する哲学的歴史の優位を認めるディドロの姿勢とルソーのそれがまったく異なると主張する（GOLDSCHMIDT, *Anthropologie et politique*, p. 389）。ゴルドシュミットのモレル批判は、ルソーの哲学が人類学的な史料に基づくものであることを強調したいという意図に由来している。

（134）ROUSSEAU, *Discours sur l'origine de l'inégalité*, *OC* III, p. 163.〔同書、一三〇―一三一頁。〕

（135）CONDILLAC, *art.* « PRINCIPE », *Dictionnaire des Synonymes*, *OP* III, p. 459a.

法である。それは確かな事実から成る歴史を語る方法というよりは、読者（ないしエミール）が自ら歴史を見ているかのように感じさせる技法なのである。

＊　＊　＊

結論に向かわねばならない。スタロバンスキーの解釈を思い起こそう。スタロバンスキーは『不平等起源論』の記述方法を系譜的方法と呼び、次いで多くの解釈者たちも彼に従いルソーの方法を発生論的方法などと名づけるに至り、大いなる解釈の伝統が形成されてきたのであった(136)。すなわち、

> 彼〔ルソー〕は最初の項からはじまる、厳密に関係づけられた原因と結果の連鎖を展開する系譜的説明をすべて求めている。このような点において、彼はみずからの世紀の精神と一致している(137)。

このスタロバンスキーの解釈が改められなければならないということは、本章での検討を通じて明らかだろう。つまり、ルソーは「厳密に関係づけられた原因と結果の連鎖」を描かずに歴史を説明したのであった。

分析的方法とは現実から出発し自然状態を発見し、そしてそこから現代の状態までを論理的・因果論的に記述する方法であった。だが、ルソーがこの円環的方法に与することはなかった。ルソーは内的感覚によって措定された自然状態から、自身の経験や歴史的事実を踏まえ、断片的に歴史を描こうとした。そこには因果的説明という欲望は存在しない。むしろ、ルソーはビュフォンの『博物誌』の記述方法を踏襲し、その権威を利用するような仕方で歴史を描こうとした。そして、この方法は「審査員」を満足させるようなルソーの科学性を示す根拠で

あるだけではなく、エミールに対して歴史家がなしたような「一般読者」への働きかけ、すなわち読者に歴史を追体験させ、思考させるという方法なのでもある。時代的な潮流からすれば、ルソーの方法は単なる「山師のやり口」のようなものであるように見えるだろう。だが、分析的方法とそこから派生する歴史記述の方法に対して鋭い批判を投げかけているルソーの口から発せられるこの「山師のやり口」という誹り口は、ルソー自身に向けられたものではなく、啓蒙の哲学者たちに向けられた皮肉のようにも聞こえるのである。

（136）本書序論第二節を見よ。
（137）Jean STAROBINSKI, « Rousseau et la recherche des origines », *Jean-Jacques Rousseau : la transparence et l'obstacle, suivi de Sept essais sur Rousseau*, Paris, Gallimard, 1971, p. 324.〔ジャン・スタロバンスキー「ルソーと起源の探求」（山路昭訳）、『現代思想』、一九七四年五月号、二一二頁。〕

第六章　自己の歴史の語り

最終章である本章では、自己の語りをめぐる方法の問題に焦点を当てる。とはいえ、自伝の方法を解明するという試みは、ルソーという作家の特異性を踏まえれば、非常に厳しいものになるだろう。というのも「自伝のほとんどあらゆる可能性をいきなり実現してしまった[1]」『告白』の著者のエクリチュールは、そのすべてが〈自己の語り〉として読解されてしまうからだ。

こうして読者は、ルソーのすべての著作を一種の自伝として、隠された告白として読むことを習慣づけられてしまう。『告白』は、作家活動のいわば到達点なのであり、そこに至る過程のあらゆる段階に「起源」が

(1) Philippe Lejeune, *L'autobiographie en France*, 2ᵉ éd., Paris, Armand Colin, 2010, p. 46.〔フィリップ・ルジュンヌ『フランスの自伝』、小倉孝誠訳、法政大学出版局、一九九五年、六二頁。〕

見いだされることになるのだ。(2)

すなわち、私たちは『不平等起源論』も『社会契約論』も『エミール』も〈ルソー〉という固有名に捧げられた書物として読んでしまう――読んでしまえる――のである。例えば、ルソーが自然人を〈発見〉できた理由は、ルソー自身が人為に汚染されていない自然性を有していたからだ、というように。また、ルソーはそのデビュー作品『学問芸術論』が巻き起こした論争以来、作品と自己の防御という仕事を強いられてきた。(3) これらの点を鑑みれば、ジャン゠ジャックの人生はまるごと自己の記述に賭けられていた、と考えることもできる。

だが、桑瀬章二郎も指摘しているように、こうした読み方はあらゆるテクストを同一平面に置いてしまい、そのテクストの固有性、それが置かれている文脈等々をすべて無視することになってしまう。(4) もちろん、ここまで私たちが検討してきた方法の問題も、すべてが自己を語る方法として書き換えられてしまうかもしれない。また同様に、このような〈書くこととはあらゆる意味において自己について語ることである〉という考え方は、様々な自伝テクストに存在する無数の差異を無化してしまう可能性がある。例えば『対話』を単に『告白』の続きとして読んでしまうことは、『対話』というテクストが生み出された文脈や企図をまるごと無視することになるだろう。私たちは、『対話』を自己の真実を開陳するという『告白』の失敗の経験から生み出された新しい自己の記述の試みとして読まねばならないのである。(5)

さて、自伝的テクストという複雑極まりない森のなかをどのようにして私たちは進むことができるだろうか。自伝的作品とは何かという問題も、自伝的作品とされる諸テクストにおける差異の問題も、本章で論じるにはあまりにも大きすぎる。ゆえに、私たちはこの章で検討すべき問題をあらかじめ限定しておかねばならない。ところで、ジャン・スタロバンスキーは、ルソーの自伝的試みを貫くテーゼとして「すべてを語ること〔Tout dire〕」を挙げている。自己認識による「内面の明証性」を他者に伝達する手段——それは不可能な試みなのだが——はいかにして可能かというルソーの問いの結論を、スタロバンスキーは「すべてを語ること」——もちろんこれも不可能な試みだ——であると考えた。(6)「問題はジャン＝ジャックの性格と心情についての真実のイメージを他者

(2) 桑瀬章二郎「自己のエクリチュール——『告白』、『対話』、『夢想』をめぐって」『ルソーを学ぶ人のために』、桑瀬章二郎編、世界思想社、二〇一〇年、一七七頁。

(3)『学問芸術論』以前の一七四九年(ヴァンセンヌのイリュミナシオンよりも前)に、無名時代のルソーはディドロと共に『嘲笑家』という雑誌を計画していた。まずルソーが草稿を執筆したようだが、この雑誌が日の目を見ることはなかった。この草稿でルソーは自らの性格のおかしさを誇張して書き、すでにこの段階でルソーのエクリチュールのなかに自画像のモチーフを見いだすことができる。

(4) 桑瀬「自己のエクリチュール——『告白』、『対話』、『夢想』をめぐって」、一七八頁。

(5) 本章では『告白』そのものに踏み入る検討や『対話』、『孤独な散歩者の夢想』を対象とした分析をすることができない。『対話』に関しては安田の重要な研究が存在する(安田百合絵『『対話』の賭金——自己のエクリチュールの困難さについて』、修士論文、東京大学人文社会系研究科、二〇一五年)。安田の主張に従えば、『対話』は『告白』の方法の失敗から生み出されたテクストである。彼女の主眼はまさに私たちが追っている『対話』における方法である。そこでは推論を用いて〈陰謀〉を無化する方法や証拠の信頼性を損ねる方法が論じられている。本来であれば、安田の議論を踏まえ私たちも『対話』へと足を伸ばさねばならないのだが、本書では残念ながら『告白』までしか射程に収めることができなかった。

(6) Jean STAROBINSKI, *Jean-Jacques Rousseau : la transparence et l'obstacle, suivi de Sept essais sur Rousseau*, Paris, Gallimard, 1971, p. 226.〔ジャン・

につくらせるようにすることである」[7]のだが、その際にルソーは良きことも悪しきことも隠すべき恥部もすべてを語るという方法を選択した。現在、スタロバンスキーのこの読みは自伝的作品研究のひとつの出発点となっている。そこに私たちは何を加えることができるのか。

序論で確認したように、スタロバンスキーは「すべてを語る」試みの方法を『不平等起源論』の発生論的方法として考えていた[8]。だが、すでに第五章で検討したように、『不平等起源論』の方法は因果関係の連鎖による歴史記述ではなかった。すべてを自伝的テクストへと集結させようとする事後的な読み方が、こうした読解へと彼を導いていったのであろう。むしろ検討すべきは、「すべてを語る」という方法の要請がルソーのなかでどのように／なぜ生まれてきたかである。第四章の『エミール』における歴史教育論の読解において、私たちはルソーが要求する歴史家の方法が〈判断せずに語る〉ことであると指摘し、その方法のなかには語り手の聞き手に対する隠された権力関係が存在することを指摘したのであった。こうした歴史家の方法は自伝テクストにおいてはいかなる関係性をもつのであろうか。

よって本章では、いくつかの自己に言及した作品を題材に、そこでルソーが提示している自己の語りの方法を検討する。私たちはルソーが読者に対し自らをいかに語るかを説明している箇所に着目する。すなわち、ルソーが読者に自己の語りの方法をどのようにアピールし、読者と「契約」[9]しようとしているかを検討したい。以上が、本章において私たちが森を歩く際の指針である。

自己についての語りは、必然的に歴史的な記述と結びつく。なぜなら自己について語るとは、〈私〉が〈私〉となった生成の流れを記述することに他ならないからだ。このように考えれば、〈自伝をいかに書くか〉という問いはそのまま〈自己の歴史をいかに記述するか〉を意味することになる。しかし注意せねばならないのが、私

スタロバンスキー『透明と障害』、山路昭訳、みすず書房、一九七三年、三〇五頁。〕

（7）*Ibid.*〔同書、三〇五—三〇六頁。〕

（8）「すくなくとも、ルソーにとって問題なくひとつの原則が課せられている。すなわち、かれの意識の発展を年代的にたどり、かれの進歩の跡を再構成し、思想と感情の自然のシーケンスを巡歴し、彼の性格と運命を決定した原因と結果の連鎖を記憶によって追体験することである。こうした原則は、現在の瞬間を生み出した必然的な理由を見出すために起源にさかのぼろうとする「発生論的〔génétique〕」な方法である。そしてまた、ルソーが『人間不平等起源論』において歴史に適応した方法でもある」（*ibid.*, pp. 230–231.〔同書、三一一頁〕）。

（9）もちろん、この「契約」という語のなかに私たちはフィリップ・ルジュンヌが打ち立てた「自伝契約」の語義を見ている。ルジュンヌの「自伝契約」の定義を引いておこう。「自伝と小説の違いは、したがってテクストの外部にある。この違いを証明するためには、作品の外部にある要素を知らなければならない。自伝の場合、作者と語り手と主人公は同一人物と考えられている。つまり作品のなかの「わたし」は作者のことなのだ。しかし、テクストの内部にはそれを証明するようなものは何もなく、自伝というのは読者の信頼にもとづくジャンル、いわば「信託的」なジャンルなのである。その結果、自伝作家は作品の冒頭部で一種の「自伝契約」を結ぼうとする。つまり弁明、解説、前置き、意図の表明など、読者と直接的なコミュニケーションを確立するための儀式をすべて演じるのである」（LEJEUNE, *L'autobiographie en France*, p. 19.〔ルジュンヌ『フランスの自伝』、二二頁〕）。私たちはルジュンヌが自伝契約と呼ぶこれらの「儀式」を方法という言葉で解す。強調しなければならないのが、自伝契約そのものとその実効性は切り離して考えねばならないということである。つまり、読者は作者から一方的に契約を持ちかけられるのだが、読者はその契約を履行する責務を負っていない。ゆえに、「自伝契約」は作者の特権ではまったくなく、むしろ作者の懇願にも近い「信託」なのである（しかし、なぜこの作者の信託をあえて「契約」と呼ぶのか、ルジュンヌ自身は説得的な理由を示してないように思われる）。「「作品」としての自伝を作り出すのは、しばしば後世の編者や読者のほうであるといえる」（桑瀬章二郎「意志としての作品——自伝の歴史から「書く意志」の歴史へ」『言語社会』、第三号、二〇〇九年、七六頁）。

たちが検討したいこととはルソーが求めていた自己を正確に正しく描くための方法ではないということである。『エミール』や『不平等起源論』の読解を通じて検討してきたように、〈歴史の方法〉とは確かなる歴史の再構成よりも、読者の説得を目指すものであった。自己について語ることが他者への呼びかけとなるような自伝というジャンルの場合、このような戦略的側面はことさら強くなる。ゆえに、ルソーが読者に示したがっている方法こそに着目することが重要になるのである。そして本書を通じて方法をめぐるルソーの言説を追ってきた私たちは、ルソーのアピールする自伝的方法に潜む欲望やその方法が取捨選択される意味を知ることができるであろう。もちろん私たちは、著者の頭のなかに理論や方法が先だって存在し、それらに基づいて自伝的テクストが書かれているという素朴な考えには与しない。理論と言説、ないし方法と言説という先行性が問題なのではない。自伝のエクリチュールそのものを問いの対象に据えるのではなく、ルソーの個人的状況の総体からある方法が必然的に選びとられていくその契機を確認していくことが本章の目標となる。

以上の問題設定から、私たちの歩みは以下のように展開する。本章はまず、自伝的テクストの起源として言及される「マルゼルブ租税法院院長への手紙」、次いで『ボーモンへの手紙』を取り上げ、それらテクストに表れる自己の歴史の描き方に着目する。私たちは、二つのテクストの検討から歴史的に自己を語ることの不可能性の問題が表面化してくるのを見るだろう。そこから『告白』に至るなかで、自己の語りは「すべてを語る」という姿に変化していく。最後に『告白』の検討を通じて、私たちはなぜルソーが「すべてを語る」という方法を選択したのかを知ることになるだろう。

第一節　誤解の修正――「マルゼルブへの手紙」

一七六一年一月に『新エロイーズ』が刊行されると、パリの社交界でたちまち話題となった。そして同年八月には『社会契約論』も完成させ、その出版の手筈も整っていた。だが、前年の一七六〇年に書き上げた『エミール』の方はなかなか出版に至らず、刊行作業は滞っていた。[10] 当時、身体的にも精神的にも極度の緊張状態にあったルソーは自らの死を予見していた。[11] そして、『エミール』の出版遅延がイエズス会の陰謀ではないかと妄想するまでに、ルソーの精神状態はますます悪化の一途を辿っていった。そのような危機的状況のなかで、一七六二年一月ルソーは、租税法院院長とともに出版統制局長官を兼任していたクレティアン＝ギヨーム・ド・ラモワニョン・ド・マルゼルブ（Chrétien Guillaume de Lamoignon de Malesherbes, 1721–1794）に四通の手紙を書き送った。[12] それが、通称「マルゼルブ租税法院院長への手紙」（以下、「マルゼルブへの手紙」と略記）と呼ばれるテクストである。

(10) この経緯については以下の文献を参照せよ。永見文雄『ジャン＝ジャック・ルソー――自己充足の哲学』、勁草書房、二〇一二年、九四―九六頁、三一七頁。

(11) 一七六一年十一月末頃、長年患っていた尿閉塞症の治療のために用いていたゾンデ（消息子）が尿道内で割れ、その破片を尿道から取り出せなくなるという痛ましい「事故」が起き、ルソーは自らの死を予感した（*Rousseau à Marc-Michel Rey*, le 29 novembre 1761, n° 1568, CC IX, pp. 283–284）。

(12) 「マルゼルブへの手紙」第一信は一七六二年一月四日付けで書かれている。その後ルソーは、マルゼルブからの返信を待つことなく、同月の十二日、二十六日、二十八日に残りの三信を書き送っている。

この一連の手紙をルソーが書いた理由のひとつは、「マルゼルブを取り囲んでいる哲学者の徒党[13]」がパリから離れモンモランシーに隠遁しているルソーに対する誹謗を彼に吹き込んだのではないかとルソーが思い込んだためである。

> 私がエルミタージュへ行って暮らそうとしたとき、彼ら〔哲学者の徒党〕は、すでに〔『告白』第九巻冒頭で〕言ったように、長続きはしないだろうと言いふらした。私が住み続けているのを知ると、彼らはそれを強情のせいだ、傲慢のせいだ、前言を撤回するのが恥ずかしいのだと言い、私は死ぬほど退屈していて、非常に不幸な暮らしをしているのだと言った。マルゼルブ氏はそれを信じ、私にそれを書いてきた。あれほど尊敬していた人にそのような思い違いをされるのがつらいので、私は彼に宛てて四通の手紙を続けて書き、私の行為の真の動機を示すことで、私の趣味、性向、性格そして私の心のなかで生じたあらゆることを忠実に彼に対し記述した〔décrire〕[14]。

自らに対する誤認の訂正を試みるべく、ルソーは四通の手紙をマルゼルブからの返信を受け取る前に立て続けに書き送った。もちろん、このような一連の私信は自伝的〈作品〉と呼べるものではないかもしれない。マルゼルブを唯一の「秘密を打ち明けられる相手、事実上の証人、そして受託者[15]」と考え、ルソーはこの手紙を書いた[16]。だが同時に、アンドレ・マニャンの言に従えば、マルゼルブへの手紙はマルゼルブだけに宛てられたものではなかった。それはむしろ「読者を発明する」べく意図された手紙であった[17]。自らは社会から姿を消しているにもかかわらず、ルソーは「マルゼルブへの手紙」を通じ、次第に曖昧な〈読者〉という他者に自らを正しく知られることを欲望するようになる。この意味において、「マルゼルブへの手紙」は自伝的テクストの先駆けであると言ってよい。

「マルゼルブへの手紙」に賭けられていた重要な点とは、誤解の解消であった。「貴方は私が不幸で、憂鬱のあ

---

(13) ROUSSEAU, *Confessions*, OC I, p. 569.〔二、一九五頁。〕この哲学者の徒党とは『告白』第九巻冒頭で言及される「ドルバック一派」を指すのであろう。一七五六年九月頃の話である。「早くエルミタージュに住みたくて、美しい季節がもどるのを待つことができず、住居の手筈が整うとすぐに、そこに移った。ドルバック一派は私を大いにあざけり笑って、私が三ヶ月も孤独に耐えられず、屈辱感とともに私が彼らとパリで暮らすのがすぐに見られるだろうと大っぴらに予言していた」(*ibid.*, p. 401.〔同書、一二一頁〕)。「ドルバック一派」という表現のなかに、ドルバックのサロンに集う人々(ディドロ、グリム等)とルソーのあいだの単なる人間関係の敵対性を見るのではなく、この対立に潜む思想上の道徳的、宗教的亀裂を検討した研究としては以下のものがある。小笠原弘親「ルソーと「ドルバック一派」——対立の諸相」『大阪市立大學法學雑誌』、第四〇巻、第四号、一九九四年、七二七—七五三頁。

(14) ROUSSEAU, *Confessions*, OC I, p. 569.〔二、一九五—一九六頁。〕

(15) André MAGNAN, « Porter tout à l'extrême : la destination des lettres de Rousseau à M. de Malesherbes de janvier 1762 », in *Expériences limites de l'épistolaire : lettres d'exil, d'enfermement, de folie*, Paris, Honoré Champion, 1993, p. 258.

(16) マルゼルブ自身の思想およびマルゼルブとルソーの長きにわたる関係については、木崎の研究が詳しい。ただ、そこでは「マルゼルブへの手紙」そのものについての検討は省かれている。木崎喜代治『マルゼルブ——フランス一八世紀の一貴族の肖像』、岩波書店、一九八六年、一〇六—一四二頁。

(17) MAGNAN, « Porter tout à l'extrême » in *op. cit.*, p. 258.

まり憔悴していると考えておられます〔supposer〕」[18]。マルゼルブがルソーを本性的にメランコリーを引き起こす黒胆汁を多分に有する人間であると〈推測 supposition〉[19]していることに対し、ルソー自身はそのような推測が誤謬であることを徹底的に説明しようとする。

あぁ、ムッシュー、貴方はなんというお考え違いをなさっているのでしょう〔vous vous trompez〕。パリでこそ私はそうだったのです。パリでこそ黒胆汁が私の心を蝕んだのです[20]。

マルゼルブがルソーの自然的気質に帰していたものを、ルソーは哲学者たちが蠢くパリに帰している。すなわち、パリという土地がルソーの気質を害したのである。ルソーは自らの症状の原因をこのように考えていた。

もちろん、ルソーを誤解しているのはマルゼルブだけではない。むしろ、この世のすべての人間がルソーを理解していないという極論へとルソーは達する。「私を知っていると考えている人々が、私の行動や振る舞いを解釈する仕方〔manière〕を見ると、私には彼らがなにも分かっていないことが分かります[21]」。「マルゼルブへの手紙」と同時期かそれ以前に書かれたとされる『我が肖像』のいくつかの断片においても、自らが理解されない苛立ちが「歴史家」に向けられている。

私と共に暮らしているもっとも親しい人々でさえ私のことをわかっていないし、私の行動のほとんどについて、良きにつけ、悪しきにつけ、それを生み出した動機とまったく別の動機に帰してしまうのがわかった。このことから歴史家にみられる性格描写や人間描写の大部分は、作者が才気にまかせて安易に真実らしくした空想〔chimères〕にすぎず、あたかも画家が五つの点の上に想像して顔を作り出すように、ひとりの人間の主要な行動と結びつけた空想にすぎない、と考えるにいたった。[22]

だが、ルソーが〈誰にも理解されない〉というありきたりな心情を吐露しているからといって、彼はペシミスティックな方向へとは進んでいかない。むしろ、彼のなかで〈知られたい〉という欲望が顔を出してくる。「有利になろうが、不利になろうが、私はあるがままの私を見られることを恐れてはおりません[23]」。ゆえに、問題はマルゼルブや「哲学者の徒党」に自らが知られていないという事態ではなく、自らが中途半端に知られている状態なのである。「私にとっていちばん具合の悪いことはおそらく、中途半端に〔à demi〕知られることなのです[24]」。こうして、〈私〉のすべてを知ってもらいたいという欲望が「マルゼルブへの手紙」から駆動していくのである。半端にではなくすべてを知ってもらうには、ルソーの性格を基礎付けている二つの矛盾する心性（「どんなこと

(18) ROUSSEAU, *Lettres à Malesherbes*, OC I, p. 1131.〔二、四六六頁。〕
(19) *Chrétien-Guillaume de Lamoignon de Malesherbes à Rousseau*, le 25 décembre 1761, n° 1610, CC IX, pp. 354–356.
(20) ROUSSEAU, *Confessions*, OC I, p. 1131.〔二、四六六頁。〕
(21) *Ibid.*, p. 1133.〔同書、四六九頁。〕
(22) ROUSSEAU, *Mon portrait*, OC I, p. 1121.〔三、三九〇頁。〕
(23) *Id.*, *Lettres à Malesherbes*, OC I, p. 1133.〔二、四六九頁。〕
(24) *Ibid.*, p. 1134.〔同書、四七〇頁。〕

にもびくびくする怠惰な心」と「極端に敏感な気質」）を理解してもらう必要がある。自己の複雑な内面を知らせるには「透明なままに生きることだけでは不十分」であり、言葉を用いて他者に語る必要がある。では、いかに語るのか。そこでルソーが頼るのが〈歴史〉であった。歴史家にも自らが理解されていないならば、自らが歴史家そのものになる必要がある。

〔矛盾し合う心性の〕この対立をいろいろな原理で解明することが私にはできませんが、それが存在し、私はそれを感じるということ以上に確かなことは何もありません。とはいえ、少なくとも事実によって年代記のようなもの〔une espèce d'historique〕を示すことはできます。それはこの対立を理解するのに役立つことでしょう。

こう述べた直後、ルソーは幼少期からの「事実」の進展を歴史的な記述で開始する。そして「マルゼルブへの手紙」第二信では、子供の頃に読んだ書物の話から始まり、ヴァンセンヌのイリュミナシオン、パリからの離脱、そして目下の困難である『エミール』印刷問題までのルソーという人間の歴史＝物語が綴られる。

ここで注目すべきは、ルソーが用いている「事実によって〔par les faits〕」という表現である。本書第四章で私たちは『エミール』における歴史家の形象を検討したが、そこで問題となっていたエミールにとっての最良の歴史家とは事実だけを語り、エミールに判断させる歴史家であった。「マルゼルブへの手紙」において、ルソーはひとりの歴史家として振る舞っているように見える。「この世に私を知る人はだれもいません。それが正しいかどうか、私がすべてを語り終えたときにご判断下さい〔juger〕」とルソーがマルゼルブに書くとき、彼らの関係は歴史家とエミールの関係へと変容している。あくまでもルソーは「事実」のみを滔々と語る歴史家に留まり、判断それ自体はマルゼルブ——そしてマルゼルブの後ろに存在する〈読者〉——の務めなのである。もちろん、〈事実だけを語る歴史家〉というのは原理上ありえないのだが。少なくともルソーはこうした自己を語る歴史家のポーズをとることで、マルゼルブに対し、自らのイメージの修正を迫ろうとしているのである。

しかしこのようにルソーとマルゼルブの関係性を考えた場合、新たな問題が浮上する。すなわち、歴史家ルソーが提示する「事実」の真理性の問題および歴史家として読者を思考させる方法の問題である。これらの問題について、次節以降で順に検討していこう。

(25) *Ibid.*〔同書、同頁。〕
(26) Starobinski, *Jean-Jacques Rousseau : la transparence et l'obstacle*, p. 219.〔スタロバンスキー『透明と障害』、二九四頁。〕
(27) Rousseau, *Lettres à Malesherbes*, OC I, p. 1134.〔『』、四七〇頁。〕
(28) *Ibid.*, p. 1133.〔同書、四六九頁。〕

第二節　証拠の問題——『ボーモンへの手紙』

(a)　法廷の創設

「マルゼルブへの手紙」以降、ルソーのエクリチュールは自己を主題にするものへと傾斜していく。もちろん、それは彼を取り巻く外的状況の大きな変化に起因する。とりわけ、その決定的な節目がパリ大司教クリストフ・ド・ボーモン (Christophe de Beaumont, 1703–1781) による『エミール』の断罪であろう。一七六二年四月半ばに『社会契約論』がアムステルダムで出版され、翌五月下旬には難航していた『エミール』もパリで刊行、販売された。この二作品の登場がルソーの人生を大きく変えたことはよく知られている。いわゆる迫害と放浪の時代の始まりである。その経緯を簡単に振り返っておこう。

『エミール』出版直後の一七六二年六月三日、警察当局によって『エミール』は押収された。七日、ソルボンヌ神学部はパリ高等法院に『エミール』を告発。それを受けて、九日、パリ高等法院は『エミール』を断罪し焚書処分を決定した。十九日には、ジュネーヴ当局が『エミール』と『社会契約論』を断罪した。パリ高等法院はルソー逮捕令を発布し、それを受けルソーはモンモランシーを去り、ヨーロッパ各地を転々とすることになった。そして、八月二十日にソルボンヌは『エミール』の弾劾書を発表した。同日、パリ大司教クリストフ・ド・ボーモンは『教書 *Mandement*』を作成し、二十八日には公開した。(29) こうして、ルソーは追われる身となった。(30) ルソーをめぐる状況は厳しいものであったが、数少ない彼の支持者の配慮により、ルソーはヌーシャテル近くのモティエに移った。そこでルソーは一七六二年十月頃からボーモンへの反論の準備を始めていたようである。そして、翌六三年一月には出版人レイに原稿を送り、三月に『パリ大司教クリストフ・ド・ボーモンへの手紙』（以下『ボーモンへの手紙』と略記）を出版した。

こうした目まぐるしい状況のなかで、ルソーのエクリチュールは必然的に大きく転回——しかしそれはすでに「マルゼルブへの手紙」から、あるいは『学問芸術論』以後からすでに、とも言えてしまうが——することになる。ジャン＝マリー・グールモの研究以来、この『ボーモンへの手紙』はルソーのエクリチュールのひとつの転回点とされてきた[31]。グールモのアイデアを桑瀬は以下のようにまとめている。

それまでの著作においては真理を探究し、真実を記述することが問題であったとすれば、『ボーモンへの手紙』以降は、歪められ、傷つけられた真実、特にジャン＝ジャック・ルソーという人間の真実を回復するこ

---

(29) Christophe de BEAUMONT, *Mandement de Monseigneur l'Archevêque de Paris, portant condamnation d'un livre qui a pour titre : Emile ou de l'éducation, par J. J. Rousseau, citoyen de Genève. A Amsterdam, chez Jean Neaulme, Libraire, 1762*, in-12, Paris, C. F. Simon, 1762.

(30) 詳しい経緯については以下を見よ。永見『ジャン＝ジャック・ルソー』、三二六―三二七頁。また、ジュネーヴ当局による『社会契約論』断罪はジュネーヴ内に存在した政治的対立を表面化させる契機にもなった。ルソー事件と呼ばれる一連の騒動とジュネーヴ人たちによるルソーという人物像の用い方については以下の論文を参照せよ。橋詰かすみ「ジュネーヴ共和国の政治論争と『社会契約論』——意見書（1763年）の分析から」『一橋社会科学』、第一〇巻、二〇一八年、四三―五七頁。

(31) Jean Marie GOULEMOT, « Pourquoi écrire ? Devoir et plaisir dans l'écriture de Jean Jacques Rousseau », in *Romanistische Zeitschrift für Literaturgeschichte*, IV, 1980, pp. 212–227.

とが最も重要な課題になるといえる。今後は、もはや新たな真理の探究が試みられるのではなく、これまでに公表＝出版した有益な真実、しかしながら、ひとびとに危険な誤謬と受け取られた真実を、その発見者の誠実さを示すことによって擁護することが問題になるだろう。[32]

言説の〈真理 vérité〉から作者の〈誠実さ sincérité / bonne foi〉への移行。『ボーモンへの手紙』以降、ルソーのエクリチュールにはこのような転回が生じた、という解釈がルソー研究のなかで定着した。事実、『ボーモンへの手紙』の冒頭でルソーは反論のための筆を執った理由をボーモンが作品を批判するだけではなく、ルソー個人も攻撃したためだと述べている。

もし貴方が私の書物だけを攻撃されたのであれば、私は貴方に言わせておいたでしょう。ですが、貴方は私の人格をも攻撃されました。しかも貴方が人々のあいだで持っている権威〔autorité〕が大きいほど、貴方が私の名誉を傷つけようとされるのを私は黙って見過ごすわけにはいかないのです。[33]

ルソーからすれば、ボーモンの『教書』はルソーの人格を完膚無きまで粉砕する力を持つものである。なぜならば、ルソーを批判するボーモンの権威は大きすぎるからだ。「パリ大司教、ド・サン＝クルー公爵、フランス同輩衆、聖霊騎士分団長、ソルボンヌ学長等々[34]」という圧倒的な肩書きを有するボーモンから直接的に個人攻撃をされたルソーは窮地に追い詰められる。この問題について、越森彦はルソーに対してボーモンが有する権威を単なる非対称な力の関係性と考えるべきではないと指摘している。「アカデミー・フランセーズの辞書（初版一六九四年）によれば、「権威」とは、「自分の意見を確かなものにするために引用する、ある著者またはある偉人の意見、証言」を意味する。最後の「証言」という定義に注意されたい。ボーモンにあって、ルソーにない「権威」。それは「証言」のもつ力である。信憑性のある「証言」という意味での「権威」である[35]。すなわち、ボーモンが持つ圧倒的権威は彼の発する「意見、証言」を正当なもの、正しいものにする。言わば、ボーモンの権威は彼の言説を〈真実〉として「人々のあいだで」流通させる力を持つのである。反対に、権威を持たないルソーは自らの「意見、証言」に力を付与することができない。

権威の格差という状況は、ルソーにとって圧倒的に不利なものでしかない。「マルゼルブへの手紙」のときとは違い、敵対してくる高貴な人間をルソーは相手にしなければならない。相手は、作品だけではなく、著者そのものも「歪曲」しようとしてくる[36]。このような状況において、ルソーは様々な戦術を取ることで自らの誠実さを

（32）桑瀬「自己のエクリチュール――『告白』、『対話』、『夢想』をめぐって」、一七八―一七九頁。ただし桑瀬はグールモの解釈に対して懐疑的である。「『ボーモンへの手紙』の草稿では、決定稿における「誠実さ」とは相容れない「自尊心」の主題が前面に押し出されてもいる」（桑瀬章二郎「ルソーの「統一性」再考――体系、全集、自伝」『思想』、岩波書店、二〇〇九年十一月号、六三頁）。

（33）Rousseau, *Lettre à C. de Beaumont*, OC IV, p. 927.〔七、四三九頁。〕

（34）Beaumont, Mandement de Monseigneur l'Archevêque de Paris, p. 3.〔七、五四七頁。〕

（35）越森彦「自伝の策略――『ボーモンへの手紙』におけるエートス」『ルソーと近代』、永見文雄他編、風行社、二〇一四年、八八頁。

回復しようとする。

ここで私たちが着目したいルソーの戦術とは、『ボーモンへの手紙』というテクストの〈法廷〉化である。ルソーは『ボーモンへの手紙』を仮想の法廷空間に仕立て上げようとする。なぜならば、ルソーの言に従えば、『エミール』断罪は適切な訴訟手続きに則ってなされたものではないからだ。ゆえにルソーは自らを自分自身の弁護人として、「これまでの司法手続きを、第三者の観点から総括[37]」していく。

ひとりのジュネーヴ人が一冊の書物をオランダで印刷させ、そしてこの書物はパリ高等法院の判決によって、君主の許可を得ていたにもかかわらず、焼かれました。ひとりの新教徒が、ある新教国でローマ教会に異議を申し立てました。するとパリ高等法院は彼に逮捕令を出しました。ひとりの共和主義者がある共和国で君主国に対して異議を述べました。するとパリ高等法院は彼に逮捕令を出しました。パリ高等法院は自らの権限について奇妙な考えを抱いており、自らを人類の正当な裁判官であると考えているに違いありません[38]。

ひとりの人間と巨大な組織（高等法院、教会、国家）という非対称的な構図を繰り返し強調しつつ、ルソーは「訴訟手続きの順序[39]」に拘るパリ高等法院が「自らの権限」を越え出て、オランダで出版したジュネーヴ市民ルソーに対して逮捕令を出したという事実に強い違和感を表明する。そして、この違和感は司法権力だけではなく、教会にも向けられる。迫害を蒙ったスピノザの人生に自らを重ね合わせながら、ルソーは教会による裁きのシーンを描く。

彼〔ルソー〕は刑吏の追及を逃れたものの、今度は聖職者の手に落ちます。だが、驚くべきはこのことではありません。驚くべきは、生まれも魂も高貴な有徳人が、つまり聖職者たちの卑劣さを抑えるべき高名な大司教が、その卑劣さを許したことです。虐げられた人々を憐れむべき立場にあるそのお方は、虐げられた人間を不幸のただなかで苦しめることを恥じておられません。そのカトリックの高位聖職者は新教徒であるひとりの著者に反駁する教書を発し、判事としてひとりの異端の個人的教義を審理するためにその法廷へと現れでたのです。(40)

ここでのルソーの戦略とは、大司教の権威の高さを一種の弱点へと転換させることであった。ルソーは権威の圧

(36) ルソーが蒙る〈歪曲〉の側面に光を当て、グールモのテーゼに回収されないルソーの自伝的テクストの様相を明らかにした研究として土橋のものがある。本章を執筆する上で、彼女の研究からは先行研究の整理を含め大いに示唆を受けた。本章でも検討する〈証拠〉をめぐる問題圏において、土橋は署名という観点から考察している。私たちの議論と関係づければ、内的感覚による真理を他者に対し裏打ちするものとして署名の効果を検討することができるかもしれない。土橋友梨子「論争作品に見られる自伝的側面――ジャン＝ジャック・ルソー『ボーモンへの手紙』と『山からの手紙』についての一考察」『学習院大学人文科学論集』、第十九巻、二〇一〇年、一〇七―一三〇頁。

(37) 越「自伝の策略――『ボーモンへの手紙』におけるエートス」、九四頁。

(38) Rousseau, *Lettre à C. de Beaumont*, OC IV, p. 929.〔七、四四二頁。〕

(39) *Ibid.*, p. 930.〔同書、同頁。〕

(40) *Ibid.*, p. 931.〔同書、四四五頁。〕

倒的格差を逆手に取り、ボーモンに対して攻勢をかけている。本来は「聖職者たちの卑劣さを抑えるべき」の大司教が、何も持たない「虐げられた」ジュネーヴ一市民を直接裁くという奇怪さ、異様さを、ルソーは強調する。また、か弱き人間への人格攻撃 *ad hominem* は、攻撃される者の別なる形象を人々に思い起こさせるかもしれない。越が指摘しているように『ボーモンへの手紙』の後半では、ルソーは自らをイエス・キリストの形象に重ね合わせ、殉教者としての「エートス」を自らに付与しようともしている。[41] こうした修辞的戦略によって、ルソーはボーモンの行為の異常さを浮き彫りにし、その権威の失墜を目論んでいた。

そして、ルソーは高等法院と大司教という二人の判事によって開かれた法廷の再審を要求する。もちろん、ルソーによって召喚される次なる判事は、高等法院でも大司教でもなく「読者〔Lecteur〕」である。こうして、ボーモン自身もひとりの裁かれる者となる。

> 猊下、読んだ作品の著者を人々が理解しないというのは多くの場合、取るに足らない禍い〔mal〕です。ですが、人々がその著者に反論を加えるときにはそれは大きな禍いであり、また著者を中傷するときには極めて大きな禍いなのです。ところで、貴方は、他の多くの人々と同様、ここで貴方が攻撃している私の書物の一節を少しも理解しておられません。その全文を読者の目の前に置けば、私が間違っているか貴方が間違っておられるか、読者が判断してくれるでしょう〔Le Lecteur jugera〕。[42]

読者と著者のあいだで起こる「禍い」を三段階のレベルで規定した後に、ルソーは「ところで〔Or〕」という接続詞を置き、話題の矛先をボーモンへと向ける。高貴なボーモンのおこないは、三段階のもっとも下位に位置するものである。言うなれば、ルソーは偉大な権威を有するボーモンを晒し者にするのである。では、ボーモンは誰の前に晒されるのか。彼は大文字の〈読者Lecteur〉の前で失態を犯すことになる。別のところでも、ルソーは大文字の〈読者〉を召喚し、彼らに判断を委ねる。

これについては読者が判断してくれるでしょう〔Le Lecteur en jugera〕。私としては、一言も付け加えるつもりはありません。私は以前に何度か文章で答えました。ですがここで私が貴方にお答えしたいのは、貴方ご自身の文書によってです。(43)

大文字の〈読者〉が裁判官を司るような法廷において、ルソーは被告という反駁人ではなくなっている。そこで彼は、ボーモンの言葉を引用し、読者に提示する「先導人」(44)の役割を務めている。そしてルソーはボーモンに対する勝利を確信し、この手紙を終える。

もし貴方が私のような一個人であり、そして私が貴方を公正な法廷へと召喚することができ、我々が二人と

(41) 越「自伝の策略――『ボーモンへの手紙』におけるエートス」、九三頁。
(42) ROUSSEAU, *Lettre à C. de Beaumont*, OC IV, p. 949.〔七、四六八頁。〕
(43) *Ibid.*, p. 991.〔同書、五二〇頁。〕
(44) Michèle CROGIEZ, *Rousseau et le paradoxe*, Paris, Honoré Champion, 1997 p. 479.

も、私が自分の書物を、貴方がご自身の教書を持って出頭することになれば、貴方は確実に有罪を宣告され、私に対する侮辱が公におこなわれたのと同様に、私に対して償いするように命じられることでしょう。[45]

読者に審理を託そうとするルソーのこの姿勢に、アンシャン・レジーム期の権威から自律していく〈世論 opinion publique〉の創成という観点を読み込むこともできるかもしれない。[46]

しかし、〈読者〉という世論の問題を吟味すると同時に検討すべきは、書簡空間に設定された法廷におけるルソーの振る舞いである。すなわち法廷モデルを導入する場合、重要になってくるのが証言と証拠の問題である。ボーモンという圧倒的な権威を持つ人物と対峙する際に、裁判官である読者を味方につけるには、ボーモンの権威を失墜させ、同時にルソーが用意する証拠と自身の証言の正しさ、真実らしさを読者に示す必要がある。だが、この試みはルソーが目論む方法そのものを瓦解させる危険を生み出してしまう。

（b）「私のお決まりの方法……」

「マルゼルブへの手紙」同様、『ボーモンへの手紙』においてもルソーは自己弁護のために歴史記述という方法を選択する。だが、その語りはマルゼルブに対しておこなった歴史の語りとは別種のものである。

猊下、私はここでぜひとも私のお決まりの方法〔ma méthode ordinaire〕を用い、私の思想の歴史〔l'histoire de mes idées〕を述べて、私の告発者たちに対する回答にかえさせてもらいたいと思います。私があえて語ったことすべての正しさを証明するには、私が考えたことすべてをもう一度述べること以上に良い方法があるとは思えません。[47]

『ボーモンへの手紙』では、「私が考えたことすべて」を歴史的に語り直すことが目指されている。そしてルソーは「私のお決まりの方法」で自然的善性、消極的教育、自然宗教等の自説の正しさを語り直す。[48] ただし、『ボーモンへの手紙』で語ろうとする歴史は「マルゼルブへの手紙」で語られた歴史とは大きく異なる。というのも、「マルゼルブへの手紙」では幼少期から『エミール』印刷問題までのルソー個人の歴史＝物語が時間的に綴られてきたが、『ボーモンへの手紙』では個人的生の歴史が語られるわけではなかった。ルソーは、物語的過去を表現する際に使われる単純過去時制を多用しながら、[49] 自らの書物（『不平等起源論』や『エミール』）の要点を再度繰り

（45） Rousseau, *Lettre à C. de Beaumont*, OC I, p. 1007.〔七、五四一頁。〕

（46） Morihiko Koshi, *Les images de soi chez Rousseau : l'autobiographie comme politique*, Paris, Classiques Garnier, 2011 ; Ourida Mostefai, *Jean-Jacques Rousseau écrivain polémique : querelles, disputes et controverses au siècle des Lumières*, Leiden, Brill, 2016, p. 113.

（47） Rousseau, *Lettre à C. de Beaumont*, OC IV, p. 966.〔七、四九〇頁。〕

（48） この内容構成は、ボーモンの『教書』で展開されたルソー批判の内容と対応している。

（49） 「私は人間を観察できるようになると〔Sitôt je fus en état d'observer les hommes〕、すぐに彼らがなすことを眺め、彼らが話すことに耳を傾けました。（……）／私は我々の社会秩序のなかにそれ〔存在と外見の不一致の原因〕を発見しました〔Je la trouvai〕」（*ibid.*〔同書、同頁〕）。

返していくのである。すなわち、これまで書いてきた作品という事実の提示がここで目指される。

このような語りはおおよそ自伝的語りではないように思われる。だが「様々な主題について書いてきましたが、いつも同じ原理で書いていました」[50]と主張するように、ルソーにとって重要なのは彼の「思想の歴史」の一貫性を他者（ボーモンというよりはむしろ読者）に示すことである。すなわち、ルソー自身の一貫性という誠実さの証明は、彼の作品に託される形になる。ゆえに、ルソーは自らの作品を「証拠書類」と呼ぶのである。

私が後世に証拠書類〔pièces justificatives〕として伝えるのは、私の身柄に対する逮捕令であり、死刑執行人によって焼かれた私の書物です。[51]

自らの書物を正しく読んでもらえれば、その著者である私のことも正しく理解してもらえるはずという考えをルソーは示している。それゆえ、ルソーは『ボーモンへの手紙』のなかで彼の著作を「証拠書類」として取り扱い、十八世紀後半に流行した訴訟趣意書factum/mémoire judiciaire[52]の体裁を踏襲し、これまでの著作の連綿とした繋がりと一貫性を物語的に語ることを試みた、と言えるだろう。つまり、「マルゼルブへの手紙」でも強調されていた「事実によって」歴史を語るという方法が、『ボーモンへの手紙』では証拠としての作品の再提示という形で変奏されるのである。

だがこのように考えた場合、ルソーのこの方法はある原理的な問題に突き当たってしまうかもしれない。しかも、私たちにはルソー自身が『ボーモンへの手紙』における自己弁護の過程でその問題を意図せず浮上させてしまっているように思われる。それは、証拠が示す〈事実〉の確からしさに関する問題である。

『ボーモンへの手紙』の後半で、ルソーは「サヴォワ助任司祭の信仰告白」で展開された自然宗教へのボーモンの論駁に対して再反駁を試みている。そこで主題となっているのが、啓示の証言をめぐる問題であった。第四章で私たちはすでにこの問題に対するルソーの態度を検討した。簡単に振り返れば、ルソーは歴史ピュロニスムの側に立ちつつ、人間の証言に基づく啓示宗教を批判した。過去の事実は不可知であり、啓示の証言という媒介を必要とする啓示宗教は教会の不可謬性という承認しがたい原理によって確立されるほかない。ゆえに、ルソーは良心に基づく信仰という無媒介な自然宗教の側に与したのであった。この論点に対して、ボーモンは激しく批判した。『教書』におけるボーモンの言葉を引用しよう。

だがそれでは、キリストの啓示の事実にさえ先行する無数の事実、疑ったりすることが愚かしいような無数の事実は存在しないのであろうか。人間の証言を通じてでなかったら、著者〔ルソー〕があれほどしばしば、しかもあれほどの確信をもって、その法律や習俗、英雄を褒め称えているあのスパルタやアテナイ、ローマを著者自身はいったい他のどんな手段を通じて知ったのだろうか。これらの事件の記憶を保持してきた歴史家たちと彼のあいだに、いかに多くの人々が介在していることか。(53)

(50) *Ibid.*, p. 928.〔同書、四四一頁。〕
(51) *Ibid.*, p. 1002.〔同書、五三六頁。〕
(52) 越「自伝の策略――『ボーモンへの手紙』におけるエートス」、九三頁。
(53) BEAUMONT, *Mandement de Monseigneur l'Archevêque de Paris*, p. 19 ; ROUSSEAU, *Lettre à C. de Beaumont*, *OC* IV, pp. 986–987.〔七、五一五

啓示の実在性を論点にするのではなく、ボーモンは人間の証言を認めないルソーの「懐疑論」[54]を批判する論点に重心を置き、ルソーを批判する。そして、『ボーモンへの手紙』でルソーはこの上記部分をそのまま引用し再反駁をしている。ルソーの反論の要点は、人間の行為は人間の証言によって証明されるしかないが、神的な事実は証言という手段以外に基づくべきというものである。[55]

それゆえ、お願いですから、人間にまつわる事実は人間の証言によって証明されるのはまったく理の当然であるとお考えください。それらの事実はそれ以外のいかなる手段によっても証明できません。その同時代の著者たちが私に語るのでなければ、私はスパルタやローマが存在したことを知りえません。[56]

ルソーは極めて穏当な立場に与しているように思われる。「人間の証言」がなければ私たちは過去の人間たちのことを何も知ることはできない。ゆえに、今を生きる私たちが歴史的過去を知るためには、証言を遺してくれる「媒介者」[57]が必要不可欠なのである。

だが、証言という証拠が揃っているというだけでは、事実の確からしさは確実なものになるとは言えない。ルソーはこのことを吸血鬼の例を挙げて主張する。

世の中に証明された物語〔histoire〕があるとすれば、それは吸血鬼の物語です。これにはすべてが揃っています。調書や名士、外科医、司祭、行政官たちの証明書があります。裁判上の証拠はこのうえなく完璧です。ですが、それらの証拠をもってして、いったい誰が吸血鬼を信じるでしょうか。[58]

吸血鬼に関する形式上の証拠はすべて揃っている。にもかかわらず、人々はその存在を認めることはない。この事態をどのように考えるべきだろうか。これは、証拠に対する私たちの心の有り様を意味する。つまり、問題は証拠の完璧さではなく、心証の次元へと移行する。ルソーはこのことを明確に述べている。

我々がその証人ではないどんな事実も、我々にとっては心証〔preuves morales〕に基づいてしか証明されません。そしてどんな心証も良くも悪くもなりえます。[59]

ここでルソーが主張していることとは、事実の証明においては証拠そのものではなく、証拠を吟味する側の心証（心的証拠）こそがその確からしさを生み出すのである、ということである。ところで、先に引用したルソーが用いる用語群は当時の法制度においてとりわけ議論になっていたものである。

頁。〕

(54) BEAUMONT, *Mandement de Monseigneur l'Archevêque de Paris*, p. 20.〔七、五五四頁。〕
(55) ROUSSEAU, *Lettre à C. de Beaumont*, OC IV, p. 987.〔七、五一五頁。〕
(56) *Ibid.*〔同書、同頁。〕
(57) *Ibid.*〔同書、同頁。〕
(58) *Ibid.*〔同書、同頁。〕
(59) *Ibid.*〔同書、同頁。〕

証拠、証言、心証を法廷においていかに取り扱うかというのはベッカリーアやヴォルテール、コンドルセ、テュルゴーらといった思想家の喫緊の課題であった。すなわち啓蒙の世紀は、いわゆる法定証拠主義から自由心証主義への段階的移行の時代——それはフランス革命によって達成されたとする説が研究史上有力である——であった。(60) この過渡期において、司法制度を議論していた思想家たちは、証言、自白といった証拠ではなくそれら証拠を判断する者の心証を判決の確からしさの基礎と見なすべきだという主張を強めていった。(61)『ボーモンへの手紙』におけるルソーもこのような風潮を受けて、先に述べた心証の問題を指摘していたのだろう。事実、ルソーは様々な奇跡が目撃されたとする痙攣派の信徒の例を挙げ、その信徒に対する心証の度合いの低さから彼の証言を真実と許容することが困難になるということを述べている。(62)

だが、証拠そのものよりも証拠を検討する心証の方が重要視されるのであれば、著書＝証拠書類によって自己の事実の歴史を示そうとするルソーの「お決まりの方法」は、困難なものとなるだろう。いくら証拠という事実を積み重ねたところで、最初から歪められたルソー像をもった読者は、ルソーを信じ、彼の誠実さに対して良き心証をもつことはしないであろう。ボーモンと彼に追随する「公衆」を前に、ルソーは「無実のカラス」(63)でしかない。そして、圧倒的に分が悪いルソーに対する彼らの心証を前に、「お決まりの」歴史記述という方法は無に帰してしまう。ゆえに、読者に事実としての証拠を提示するだけではなく、読者の心証を誘導するような別なる〈自己語りの方法〉がルソーには必要であったのだ。こうして、『告白』の方法が次第に準備され始めるのである。

第三節　「すべてを語る」が要請するもの――『告白』

「マルゼルブへの手紙」から『ボーモンへの手紙』を経て、〈事実〉だけを語るという歴史の方法は挫折することになる。語られる〈事実〉と作品という〈証拠〉は他者に対して有効性を持ちえなくなる。〈私〉という人間を正しく理解してもらうことは他者には不可能なのかもしれない。『ボーモンへの手紙』以後の出来事を見れば、(64)

(60) この問題については以下の研究に多くを負っている。石井三記『18世紀フランスの法と正義』、名古屋大学出版会、一九九九年。

(61) 同書、第八章。

(62) ROUSSEAU, *Lettre à C. de Beaumont*, OC IV, pp. 988–989.〔七、五一七―五一八頁。〕

(63) *Ibid.*, p. 985.〔同書、五一三頁。〕カラス事件は一七六一年にトゥールーズで起きた冤罪事件である。プロテスタントのジャン・カラスは子殺しの犯人として逮捕、起訴され、一七六二年三月に処刑された。だがヴォルテールが始めた再審運動によって、亡きジャン・カラスと有罪判決を受けていた関係者たちは一七六五年に無罪判決を言い渡された。カラスを冤罪へと導いた証拠主義に対して、ヴォルテールは批判を向けていた（石井『18世紀フランスの法と正義』、二一九頁）。事件の発生からジャン・カラス処刑、そしてヴォルテールの運動は、ちょうど『エミール』断罪から『ボーモンへの手紙』執筆の時期と重なる。ルソーは知人からの書簡を通じてカラス事件の詳細を知っていた。

(64)『告白』の執筆動機や時期については不明確な部分が多いが、よく言及される原因は二つある。一つが出版人レイによって自伝の執筆を薦められていたということ、もう一つが匿名作者による『市民の意見』（一七六四年）というパンフレットによって、ルソーが子供を孤児院に送ったことなどが暴露されたことである（『市民の意見』はヴォルテールの手によるものだっ

こうした不信の念が、ルソーのなかで肥大化していったということは疑いようがないだろう。何をどう語ればよいのか。この問いに対し、スタロバンスキーをはじめ、多くの解釈者たちが注目したのが「すべてを語る」というルソーの計画であった。本節ではこの方法だけに焦点を絞り、再度検討することで本章を終えたい。[65]

『ボーモンへの手紙』を書き上げ、出版人レイへ原稿を送付した直後の一七六三年一月二十日付けの書簡において、ルソーは数少ない友人のひとりに自伝の計画を伝えている。

もう終わったものと私が見なしている貴方の不幸な友人〔ルソー〕の伝記〔vie〕が、私に残されたなすべきことであることは確かですし、内部ニオイテ、マタ皮膚ニオイテ〔*intus et in cute*〕自らを示そうとする勇気を持つひとりの人間の歴史〔histoire〕が同胞にいくらか役立つということもまた確かです。[66][67]

こうして少しずつ『告白』は準備されたのであったが、その道のりは平坦ではなかった。[68]ヴォルテールの『市民の意見』によるルソーへの誹謗が展開された直後の一七六五年一月、ルソーはシャルル・ピノ・デュクロに「すべてを語る」意志を伝える。

私には語らねばならないことが多くありますし、すべてを語るつもりです。私の過ちをひとつたりとも、邪な考えをひとつたりとも省くつもりはありません。私はあったままの、あるがままの私を描くつもりです。[69]

そして、「すべてを語る」という意志は『告白』の最初期の草稿に付された序文（通称「ヌーシャテル草稿序文」）に[70]

た)。

(65) 繰り返しの弁明のようになるが、本章では『告白』における方法すべてを射程に入れることは不可能である。説得の技法を検討した研究としては、先に挙げた越森彦の一連の研究やアリストテレスの弁論術からルソーの言説を検討した大山賢太郎の研究がある。大山賢太郎「ルソー『告白』における説得の戦術——自己像、読者像を中心に」『仏文研究』、第四七号、二〇一六年、一四九—一六三頁。

(66) ペルシウスの『諷刺詩』からの引用である。元の文章は「内部ニオイテ、マタ皮膚ニオイテ汝ヲ知ル〔*Ego te intus et in cute novi.*〕」であり、ルソーはこの一部だけを引いている。また、ルソーは « *intus et in cute* » を『告白』のエピグラフとしても用いている。

(67) *Rousseau au ministre Paul-Claude Moultou*, le 20 janvier 1763, n° 2441, CC XV, p. 70.〔十四、一一〇頁。〕

(68) 一七七〇年まで書き続けられた『告白』は生前、一冊の書物として刊行されることはなかった。ルソーの死後の一七八二年、『告白』第一部（第一巻から第六巻）は、『対話』や『孤独な散歩者の夢想』とともにジュネーヴにて初めて刊行された。『告白』第二部（第七巻から第十二巻）は、一七八九年ジュネーヴにおいて刊行された。『告白』の複雑な刊行情報についてはソシュールの研究が詳しく、また『告白』の刊行をめぐる〈ルソー主義者〉や〈反ルソー主義者〉たちの活動については桑瀬章二郎の研究がある。Hermine de SAUSSURE, *Étude sur le sort des manuscrits de J.-J. Rousseau*, Neuchâtel, H. Messeiller, 1974, pp. 12–20 ; Shojiro KUWASE, *Les confessions de Jean-Jacques Rousseau en France (1770–1794) : les aménagements et les censures, les usages, les appropriations de l'ouvrage*, Paris, Honoré Champion, 2003.

(69) *Rousseau à Charles Pinot Duclo*, le 13 janvier, 1765, n° 3875, CC XXIII, p. 100.〔十四、二四一頁。〕

(70) この序文は決定稿「ジュネーヴ草稿」では抹消されている。「ヌーシャテル草稿序文」の執筆年代に関しては不明な部分が多いが、有力な説は一七六四年春頃である。Cf. Frédéric S. EIGELDINGER, « Sur la date de la “Préface” des *Confessions* », in *Bulletin de l'Association Jean-Jacques Rousseau*, n° 59, 2002, pp. 23–27 et 29–39. ちなみに『社会契約論』の草稿のひとつも「ジュネーヴ草稿」と呼ばれるが、これとは同じものではない。保管されている図書館の地名に応じて、各草稿に通称が付与されているため、このおいても示されている。ルソーは自らの試みをこれまで敬虔な女性信徒がなしてきたであろう告解を越えるものであると言う。

私は正直であるだろう。私は腹蔵なく正直であるだろう。私はすべてを語るつもりだ。善いことも、悪いことも、つまりすべてを。私は、この〔『告白』という〕表題を厳密にやり遂げるだろう。誰よりも神を畏敬する信心深い女性であろうと、私が準備している以上に厳しい良心の糾明をしたことはあるまい。彼女は、公衆に自分の魂の襞〔replis〕をすべてさらけ出そうとしている私以上に、細心綿密にそれを聴罪司祭にさらけ出したことは決してなかった。(71)

書簡や幻の序文において幾度も繰り返される「すべてを語る」という宣言は、揺るぎないルソーの決意を私たちに感じさせる。

しかし注意せねばならないのは、「すべてを語る」とは世間から正しく知ってもらえないことに対する鬱積した感情から発生した暴露の欲望ではないということである。「マルゼルブへの手紙」から強調される矛盾し合う自己を読者に認識してもらうため、「ヌーシャテル草稿序文」の表現を用いれば「奇妙で特異な寄せ集め〔bizarre et singulier assemblage〕」(72)である〈ルソー〉の性格を認識してもらうために、「すべてを語る」ことは必須の方法なのである。なぜならば、この「寄せ集め」においては「すべてが連関しあっており、かつすべてが一なるもの」(73)となっているからである。「奇妙で特異な寄せ集め」は一見するとばらばらなものにしか見えないが、あらゆる部品は連結しあい、結び付いている。こうした自己の形象をルソーは「ヌーシャテル草稿序文」において強調する。

ゆえに、「おぞましく、みだらな、くだらない、ときに滑稽でさえある細部(74)」を言い落とすことは、ルソーを構成するための部品を読者から奪うことを意味する。自己の歴史の語りは、読者に「奇妙で特異な寄せ集め」を理解させることを目指している。

そして「すべてを語る」というルソーの方法は、読者に対するある要請と結びつく。ルソーは『告白』第二巻で以下のように読者に〈すべてを読め〉と要求する。

ような煩雑な草稿名称となっている。

(71) Rousseau, *Ebauches des Confessions*, OC I, p. 1153.〔「『告白』ヌーシャテル草稿序文」(桑瀬章二郎訳)、『思想』、岩波書店、二〇〇九年十一月号、二三八頁。〕

(72) *Ibid.*〔同論文、二三九頁。〕「ヌーシャテル草稿序文」を見ると、ルソーはまず「奇妙で特異な性格〔caractère〕」と書き、その後« caractère »に抹消線を引き「寄せ集め〔assemblage〕」と書き直している(cf. *ET* II, p. 864, note. 2)。この推敲は、ルソーが自己を様々な部分から成る集合体と考えていたことを示唆している。ところで、飯田賢穂はルソーが自己の統一的形象を示すときに用いるこの「奇妙で特異な寄せ集め」という表現のなかにルソーにおける人間の本源的な自己内分裂という着想が示されていると指摘している。すなわち、ルソーは〈私 moi〉を元々分裂したものと考えており、『告白』さらには『エフライムのレビ人』がその統一の試みとして位置づけられる、と飯田は主張している。Cf. Yoshiho Iida, *La « religion civile » chez Rousseau comme art de faire penser*, Thèses de doctorat, Université Grenoble Alpes, 2015, pp. 57–73.

(73) Rousseau, *Ebauches des Confessions*, OC I, p. 1153.〔「『告白』ヌーシャテル草稿序文」、二三九頁。〕

(74) *Ibid.*〔同書、同頁。〕

私が公衆に自らを丸ごとすべて示さんとした企てにおいて、私のうちで何ひとつ曖昧で隠されたままであってはならないし、私は絶えず公衆の眼前にいなければならない。私の心のあらゆる迷い、私の人生のすべての秘められた部分のなかで公衆は私を追跡しなければならず、一瞬たりとも私から眼を離してはならないのだ。というのも、私の話のなかにほんの少しの欠落や空隙を見つけて、そのあいだに彼は何をしていたのだろうと怪しみ、私がすべてを語ろうとしなかったことを非難するのを恐れているからである。(75)

「すべてを語る」ことは、〈すべてを読むこと〉と切り離すことはできない。なぜならば、すべてを語りつつ、同時にすべてを解釈することはルソーにはできないからである。(76) ルソーは「ほんの少しの欠落や空隙」もなく「すべてを語る」という行為を読者に差し出す。「絶えず公衆の眼前に」ルソーが存在し続けることで、読者に「彼は何をしていたのだろう」と疑うことを禁じる。すると、ここで読者は責務を負うことになるだろう。すなわち、ルソーは〈すべてを読まねばならない〉という契約を読者と結ぼうとしている。ルソーが「すべてを語る」以上、読者は読まねばならない。そして『告白』第四巻末尾で、ルソーははっきりとこの契約が結ばれているものと想定し、読者に読む責任を自覚させる。

〔私が語る〕これらの要素を寄せ集めて〔assembler ces éléments〕、その要素が構成する存在〔l'être qu'ils composent〕を決定するのは読者にまかせる。結論は読者の仕事でなければならない〔le résultat doit être son ouvrage〕。その際、読者が誤れば、その誤りは読者のしたことである。ところで、こうした目的のためには、私の物語が忠実であるだけでは足りない。それはまた正確でなければならない。事実の重要性を判断するのは私のすることでなく、私はすべてを語り、選択の労は読者にまかせるべきなのだ。今までそういうつもりで勇気のありたけを注いで努めてきたし、今度も気を緩めないつもりである。(77)

ルソーは読者に対し一方的に契約を結ぶ。ここではルソーと読者の関係性は、完全に転倒する。読者がルソーを誤って理解したとすれば、それはルソーがすべてを語ってないからではなく、読者がすべてを読んでいないからである。理解の不可能性の責任は、ルソーから読者へ転嫁される。「すべてを語る」はこのような立場の転倒を引き起こす。「良識ある読者よ、よく考え、決定しなさい。私としては口をつぐむことにする」(78)と言うルソーは、『ボーモンへの手紙』のときとは異なり、すでに被告人の席を離れている。契約を結ばれる読者は、『告白』とい

（75）ROUSSEAU, *Confessions*, OC I, pp. 59–60.〔一、七一頁。〕

（76）Jean-François PERRIN, *Le Chant de l'origine : la mémoire et le temps dans Les Confessions de Jean-Jacques Rousseau*, SVEC 339, 1996, p. 194. 事実の言明と解釈（釈明）の言明は完全に分離しうるという考えは単純な発想かもしれない。この点については、『告白』における有名なマリオンのリボンの箇所において、ルソーの事実確認的発話が行為遂行的発話へと不可避的に変容してしまうことを示したド・マンの解釈を見よ（Paul DE MAN, *Allegories of Reading*, New Haven, Yale University Press, 1979, chap. XII.〔ポール・ド・マン『読むことのアレゴリー』、土田知則訳、岩波書店、二〇一二年、第十二章〕）。ただし、ド・マンやセルジュ・マルジェルが考える『告白』というテクストが有する原理的な読解不可能性の問題とテクストを書くルソーの意志は分けて考えるべきであろう。私たちは後者の点に力点を置き、論述を進める。

（77）ROUSSEAU, *Confessions*, OC I, p. 175.〔一、一九五頁。〕

（78）*Ibid.*, OC I, p. 561.〔二、一八八頁。〕

う些細なディテールで充溢した「装置〔dispositif〕[79]」のなかに配置される。そこで読者はルソーという存在を「構成」しなければならない。ヤニック・セイテの表現を用いれば、このディテールの総体に欠けているものは「読者の知的活動[80]」のみである。私たちの表現で言えば、この読者がなすべき「知的活動」とは再構成である。つまり、ルソーが語るすべての「要素」からルソーという統一像を再構成することが読者の責務なのであり、その読者の行為によってこそルソーの無実を示す『告白』は真の意味において完成へと至るのである。

さて、この使命を果たすには、読者はただ読むだけで良いのだろうか。おそらくそうではない。複数の「要素」から〈一なるもの〉を「構成すること」が読者に課せられているとすれば、読者はある方法を用いなければならない。「要素〔élément〕」や「構成する〔composer〕」という語句が用いられていることに着目しよう。ルソーという「奇妙で特異な寄せ集め」に内包されている様々な諸要素は、「すべてが連関[81]」する。そしてこれら諸要素は「すべては一なるもの」として規定される。ゆえに、諸要素を一なる全体へと構成することは、あらかじめ可能な事態となる。つまり、読者は諸要素を再構成することを理論上は許されていることになる。

それでは、読者に認められている方法とは何か。これこそ、私たちが本書第一部で論究した分析的方法なのであり、ルソーが全面的に批判を加えていた分析的方法なのである。コンディヤックが打ち立てた分析的方法においては、諸部分はひとつの全体性が再構築される前提のもとで分解されている。すなわち、再構築の可能性が元から部分、要素に与えられている。ルソーはこの論理を逆手にとって、読者に分析的方法によって〈私〉を再構成せよ、と命じているのだ。哲学的伝統のなかから生じ、十八世紀フランスにおいてはコンディヤックによって認識における方法のひとつの到達点として称揚された分析的方法こそを、読者は用いねばならない。それによって、ルソーという人格を再構成することが読者には求められているのである。『不平等起源論』や『エミール』、

『道徳書簡』においてルソーが批判し放棄した分析的方法は、『告白』においては読者の方法としてその重要性を付与されているのだ。

分析的方法によってルソーの生の歴史を再構成することは、彼の生を追跡できるということを意味する。ゆえに、ルソーは幾度も「連続〔succession〕」という語を強調する。この連続とは、前章の『不平等起源論』解釈において私たちが指摘した断絶を含む連続ではない。連綿と繋がり合う因果の連鎖 chaîne という意味における分析的方法が求める「連続」である。結局のところ、「すべてを語る」とは、単に良きことも悪しきこともさらけ出すこと、すなわちルソーの生を構成する出来事 événement のすべてを記述することを意味するのではない。[82]「すべ

(79) Yannick Séité, « "Puisque enfin je dois tout dire" : Rousseau et les métamorphoses du tout dire », in *Lectures de Jean-Jacques Rousseau : Les confessions I–VI*, sous la direction de Jacques Berchtold *et al.*, Paris, Presses universitaires de Rennes, 2012, p. 86.

(80) *Ibid.*, p. 87. 本書第二部における私たちの主題でもあるルソーから読者への働きかけをヤニック・セイテは〈思考させる faire penser〉という表現で示している。つまり、読者の思考に運動を与えようとする戦略が、内容的にも、注といった形式においてもルソーのエクリチュールにあることをセイテは指摘している。以下の論文を参照せよ。Cf. *Id.*, « Rousseau : penser et faire penser », *AJJR* 46, 2005, pp. 53–77.〔ヤニック・セイテ「ルソー――思考すること、させること」(折方のぞみ、越森彦訳)、『思想』、岩波書店、二〇〇九年十一月号、六五―九〇頁。〕

(81) Rousseau, *Ebauches des Confessions*, OC I, p. 1153.〔「ヌーシャテル草稿序文」、二三九頁。〕

(82) 私たちは、本書第四章や先の『ボーモンへの手紙』の分析箇所で取り上げた事実の真実性の問題にはここでは立ち入らない。すでに私たちの問いは別の次元へと向かっている。例えば、その問題とは〈何がどのように事実となるのか〉という事実性の問いである。『告白』における事実の改変／理想化については多くの研究が明らかにしているが、例えば父親像に焦点を当て

て」には生の出来事だけが含まれるのではない。幾重にも折り重なった「自分の魂の襞」を押し広げることとは、出来事と出来事の〈あいだ〉に「空隙」を与えないことを意味する。つまり、「感情と思想とのある種の連続〔succession〕」を読者に推論させることである。

いつでも、私は結果の連鎖〔enchaînement des effets〕を感得してもらうために、最初のいくつかの原因をよく説明することに努めている。何とかして、自分の魂を読者の目に透明にして見せたいと思うのだ。(83)

『告白』第二部冒頭にあたる第七巻では、自らの記憶を補う「あらゆる証拠」が他人の手元に渡ってしまったことを白状しつつも、「感情の連鎖」がそれら証拠の代わりとなることが述べられる。

私は当てにすることができる唯一の案内人を有している。感情の連鎖〔chaîne des sentiments〕こそ私の存在の連続〔succession〕を示してくれ、またそれによって感情の原因ないし結果になった出来事の連続を明らかにするのである。(84)

あらゆる出来事を語り、かつ感情の連続をも示すこと、これによって「私の魂の歴史(85)」は語られたことになる。そして読者は〈すべてを読む〉ことを通じて、すべての要素を再構成する。こうして、人々はジャン＝ジャック・ルソーという固有名を完全に知ることができる。もはや『ボーモンへの手紙』で浮上してきた証拠の真実性は、問題とならない。なぜなら、すべてが語られる『告白』そのものが、ひとつの新しい〈証言〉となるからである。『告白』そのものは、分析的方法によって万人にとって理解可能な「比較参考資料〔pièce de comparaison〕」[86]として読者の前に置かれる。『告白』を〈正しい方法〉で検討すれば、誰しもが彼の〈歴史〉を追跡でき、本物のルソーへとたどり着くことができる。いわば、分析的方法の〈正しさ〉こそがルソーの真実性を担保する理論的装置として機能することになる。それはまるで、〈貴方たちがあれだけ賞賛しているやり方で私を検討すれば、私が無実であることを貴方たちは認識せざるをえない〉とルソーが読者を挑発するかのごとく、である。

認識の方法をめぐって、ルソーは分析的方法に対し数多くの批判を展開した。それにもかかわらず、『告白』では読者が分析的方法を用いることに期待し、それゆえに自らが分析可能な存在（「比較参考資料」）となるべく、「すべてを語る」という方法をルソーは選択した。[87]「すべてを語る」ことに賭けられていたものとは、著者の誠

た井関の研究を参照せよ。井関麻帆「ルソーの父親像――『告白』における変容と理想化の試み」『日本フランス語フランス文学会関東支部論集』、第十八号、二〇〇九年、二九―四二頁。

（83）ROUSSEAU, *Confessions*, OC I, pp. 174-175.〔一、一九五頁。〕

（84）*Ibid.*, p. 278.〔一、三〇四頁。〕

（85）*Ibid.*〔同書、同頁。〕

（86）*Ibid*, OC I, p. 3.〔一、一一頁〕; *Ebauches des Confessions*, OC I, p. 1154.〔「ヌーシャテル草稿序文」、二四〇頁。〕

（87）この点についての私たちの読解は、セルジュ・マルジェルの読解と対立する。マルジェルは、「すべてを語る」ことは「〔読者の〕読解や解釈を中断し、不可能にしながら、告白された物語を、読解不可能な言説に仕立てあげることに帰着する」と主張する（Serge MARGEL, *De l'imposture : Jean-Jacques Rousseau, mensonge littéraire et fiction politique*, Paris, Galilée, 2007, p. 24.〔セルジュ・マルジェル『欺瞞について――ジャン＝ジャック・ルソー、文学の嘘と政治の虚構』、堀千晶訳、水声社、二〇一三年、三五

実さ、真正さだけではない。自らが批判を加えてきた、啓蒙の世紀の方法それ自体が賭けられていたのである。「マルゼルブへの手紙」から『ボーモンへの手紙』そして、『告白』という一連の自伝的テクストにおいて自己の歴史の語りの方法は、読者との関係性に応じて変容した。そして、『告白』においては読者の方法を規定するかたちで自らの方法を構築したのであった。

＊＊＊

では、この賭けは成功したのだろうか。最終巻である第十二巻の末尾、デグモン夫人の屋敷での『告白』朗読会の場面で『告白』は終わる。原稿を読み上げ、すべてを語ったルソーは聴衆を前に「私は真理を語りました〔J'ai dit la vérité〕」[88]と言う。するとどうだろうか。皆が心のなかで〈ルソー〉を再構成し、なにがしかの同情や共感を彼に示しただろうか。残念ながら、部屋のなかにはただ沈黙だけが漂っていた。おそらく、彼をまったく理解できないという困惑を示す沈黙だけが――

こうして私は朗読を終え、皆沈黙した。デグモン夫人ひとりだけが、感動したようだった。彼女は明らかに身を震わせた。しかしすぐに我に返って、一座の者たちと同じように沈黙を守った。これがこの朗読と私の言明から私が得た成果なのである。[89]

「すべてを語る」ことで読者に自らを再構成させるという方法は失敗に終わった。[90]だが、方法をめぐるルソーの試みは終わることはなかった。その続きが『対話』であり、ルソーは再度、「絶対的な途方のなさ」[91]へと駆けて頁〕）。このように考えた場合、読者は「読解不可能な言説」を前にただ沈黙するほかなく、ルソーを理解したと主張する読者がいたとすれば、そんな彼は嘘をつく者でしかない（『告白』全体の解釈には到達できず、読者の解釈はつねに部分的である）。ゆえに、『告白』を読むすべての者はルソーの罪を語ることを許されず、ただルソーの潔白を証言する「証人」（*ibid.*, p. 26.〔同書、三九頁〕）になるほかはない。以上のような難解な読解を、マルジェルはド・マンのルソー論に依拠しつつ展開している。マルジェルのこの議論は非常に興味深いものであることは確かだが、彼が見落としている点があるとすれば、それはルソー個人史における自伝的テクストに賭けられているものの変遷である。私たちは、「マルゼルブへの手紙」から始め『告白』に至る方法の変遷を重要視している。

（88）Rousseau, *Confessions*, XII, *OC* I, p. 656.〔二、二八七頁。〕

（89）*Ibid.*〔同書、二八八頁。〕

（90）だが、ルソーの試みは完全に失敗したわけではない。ルソーの死後、多くの熱狂的なルソー支持者たちが革命前後のフランスには存在したが、例えば革命期にジャコバン派によってギロチン台に送られたブリッソ（Brissot de Warville, 1754–1793）は『真理、あるいはあらゆる人間認識において真理に到達する手段についての省察』（一七八二年）のなかで、セネカ、デカルト、コンディヤックの哲学的系譜を辿りながら、ルソーの『告白』における自己認識の方法を高く評価している。すなわち、ブリッソはルソーの『告白』を啓蒙哲学のひとつの到達点として見なしていた。だが、もちろんこのような哲学的受容は例外的なものであり、かつ本章の冒頭で述べたようなルソー読解の困難を引き起こしたひとつの要因でもある。以上の見解については桑瀬の論文に負っている。桑瀬章二郎「自伝誕生をめぐる神話――ルソー『告白』受容の一側面」『〈生表象〉の近代――自伝・フィクション・学知』、森本淳生編、水声社、二〇一五年、六五―六七頁。

（91）Michel Foucault, « Introduction à Rousseau *juge de Jean-Jacques* », dans *Dits et écrits*, t. I, Paris, Gallimard, 1994, p. 181.〔ミシェル・フーコー「ルソーの『対話』への序文」（増田真訳）、『フーコー・コレクション1――狂気・理性』、小林康夫他編、ちくま学芸文庫、二〇〇六年、二一〇頁。〕

いく。こうして彼は別なる方法をまた模索することになるのだろう。

だが、私たちにとってこの沈黙という結果はあまり重要ではない。他者に自己を知ってもらうという意味において、おそらく自伝は失敗し続ける運命にある。信頼という出来事がいかに困難であるかは、日常の生を生きる私たちにとってはある意味当たり前であるがゆえに、さほど問題ではない。

コミュニケーションは失敗する。すでに凡庸な発想となってしまったこの命題を越えて、私たちはルソーの身振りのなかに何を見ることができるだろうか。まず指摘すべきは、自伝的テクストを分析的方法によって再構成できるような仕方で作りあげようとしたルソーの意志である。先ほど私たちは「マルゼルブへの手紙」から『ボーモンへの手紙』、そして『告白』へと至るなかで、ルソーの自己の歴史の語りの方法は変容したと述べた。本章の叙述もそのようになっている。ゆえに、『告白』のこの方法がひとつの自伝的頂点であるかのように見えてしまうだろう。だが、この変遷そのものはルソーの生のなかに生じた単なる偶然事でしかない。

しかしながら、私たちが検討してきた彼の方法をめぐる態度を鑑みれば、『告白』において分析的方法が選び取られたのは時代的・理論的必然であると言えるだろう。偶然的生のなかで選び取られた方法は、必然的な戦略性を帯びている。近代的自己認識の特徴とも言える自己の特権化を他者に示そうとするなかで、ルソーは自同性原理に基づく分析的方法を他者に要求した。他者との差異化を求めているにもかかわらず、分析的方法を要求する書き手ルソーは、思考のトレースの可能性を見ることで無意識のうちに自らを読者と同一化してしまった。他者との差異化と同一化という二重のルソー的身振りのなかに、私たちは啓蒙のプロジェクトそのもののひとつの理論的破綻を見いだすことができるのかもしれない。ルソーの自伝をめぐる方法は、啓蒙の危うさとつねに隣り合わせにある。

結論　山師とは誰か

私たちはここまで方法を主題に設定し、問題を第一部〈認識の方法〉そして第二部〈歴史の方法〉に分節化し、ルソーの思想に新たな光を当てようと努めてきた。本書の結論へと向かう前に、まずはこれまでの議論を簡潔に振り返ることにしよう。

〈いかに認識するか〉——第一部において私たちはこの問題について議論した。私たちがある事象を適切に把握するには、どのような思考の運動が必要不可欠となるのか。十八世紀フランスにおいてこの認識論の問いに解答を与えたのがコンディヤックの「分析的方法」であった。この方法は、経験から得た観念を分解－再構成の二重の操作によって認識することを目指す。ゆえに、分析的方法は言語によってなされることになる。このように考えれば、分析的方法とは分析対象についての推論を連続的な連なりとして循環的に構築する方法であると言える。だがこうした分析的方法は、経験論であるにもかかわらず、経験に先立つア・プリオリな原理を必然的に抱え込む。それが〈自同性原理〉であり、分析的方法を打ち立てた後にコンディヤックはこの原理の正当性を主張せざるをえなくなったのである。以上が第一章の内容であった。

次に第二章では、分析的方法に対するルソーの批判の理論的内実を明らかにするための準備作業として、ルソーの人間論を能力論の観点から検討した。分析的方法は人間の能力にとっては本性的なものではなく、経験によってその方法を獲得することは不可能であるということを、ルソーは理性概念の二重性や『エミール』で展開される発達論のなかの断絶を強調することで示していた。ゆえに、彼のテクストに見られる様々な破綻の痕跡は、ルソー自身の破綻ではなく、むしろ啓蒙の思考から生まれる破綻である。

第三章では、主に『道徳書簡』の読解を通じて、分析的方法を批判するルソーの論拠を検討した。ルソーが分析的方法を批判する理由は二つに区別できよう。まず、分析的方法は真理の源泉と見なしえないという理由による。ルソーが真理の要件と見なすのは「内的感覚」であった。だが、これは単なる感覚論的語彙ではない。内的感覚によって打ち立てられた真理は、パスカルらの伝統からルソーが受け継いだ真理観に属するものであり、分析的方法によって発見される真理とは区別される。もうひとつの理由が、第一章で確認した分析的方法の正当性を担保する自同性原理へのルソーの懐疑である。人間はつねに二つの事柄の同一性を認識できるわけではない、というのがルソーの主張である。哲学者たちは自同性を根拠に推論（分析的方法）を展開していくが、つねに人間の能力は些細な事柄や微妙な差異を取り逃してしまう。自同性を根拠に分析的方法を実行することは、誤謬の始まりである。

以上の三章をもって、私たちはルソーにおける分析的方法批判の論理を内在的に明らかにした。ルソーの哲学を理性か感覚かという二元論に留まって思考する限り、ルソーの哲学の射程は明らかにはならない。むしろ、認識の生成を語る啓蒙の方法そのものへの全面的懐疑がルソーの思想の根底には存在するのである。しかし、だとすればルソーはいかに生成を記述することができると考えたのか。こうして私たちは第二部の主題である歴史へと議論の焦点を絞ったのであった。

〈いかに歴史を描くか〉――第二部では、『エミール』における歴史教育論の分析を蝶番にし、そこから二つの歴史の語りをめぐる問題圏を検討した。

第四章では、歴史の語り手の問題、すなわち歴史家の形象を『エミール』の読解から明らかにした。ルソーは歴史の有用性を徳の涵養という点においてしか見ていないという通説を批判的に検証した。そこから、私たちはルソーが歴史家の語りの方法を重要視していることを明らかにした。いかなる点で歴史家の語りが重要であるのかといえば、それはエミールに気づかれないように彼を道徳的世界へと誘うような意味においてである。つまり、歴史家は端的に事実を語っているだけとエミールに思わせながらも、暗黙裡に彼を誘導する。これが教育においてルソーが重視した歴史の語りであった。ところでこの種の語りの方法は、『エミール』に限らず、別のテクストにおいても見いだすことができる。それが『不平等起源論』と一連の自伝的テクストであった。

第五章「『人間不平等起源論』における歴史記述」で、私たちは歴史家ルソーの方法の解明にせまった。起源論という論述スタイルが隆盛を極めていた十八世紀フランスにおいて、ルソーの起源論は異様な作品であると言える。多くの研究が指摘しているように、この作品の方法は発生論的方法や系譜的方法と呼ばれるもので記述されていると見なされてきた。しかし、その方法の内実について言及されることはなかった。ルソーの起源論の大きな特徴のひとつが、因果関係に基づく歴史記述の放棄である。『不平等起源論』は断絶した各段階を記述するのみで、歴史が変動する原因＝起源については沈黙を守った。その理由は、ホッブズや自然法学者たちの分析的方法に基づく自然状態論を批判するためであった。第一部で検討したように分析的方法は推論の連鎖によって基礎的な要素を発見するものであるが、ホッブズらのそれも同じく人間を分析し、その分析結果から自然状態を構築し、そこから現在を再構成することを目的とした。ルソーがこうした思考方式を批判したことは第三章ですでに確認した。ゆえに、ルソーは内的感覚によって自然状態を措定し、そこから現在への移行を新しい方法で記述することを目指したのである。そして私たちはその新しい方法の思想的源泉がビュフォンの地球論であるということを示したのであった。ビュフォンから着想を得ることで、ルソーの歴史の語りは因果的説明ではなく、文体的な技法を用いつつ諸事実を提示していくものになった。ここに私たちはエミールと歴史家の関係性と同種のものを見いだすだろう。このように考えた場合、『不平等起源論』を単に分析的方法とは異なる発生論的方法と呼ぶことは、このテクストに賭けられたものを見誤ることになってしまう。

第六章では自伝という一種の歴史書においてルソーが用いた方法を解明した。対象として取り上げたテクストは「マルゼルブへの手紙」、『ボーモンへの手紙』そして『告白』である。これらテクストそれぞれにおいて「歴史〔histoire〕」に託されたものは異なっていた。「マルゼルブへの手紙」において、ルソーは矛盾するルソーをマルゼルブ（そして読者）に認識してもらうために、彼自身が事実と称する個人的歴史を年代記的に語った。だが、『ボーモンへの手紙』になるとこの方法での自己語りは困難になる。なぜならば、パリ大司教ボーモンによってルソーのイメージは歪められてしまったがために、事実を語ったところで他者に信用されないという事態に陥ってしまったからである。事実を語るという誠実さを単にアピールするだけでは充分ではなくなった。このような問題を前にルソーは「すべてを語る」という方法に賭けて『告白』を執筆した。「すべてを語る」ルソーの振る舞いは、読者に〈すべてを読め〉と要請することになる。だが、読者はただ闇雲にすべてを読まねばならないのではない。ルソーが要求したのは、〈分析的方法によってすべてを読め〉であった。この方法によってこそ、読者たちはルソー自身を正しく知ることができる。なぜなら、世紀の精神とも言える分析的方法であれば、〈私〉

のすべてが語られているテクストから再構成することで、真正な〈私〉を認識することができるからである。少なくともルソーは、読者が時代の方法を選択するように誘う方法に賭けていた。自らが批判した分析的方法の使用をあえて読者に要求するという最大の皮肉とも言えるような仕方で、ルソーは読者に自己を理解させようとしたのであった。

以上、本書の内容を要約し振り返ってきた。さて、私たちはこれらの議論から何を結論づけることができるだろうか。

序論でも述べたように、本書はジャン゠ジャック・ルソーの思想を貫く方法を解明することを目指したのではなかった。方法に対する彼の知的態度をできる限り哲学的問題として再構成することが私たちの課題であった。ルソーは至る所で自らの思考における方法の無さをアピールしつつも、同時に〈分析的方法〉を名指しで批判していた。彼のこの所作をいかに解釈すべきか、ということが私たちの大きな課題であった。

ルソー解釈において、これらの点は別個の問いとして考えられてきた。方法の無さについては、ルソーの非合理主義、前ロマン主義的要素の一側面として解釈された。分析批判について言えば、その理論的内実には関心が向けられず、反ホッブズ的振る舞いとして考えられるのみであった。

私たちの議論（とりわけ第一部）から明白なように、ルソーが展開した分析的方法への批判は哲学的に根源的なものであった。ルソーの分析的方法への批判は、啓蒙の世紀が立脚する経験論の理論的正当性に対する批判であり、すべての知を瓦解させてしまうような批判である。分析的方法は啓蒙の世紀にとってのひとつの社会的な規範である。この規範を受け入れることで、その規範の真偽は別にして、各人は〈学問的共同体〉の成員となる。だが、知を知たらしめる規範としての分析的方法をルソーは知的欺瞞として退けようとした。このような彼の所作は極めて反社会的、反社交的なものとして啓蒙の世紀の他者の目には映ったであろう。かつ、ルソーは「内的感覚」という一見すると極めて私的に見えるものを認識の原理として据えたのであった。しかしながら、分析的方法それ自体も、自同性原理というあらゆるものに先立つ根源的判断に依拠しているという意味においては、「内的感覚」と同じく、その正当性を説明することが不可能であるような原理を基礎に据えている（これがコンディヤックの事後的な理論化の作業であった）。このように考えた場合、ルソーの振る舞いは単なる反社会的なものではなく、極めて哲学的な問題意識に根ざすものであり、まさに〈アブのようなソクラテス〉としての哲学者ルソーの姿が見えてくる。ルソーは、経験論の原理を突き詰めることで、経験論自体の理論的問題を露呈させてしまった。

だが、このようなルソーの所作のラディカルさは自らに回帰する。すなわち、自身の内的感覚を他者に知らせるという方法が問題となる。「内的感覚」によってルソーの内部で措定された原理は、何かしらの方法で他者に伝えられねばならない。啓蒙の世紀において「真理を他者に教授する方法(1)」とされる分析的方法を、ルソーは認めなかった。自らの思想を新しい方法で展開することがルソーの課題であり、この問題を私たちは〈歴史記述〉という名前で呼び、検討したのであった。ここに〈ルソーの哲学〉と呼べるものはあるだろうか。啓蒙以後の偉大な歴史哲学と比するようなものがあるだろうか。おそらく、そのような堅牢な思想をルソーのエクリチュールのなかに見いだすことはできない。ルソーのエクリチュールのなかに含まれるものは、自らの近くに転がっている断片的な諸言説である。レヴィ＝ストロースの言葉で表現するならば、ルソーは様々な素材を〈ブリコラージュ bricolage〉することで何とか方法を紡ぎだそうとしていた。まさにルソー自身の方法そのものが「奇妙で特異な寄せ集め(2)」であるかのように。「ルソーの思想がいまだ思想ではない(3)」とすれば、それはルソーによる終わりなき方法の模索の痕跡である。

結論しよう。ルソーの思想における方法とは宛名をもつ思考の運動に他ならない。方法は、真理の探究という静的な道具ではなく、自らの外部の思考との接触によって自身の思考に運動を与える動的なものである。こうした運動としての方法によってテクストが編まれ生成されていく。そして、方法とは徹底的に個別的なものであった。ある神父に宛てた手紙のなかでルソーは書いている。

> 私は決して議論をいたしません。と申しますのも、各々の人間は何においてもその人なりの推論する方法〔sa manière de raisonner〕を持っており、その方法は各人以外の何者にもまったく良いものではない、ということを私は確信しているからです。[4]

誰しもが歩みを進めることができる〈道〉としての方法[5]とは、まったく異なる方法のイメージをルソーは提示し

（1）Claude YVON, *art.* « L'ANALYSE », *Enc.* I, 1751, p. 401b.

（2）ROUSSEAU, *Ebauches des Confessions*, *OC* I, p. 1153.〔「『告白』ヌーシャテル草稿序文」（桑瀬章二郎訳）、『思想』、岩波書店、二〇〇九年十一月号、一三九頁。〕

（3）Maurice BLANCHOT, « Rousseau », dans *Le livre à venir*, Paris, Gallimard, 1959, p. 68.〔モーリス・ブランショ「ルソー」『来るべき書物』、ちくま学芸文庫、二〇一三年、一〇六頁。〕

（4）*Rousseau à M. l'Abbé de Cardondelet*, le 4 mars 1764, *CC* XIX, 3166, p. 198.〔十四、一八五頁。〕

ている。ルソーにおける方法とは、通常の意味における公共の道具ではない。それはきわめて個別的な、特殊なものである。ゆえに、他者の目にはルソーの言うことは「山師のやり口」(6)に見えたであろうし、ルソー自身が「山師のやり口」でしか語りえないと考えていたのであろう。しかし既存の方法に従ってではなく、真に思考しようとするならば、ひとは誰でも必然的に他者にとっての〈山師〉として生成せざるをえない。かくして、「推論する方法」を持つ人間とは孤独な存在なのであり、他者に開かれた方法について探求する者こそが山師なのである。ゆえに、啓蒙の世紀という未曾有のスペクタクルから不可避に生じる哲学者の苦悩をルソーと方法のあいだに見出すことができるのである。

最後に、本書でなしえなかったルソーの思想にあるもうひとつの方法の問題を今後の展望として述べ、筆を擱きたい。それは政治の方法である。ルソーの主著と目される『社会契約論』の分析を私たちは本書で展開することができなかった。『社会契約論』で問われるべき方法とは、一般意志の生成である。これまでの研究では、社会契約によって生み出された政治体において一般意志がどのように生成するのかということはあまり議論されてこなかった。こういう言い方をした場合、多くのひとは疑問を抱くであろう。というのも、人民の意志の計算方法や選挙制度の方法といった様々な解釈が試みられてきたからである。しかし、ブリュノ・ベルナルディによる重大な指摘を想起しよう。「一般意志は表明される前に形になっていなければならない」(7)。彼の解釈は何を意味しているのだろうか。それは、一般意志は二段階を経て政治体の意志となるということである。つまり、人民による議決や選挙といった「表明」によって一般意志は政治体の意志になるのだが、その表明に先立って各人が自らの心のなかに〈一般意志〉を持たねばならない。ゆえに、ひとは自らが〈これが一般意志だ〉と確信できる方法を持つ必要があるのである。では、いかなる方法がひとに一般意志を告げ知らせるのか。ベルナルディは主著『概念の工房』のなかでその方法を「一般化〔généralisation〕」と呼んでいる。[8] この用語はルソーが『社会契約論』の草稿である「ジュネーヴ草稿」のなかでディドロの一般意志概念を反駁するために持ち出した概念である。[9] ベルナルディの狙いは、ルソーの一般意志をカント的な普遍的な理念ではなく、各人が一般化の方法によって政治体の意志を吟味することで生まれる非超越論的な意志として解釈しようとする点にある。しかし残念なことに、ベルナルディは同書のなかで「一般化」を適切に定義していない。しかも、私たちが繰り返し確認してきた分析的方法へのルソーの批判を完全に見落とし、一般化をある種のコンディヤック的分析思考と同一視しようとする向きもある。[10]

私たちが検討してきたルソーにおける方法の問題を接続すべきは、このベルナルディがやり残した「一般化」の問題圏なのかもしれない。このように考えたとき、本書はルソーにおける〈政治の方法〉を議論するためのひ

(5) 序論で言及した方法 méthode の語源を想起せよ。
(6) *Rousseau à Dom Léger-Marie Deschamps*, le 12 septembre 1761, n° 1490, *CC* IX, pp. 120–121.〔十三、五三九頁。〕
(7) Bruno BERNARDI, « Introduction », in *Du contrat social*, édition présentée et annotée par Bruno Bernardi, Paris, GF Flammarion, 1996, p. 26.
(8) *Id.*, *La fabrique des concepts : recherches sur l'invention conceptuelle chez Rousseau*, Paris, Honoré Champion, 2006, ch. XI.
(9) ROUSSEAU, *Manuscrits de Genève*, *OC* III, pp. 286–287.〔「ジュネーヴ草稿」『社会契約論／ジュネーヴ草稿』、中山元訳、光文社古典新訳文庫、二〇〇八年、三一七頁。〕
(10) BERNARDI, *La fabrique des concepts*, pp. 499–504.

とつの準備作業であり、ルソーの政治を考える際のひとつの方法となるのだろう。

あとがき

本書は、二〇一七年九月に一橋大学大学院社会学研究科に提出した博士論文『ジャン゠ジャック・ルソーにおける〈方法〉の問題』が元になっている（同年十二月学位授与）。同論文の審査を務めて頂いたのは、森村敏己先生（主査）、加藤泰史先生、小関武史先生である。刊行に際しては、題名を改め、若干の改稿を施した。また、本書の大部分は、日本学術振興会科学研究費補助金（特別研究員奨励費）「ルソーの自然科学受容とその政治哲学への応用について」および「ルソーの哲学的方法論の解明：歴史記述の問題を中心として」（研究代表者：淵田仁）による研究成果が反映されている。

なお本書は、第五回法政大学出版局学術図書刊行助成を受けて刊行されたものである。法政大学出版局の高橋浩貴氏には細かい部分まで原稿に目を通して頂いた。感謝申し上げる。編集者の存在によってこそ単なる原稿が「書籍」に生成する、ということを身に沁みて感じている。

誤字脱字に塗れた初校を直しつつ、このあとがきを書いている。驚くべきことである。というのも、私は文章を書くのがまったくもって好きではなかったからだ。むしろ苦痛であった。こうした人間が長文を書き上げたという事実にただただ驚いている。いかにして私は書き上げることができたのか——。それをこのあとがきで、きわめて私的な学問的起源の物語として示していきたい。つまり私は謝辞を書こうとしている。これまで私は卒業論文でも修士論文でも博士論文でも謝辞を書いたことはなかった。そうした行為はなにか欺瞞的なものに思えてしまい、書きたくなかった（例外として、フランス留学中に仕上げたMaster2論文では謝辞を記した。しかし三行のみ。謝辞を書くことが向こうでは必須だと聞いたからだ）。書くべき瞬間があるとすれば今しかない。二度とこうした物語を書くことはないだろう。

横浜市立大学商学部経済学科三年生から私は経済史コースに入り、独仏対立史を専門とする松井道昭先生のゼミに所属した。なんとなく思想を研究しようと思いついた私は、三年生時のゼミ合宿にてジョン・ロックの所有権論を批判する発表をした。しかし、松井先生は「学問的批判になっていない」と一蹴した。その後、ふと読んだ『人間不平等起源論』に私は疑問を抱いた。――起源が書かれていないではないか、と。そこから本書に至るまで、ルソー研究における私の疑問は一貫してきた。研究の意志はあるが方法を欠いていた私に、松井先生は研究とは何かを教えてくれた。夏の夕方、研究室にて先生が私の文章に朱を入れつつ、二人で議論したときのことを未だに覚えている。また、当時ドゥルーズ『シネマ』の翻訳に追われていた齋藤範先生にも〈哲学するとは何か〉について教えて頂いた。深夜にまで及ぶ訳出作業に疲弊しながらも翌朝には全力で講義に臨む齋藤先生の姿は、とても格好良かった。

学部四年生のある日、私は偶然とある研究論文の情報を見つけた。横浜市立大学図書館には所蔵されていなかったため、はじめて他大学の図書館を訪ね、その論文を複写し、読んだ。そのとき、私は「これだ！」と感じた。それは私にとっての〈イリュミナシオン〉であった。その論文とは、後に一橋大学大学院で指導教員として教えを乞うた故古茂田宏先生の「ルソーにおける「情念」概念の構造」（一九八〇年）であった。本書でも何度も引用したように、この論文なくしては卒論も修論も博論も存在しえなかった。この論文に感激した私は、一橋大学大学院社会学研究科修士課程および博士課程を古茂田先生の下で過ごした。ルソーやコンディヤックについて古茂田先生と議論できたことはただただ楽しかった。二〇一〇年十二月に古茂田先生が亡くなられてから、私は森村敏己先生から指導を受けた。拙い草稿を持っていく度に明晰な批判を寄せて下さり、それに応えるべく博論が生成変化していった。あらゆる話題に鋭い質問を投げかける森村先生の教育スタイルはとても魅力的でその技を盗みたいといつもゼミで思っていた。

一橋大学大学院社会学研究科にはサブゼミナール制度がある。私も長年サブゼミに出席していたが、そこでお世話になったのがフランス革命史を専門とされている山﨑耕一先生であった。山﨑ゼミは古典的なゼミであった。報告者は一時間発表をせねばならない。しかも、一ヶ月に一度のペースで発表せねばいけないときもあった。徹夜で何とか発表原稿をまとめ、研究室へ行き、一時間喋る。そして一時間以上議論をする。筋トレのようなゼミであり、相当鍛えられた。深く感謝いたします。

グルノーブル第三大学への留学の際には、イヴ・シトン（Yves Citton）先生に受け入れて頂いた。十八世紀の思想・文学から現代思想に至るまで幅広くカバーするシトン先生は様々な角度から助言して下さった。拙い仏語力しかない私に対しても、少しも手加減はせず同じ研究者として扱って議論して下さった。先生はMaster2論文草稿すべてにコメントを付し、私を脱稿まで導いて下さった。

また『百科全書』研究会では、鷲見洋一先生や逸見龍生先生をはじめとした多くの先生方にお世話になった。逸見先生には日本学術振興会特別研究員ＰＤの受入研究者としてもとてもお世話になった。今現在も、先生方とともに共同研究をおこなっていることに誇りを感じている。

立教大学の桑瀬章二郎先生にも感謝申し上げる。先生には博士論文全体に目を通して頂き、様々な批判やコメントを頂いた。本書が日本のルソー研究に何かを残すことができれば望外の喜びである。そして一年以上もの間、私的な研究会をともに続けている荒井宏祐先生にも感謝いたします。荒井先生から頂く激励の言葉はつねに私の研究意欲の源泉である。

最後に、飯田賢穂に言及し、あとがきを終えたい。友人であり共同研究者でもある飯田君とはこれまで多くのことを議論し、ときには激しい論争もしてきた。パリの路線バスのなかで、グルノーブル大学寮の庭先で、至る所で論争してきた（単なる喧嘩とも言えるが）。彼とは根本的に人間的生の捉え方が異なるのであろう。しかし、本書は彼の存在なしにはありえなかった。彼からの批判が楽しみである。それに答えることで私は次のステップに進むことができるだろう。飯田君よ、われわれには積み残している仕事が山ほどある。今後も楽しみながら頑張ってやっていこうじゃないか。

改めて思う、本書が成立した歴史の不思議さに。まさしく偶然である。しかしそこには多くの学恩が地下水脈として存在した。願わくは、本書も後から来る人たちにとっての知の地下水脈となりますように。

二〇一九年初夏・雨の日に

著　者

人名索引

ア行

アリストテレス　Aristoteles　52, 117, 189, 311
アルチュセール、ルイ　Althusser, Louis　37, 39, 226, 227, 230, 231, 248-251, 258, 259, 265, xiii
アルノー、アントワーヌ　Arnauld, Antoine　20, 22, 23, 75, x
飯田賢穂　いいだ・よしほ　121, 127, 155, 161, 177, 259, 313, xv
イヴォン、クロード　Yvon, Claude　53, 57, 58, 69, 73, 75, 94, 329
ヴァール、ジャン　Wahl, Jean　156, 157, xxi
ヴァルガス、イヴ　Vargas, Yves　37, 38, 41, 231, 272-274, xvii
ヴィーコ、ジャンバッティスタ　Vico, Giambattista　19
ヴォルテール　Voltaire　5, 10, 94, 135, 200, 308-310
ウッドワード、ジョン　Woodward, John　275
エルヴェシウス、クロード＝アドリアン　Helvétius, Claude-Adrien　94

カ行

カッシーラー、エルンスト　Cassirer, Ernst　16, 17, 23, 24, 54-57, 80, 81, 181, xiii, xix
カラス、ジャン　Calas, Jean　308, 309
カラッチオリ、ルイ・アントワーヌ・ド　Caraccioli, Louis-Antoine de　201
ガリレイ、ガリレオ　Galilei, Galileo　54
川合清隆　かわい・きよたか　131-135, 229, xvii
グイエ、アンリ　Gouhier, Henri　32, 33, 117, 227, xiv
クインティリアヌス　Quintilianus, Marcus Fabius　271, xi
グールモ、ジャン＝マリー　Goulemot, Jean Marie　295, 297, 299, xiv
グリム　Grimm, Friedrich Melchior　289
グロティウス　Grotius, Hugo　241, 242
桑瀬章二郎　くわせ・しょうじろう　13, 17, 221, 223, 282, 283, 285, 295, 297, 311, 313, 321, 329, x, xv, xvii
越森彦　こし・もりひこ　15, 296, 297, 299-301, 303, 305, 311, 317, xv, xvii
コスト、ピエール　Coste, Pierre　65, 118, 119, 133, 155
古茂田宏　こもだ・ひろし　35, 53, 59, 79, 107, 115, 131, 137, 141, 253, 256, 257, xi, xii, xvii
ゴルドシュミット、ヴィクトール　Goldschmidt, Victor　32, 34, 35, 115, 129, 201, 205, 211, 251, 268-271, 274, 277, xiv
コンディヤック、エチエンヌ・ボノ・ド　Condillac, Étienne Bonnot de　23-25, 30, 32, 33, 42, 47-53, 57-91, 93, 100, 101, 105-107, 109, 111, 115-118, 131,

135-140, 143, 145, 152, 154-156, 158, 174-178, 182, 184, 228, 231-240, 243, 246-248, 274, 276, 277, 316, 321, 323, 328, 331, x, xi
コンドルセ　Condorcet, Jean-Antoine-Nicolas de Caritat　308

サ行

サン＝ランベール　Saint-Lambert, Jean-François de　147
シカノー　Chicaneau de Neuville, Didier Pierre　59, xi
シャラク、アンドレ　Charrak, André　23, 32, 33, 61, 70, 71, 99, 133, 227, 229, xiii, xviii, xix
スタロバンスキー、ジャン　Starobinski, Jean　28-32, 34, 36-38, 112, 115, 155-158, 175, 222, 223, 251, 270, 271, 278, 279, 283-285, 293, 310, xvi
スタンダール　Stendhal　43
スティグレール、ベルナール　Stiegler, Bernard　39
スティリングフリート　Stillingfleet, Edward　123
スピノザ　Spinoza, Baruch　43, 74, 184, 298
セイテ、ヤニック　Séité, Yannick　10, 11, 316, 317, xvi, xviii
セネカ　Seneca, Lucius Annaeus　321
ソルビエール、サミュエル　Sorbière, Samuel　247

タ行

ダランベール　Alembert, Jean Le Rond d'　15, 33, 52, 53, 101-103, 181, 214, x
タルベール　Tarbert　230
ディドロ、ドゥニ　Diderot, Denis　5, 9, 10, 12, 94, 127, 161, 232, 276, 277, 283, 289, 331, xi, xii
デカルト、ルネ　Descartes, René　18-25, 32, 34, 41, 43, 56, 74, 84, 108, 110, 114, 123, 130, 139, 140, 146, 148, 156, 162, 169, 184, 258, 275, 321, xi, xii
デグモン夫人　Egmont, Jeanne-Sophie de Vignerot du Plessis, la comtesse d'　320
デシャン、レジェ＝マリ・ドン　Deschamps, Léger-Marie　8-10, 12, 14, 94-99, 101, 103, 140, 145, xii
デモレ、ピエール＝ニコラ　Desmolets, Pierre-Nicolas　171, xii
デュクロ、シャルル・ピノ　Duclos, Charles　310
デュパン夫人　Dupin, Louise-Marie-Madeleine de (née de Fontaine)　14, 202
テュルゴー　Turgot, Anne-Robert-Jacques　118, 275, 308, xi
デリダ、ジャック　Derrida, Jacques　39, 51, 53, 87, 89-91, 117, 251, xiv, xviii
テレーズ　Levasseur, Thérèse　14, 261
トゥキディデス　Thucydides　200, 204, 212, 216-219, 222
ドゥドト夫人　Houdetot, Élisabeth-Sophie-Françoise Lalive de Bellegarde, la comtesse de [Sophie]　145-147
ドーバントン　Daubenton, Louis Jean-Marie　9
土橋友梨子　どばし・ゆりこ　299, xviii
ド・ブロス、シャルル　Brosses, Charles de　135
戸部松実　とべ・まつみ　116, 117, 127, 147, 265, x
ド・マン、ポール　De Man, Paul　171, 225-228, 315, 321, xiv, xviii
トラシー、デステュット・ド　Destutt de Tracy, Antoine-Louis-Claude　51

ドラテ、ロベール　Derathé, Robert　27-31, 34, 104, 105, 109, 133, 150, 151, 154, 241, 245, 247, 255, xiv
ドルバック　Holbach, Paul Henri Dietrich　289

ナ行

ニーチェ　Nietzsche, Friedrich　34, 39
ニコル、ピエール　Nicole, Pierre　20, 22, 23
ニュートン、アイザック　Newton, Isaac　22, 49, 56, 57, 78, 234-236
野沢協　のざわ・きょう　9, 23, 37, 95, 97, 99, 153, 161, 163, 206, 207, 209, xii, xxi

ハ行

バーネット、トマス　Burnet, Thomas　275
パスカル、ブレーズ　Pascal, Blaise　112, 159, 160, 162-174, 258, 324, xi, xii
バチコ、ブロニスラフ　Baczko, Bronisław　36, 37, 201, 249, 256, xiii
パラケルスス　Paracelsus　189
バルザック　Balzac, Honoré de　43
ヒューム、デイヴィット　Hume, David　135
ビュフォン　Buffon, Georges-Louis Leclerc　107, 112, 114-116, 118, 119, 200, 260-264, 268-275, 277, 278, 326, x
ビュルジュラン、ピエール　Burgelin, Pierre　105, 106, 108, 131, 203, 208, 209, 211
ファレ、ニコラ　Faret, Nicolas　159-161, xi
フーコー、ミシェル　Foucault, Michel　34, 35, 39, 53, 321, xiv
プーフェンドルフ　Pufendorf, Samuel von　27, 28, 112, 241, 242
フェルディナント（パルマ公国王子）　Ferdinand Ier de Parme　81, 233
フォントネル　Fontenelle, Bernard de　19, 190, xi
プラード　Prades, Jean-Martin de　57
プラトン　Platon　34, 131
フランクイユ　Francueil, Louis Dupin de　186
ブランショ、モーリス　Blanchot, Maurice　16, 17, 329, xiii
ブリッソ　Brissot de Warville, Jacques-Pierre　321
フュルティエール　Furetière, Antoine　112
フレレ、ニコラ　Fréret, Nicolas　152, 153, 208, 209, xi, xii
フロイト　Freud, Sigmund　91
ブロック、マルク　Bloch, Marc　200, 201, xxi
ヘーゲル　Hegel, Georg Wilhelm Friedrich　39, xii
ベール、ピエール　Bayle, Pierre　23, 160, 162-165, 206-209, 213, x, xii
ベッカリーア　Beccaria, Cesare　308
ペルシウス　Persius Flaccus, Aulus　311
ベルナルディ、ブリュノ　Bernardi, Bruno　139, 187, 211, 245, 247, 259, 261, 330, 331, xiii
ヘロドトス　Herodotus　200, 206, 219
ホイストン、ウィリアム　Whiston, William　275
ボーモン、クリストフ・ド　Beaumont, Christophe de　17, 28, 29, 105, 286, 294-310, 315, 317, 318, 320, 322, 326, x
ボシール、エミール　Beaussire, Émile　99-101

ホッブズ、トマス　Hobbes, Thomas
27, 28, 52, 54-56, 125, 241-244, 246-249, 251, 260, 325, 327, xi, xii
ボネ、シャルル　Bonnet, Charles　33, 118

マ行

マグヌス、アルベルトゥス
Magnus, Albertus (Albert le Grand)　19
マソン、ピエール＝モーリス
Masson, Pierre-Maurice　150, 151, 208, 209, xv
マブリ、ガブリエル・ボノ・ド
Mably, Gabriel de　81, 82
マルジェル、セルジュ　Margel, Serge
315, 319, 321, xv
マルゼルブ　Malesherbes, Chrétien-Guillaume de Lamoignon de　12, 286-295, 297, 302-304, 309, 312, 320-322, 326
マルブランシュ、ニコラ
Malebranche, Nicolas de　22, 24, 25, 75, 109, 110, 155, 156
メレ、アントワーヌ・ゴンボー（シュヴァリエ・ド）　Méré, Antoine Gombaud
159-165, 171-174, xi
モール、ロランス　Mall, Laurence
200, 201, 204, 205, 211, xv
モレル、ジャン　Morel, Jean　116, 117, 269, 270, 276, 277, xv
モンテスキュー　Montesquieu, Charkes-Louis Secondat, baron de　200, 270

ヤ行

安田百合絵　やすだ・ゆりえ　283, xviii
山口裕之　やまぐち・ひろゆき　49-51, 59, 63, 77, 89, 233-237, xii, xix
ユークリッド　Euclides　83

ラ行

ライプニッツ　Leibniz, Gottfried Wilhelm
21, 33, 118-121, 125, 160, 163, xi, xii
ラヴォワジエ、アントワーヌ
Lavoisier, Antoine-Laurent de　51
ラカナル、ジョセフ　Lakanal, Joseph
51
ラ・カルプルネード
La Calprenède, Gautier de Coste　206
ラグランジュ　Lagrange, Joseph-Louis
51
ラ・コンダミーヌ、シャルル・マリー・ド　La Condamine, Charles Marie de
201
ラ・メトリ　La Mettrie, Julien Offray de
118
ラ・モット・ル・ヴェイエ
La Mothe Le Vayer, François de　208
ラディカ、ガブリエル　Radica, Gabrielle
17, 30-32, 34, 181, xvi
リュイ、ラモン　Lulle, Raymond　113
リュエフ、マルタン　Rueff, Martin
33, 35, 121, 123, 191, xvi, xviii
ルエル、ギヨーム＝フランソワ
Rouelle, Guillaume-François　113, 186
ルジュンヌ、フィリップ
Lejeune, Philippe　281, 285, xv, xxi
ルフェーブル、ニケーズ
Le Febvre, Nicaise　113
レイ、マルク・ミシェル
Rey, Marc-Michel　245, 295, 309, 310
レヴィ＝ストロース、クロード
Lévi-Strauss, Claud　39, 328, xv
ロック、ジョン　Locke, John　24, 27, 28, 33, 49, 50, 64-66, 79, 108, 118-128, 132-134, 139, 155, 241, 242, 248, 275, xi, xii

事項索引

サ行

タ行

ナ行

ハ行

マ行

ヤ行

ラ行

文献表

一次文献

1. ルソーの著作

全　集

Œuvres complètes, 5 vols., publiées sous la direction de Bernard Gagnebin et Marcel Raymond, Paris, Bibliothèque de la Pléiade, 1959–1995.

Œuvres complètes, 24 vols., éd. thématique du Tricentenaire, Genève Slatkine / Paris, Honoré Champion, 2012.

Correspondance complète de Rousseau, 52 vols., édition critique établie et annotée par Ralph Alexander Leigh, Genève, Institut et Musée Voltaire, 1965–1998.

『ルソー全集』、全16巻、白水社、1979–1984年。

作品／アンソロジー

Émile, édition présentée et annotée par André Charrak, Paris, GF Flammarion, 2009.

Essai sur l'origine des langues, Collection Folio, Paris, Gallimard, 1990.

Discours sur l'origine et les fondements de l'inégalité parmi les hommes, introduction, notes, bibliographie et chronologie par Blaise Bachofen et Bruno Bernardi, Paris, GF Flammarion, 2008.

Du contrat social, édition présentée et annotée par Bruno Bernardi, Paris, GF Flammarion, 1996.

Institutions chimiques, texte revu par Bruno Bernardi et Bernadette Bensaude-Vincent, Paris, Fayard, 1999.

Lettres philosophiques : anthologie, édition établie, présentée et annotée par Jean-François Perrin, Paris, Le livre de poche, 2003.

Les Confessions, édition critique établie, présentée et annotée par Jacques Voisine, préface et mise à jour bibliographique par Jacques Berchtold et Yannick Séité, Paris, Classiques Garnier, 2011.

Principes du droit de la guerre : écrits sur la paix perpétuelle, sous la direction de Blaise Bachofen et Céline Spector, édition nouvelle et présentation de l'établissement des textes par Bruno Bernardi et Gabriella Silvestrini, textes commentés par B. Bachofen et al., Paris, Vrin, 2008.

Principes du droit de la guerre, texte établi, annoté et commenté par B. Bernardi et G. Silvestrini,

Paris, Vrin, 2014.
La « Profession de foi du vicaire savoyard » de Jean-Jacques Rousseau, édition critique d'après les manuscrits de Genève, Neuchâtel et Paris, avec une introduction et un commentaire historique par Pierre-Maurice Masson, Fribourg, O. Gschwend, 1914.
La profession de foi du vicaire savoyard, publiée avec une introduction, des notes et des illustrations par Georges Beaulavon, Paris, Librairie Hachette, 1937.
Profession de foi du vicaire savoyard, édition présentée et annotée par Bruno Bernardi, Paris, GF Flammarion, 1996.
The Political Writings of Jean Jacques Rousseau, edited from the original manuscripts and authentic editions with introduction and notes by Charles Edwyn Vaughan, 2 vols., Cambridge, Cambridge University Press, 1915.
『エミール』全3巻、今野一雄訳、岩波文庫、1962–1964年。
『エミール』、永杉喜輔、宮本文好、押村襄訳、玉川大学出版部、1982年。
「『告白』ヌーシャテル草稿序文」（桑瀬章二郎訳）、『思想』、岩波書店、2009年11月号、229–240頁。
『社会契約論』、桑原武夫、前川貞次郎訳、岩波文庫、1954年。
『社会契約論／ジュネーヴ草稿』、中山元訳、光文社古典新訳文庫、2008年。
『人間不平等起源論　付「戦争法原理」』、坂倉裕治訳、講談社学術文庫、2016年。
『不平等論——その起源と根拠』、戸部松実訳、国書刊行会、2001年。

2. ルソー以外の一次文献

ACADEMIE DE DIJON, *Discours sur l'origine de l'inégalité : concours de 1754*, texte revu par Barbara de Negroni, Paris, Fayard, 2000.
ALEMBERT, Jean Le Rond d', *Œuvres de D'Alembert*, 5 vols., Genève, Slatkine reprints, 1967.
ARNAULD, Antoine et NICOLE, Pierre, *La logique ou L'art de penser*, édition critique par Pierre Claire et François Girbal, Paris, Vrin, 1993.
BAYLE, Pierre, *Dictionnaire historique et critique*, 4ème [5ème] édition, Amsterdam, Brunel et al., 1730, t. IV.
BEAUMONT, Christophe de, *Mandement de Monseigneur l'Archevêque de Paris, portant condamnation d'un livre qui a pour titre :* Emile ou de l'éducation, par J. J. Rousseau, citoyen de Genève. *A Amsterdam, chez Jean Neaulme, Libraire, 1762*, in-12°, Paris, C. F. Simon, 1762.
BUFFON, Georges-Louis Leclerc, *Œuvres complètes, Histoire naturelle, générale et particulière, avec la description du Cabinet du Roy*, 10 vols., Texte établi, introduit et annoté par Stéphane Schmitt avec la collaboration de Cédric Crémière, Paris, Honoré Champion, 2007–.
CONDILLAC, Etienne Bonnot, Abbé de, *Œuvres philosophiques*, 3 vols., éditées par Georges Le Roy, Paris, PUF, Corpus général des philosophes français, 1947–1948.

——— *Dictionnaire des Synonymes*, édition, présentation et notes par Jean-Christophe Abramovici, *Œuvres de Condillac*, Paris, Vrin, 2012.

——— *Essai sur l'origine des connaissances humaines*, précédé de *L'archéologie du frivole* par Jacques Derrida, Paris, Galilée, 1973.

CHICANEAU DE NEUVILLE, Didier-Pierre, *Dictionnaire philosophique ou Introduction à la connaissance de l'homme*, 3e éd, Londres, 1762.

DESCARTES, René. *Œuvres de Descartes*. 11 vols., publiées par Charles Adam et Paul Tannery, Paris, Vrin, 1996.

DIDEROT, Denis, *Œuvres complètes de Diderot*, éd. Herbert Dieckmann et al., Paris, Hermann, 1975–suiv.

FARET, Nicolas, *L'honnête homme ou l'art de plaire à la cour*, Paris, Toussaincts du Bray, 1630.

FONTENELLE, Bernard le Bovier de, *Œuvres complètes*, 9 vols., textes revus par Alain Niderst, Paris, Fayard, 1989–suiv.

FRÉRET, Nicolas, *Mémoires académiques*, Paris, Fayard, 1996.

HOBBES, Thomas, *De Cive*, Oxford, Oxford Clarendon Press, 1983.

LEIBNIZ, Gottfried Wilhelm, *Nouveaux essais sur l'entendement humain, Die philosophischen Schriften von Gottfried Wilhelm Leibniz*, herausgegeben von C. J. Gerhardt, Berlin, Weidmannsche Buchhandlung, Bd. V, 1882.

LOCKE, John, *De l'éducation des Enfants*, traduit de l'anglais par Pierre Coste, Amsterdam, Henri Schelte, 1708.

——— *Essai philosophique concernant l'entendement humain*, traduit de l'anglais par Pierre Coste, Amsterdam, Pierre Mortier, 1735.

——— *Identité et différence : l'invention de la conscience, An Essay concerning Human Understanding II, xxvii, Of Identity and Diversity*, présenté, traduit et commenté par Étienne Balibar, Paris, Seuil, 1998.

MÉRÉ, Chevalier de, *Lettres de Monsieur le chevalier de Méré*, Paris, D. Thierry et C. Barbin, 1682.

PASCAL, Blaise, *Pensées de M. Pascal sur la religion et sur quelques autres sujets*, 2e éd., Paris, Guillaume Desprez, 1670.

——— *Œuvres de Blaise Pascal : publiées suivant l'ordre chronologique, documents complémentaires*, introductions et notes par Léon Brunschvicg et Pierre Boutroux, Les grands écrivains de la France XIII, Paris, Hachette, 1921.

TURGOT, Anne-Robert-Jacques, *Œuvres de Turgot et document le concernant*, avec biographie et notes par Gustave Schelle, 5 vols., Paris, Félix Alcan, 1913–1923.

クインティリアヌス『弁論家の教育』3、森谷宇一・戸高和弘・吉田俊一郎訳、京都大学学術出版会、2013年。

コンディヤック、エティエンヌ・ボノ・ド『人間認識起源論』上下、古茂田宏訳、岩波文庫、1994年。

———— 『動物論』、古茂田宏訳、法政大学出版局、2011年。

———— 『論理学——考える技術の初歩』、山口裕之訳、講談社学術文庫、2016年。

ディドロ、ドゥニ『ディドロ著作集』全4巻、小場瀬卓三他訳、法政大学出版局、1976–2013年。

デカルト、ルネ『デカルト著作集』全4巻、青木靖三他訳、白水社、2004年。

デシャン、レジェ＝マリ『ドン・デシャン哲学著作集』、野沢協訳、法政大学出版局、2007年。

パスカル、ブレーズ『メナール版パスカル全集第一巻　生涯の軌跡1（1623～1655）』、赤木昭三他編、白水社、1993年。

———— 『パンセ』上中下、塩川徹也訳、岩波文庫、2015–2016年。

フレレ、ニコラ『トラシュブロスからレウキッペへの手紙』（石川光一訳）、『啓蒙の地下文書Ⅰ』、野沢協監訳、法政大学出版局、2008年、137–257頁。

ヘーゲル、ゲオルク・ヴィルヘルム・フリードリヒ『歴史哲学講義』上下、長谷川宏訳、岩波文庫、1994年。

ベール、ピエール『ピエール・ベール著作集』全9巻、野沢協訳、法政大学出版局、1978–2004年。

ホッブズ、トマス『市民論』、本田裕志訳、京都大学学術出版会、2008年。

ライプニッツ、ゴットフリート・ヴィルヘルム『ライプニッツ著作集』全10巻、下村寅太郎・山本信・中村幸四郎・原亨吉監修、工作舎、1988–1999年。

ロック、ジョン『教育に関する考察』、服部知文訳、岩波文庫、1967年。

———— 『人間知性論』全4巻、大槻春彦訳、岩波文庫、1972年。

3. 事典／辞書／定期刊行物

Dictionnaire de l'Académie française, 1e éd., 2 vols., Paris, Coignard, 1694.
Dictionnaire universel français et latin, vulgairement appelé Dictionnaire de Trévoux, 4e éd., 6 vols., Paris, La Veuve de Delaulne, 1743.
———— 5e éd., 8 vols., Paris, Compagnie des Libraires associés, 1752.
———— 6e éd., 8 vols., Paris, Compagnie des Libraires associés, 1771.
DESMOLETS, Pierre-Nicolas, *Continuation des Mémoires de littérature et d'histoire,* t. V, Paris, Simart, 1728.
Encyclopédie (Dictionnaire raisonné des sciences, des arts et des métiers) par une société de gens de lettres, mis en ordre et publié par M. Diderot et quant à la partie mathématique par M. D'Alembert, 35 vols., Paris, Briasson, 1751–1780.
Mercure de France, Paris, Pissot, Chaubert, Nully, Duchesne, 1724–1823.
『百科全書——序論および代表項目』、桑原武夫訳編、岩波文庫、1971年。

二次文献

1. ルソー研究

ALTHUSSER, Louis, « Sur le 'Contrat social' (Les Décalages) », in *Cahiers pour l'analyse*, n° 8, mai-juin 1967, pp. 5–47.〔ルイ・アルチュセール「「〈社会契約〉」について」『マキャベリの孤独』、福井和美訳、藤原書店、2001年、84–134頁。〕

——— *Politique et Histoire. de Machiavel à Marx : Cours à l'École normale supérieure 1955–1972*, Paris, Seuil, 2006.〔『政治と歴史——エコール・ノルマル講義1955–1972』、市田良彦・王寺賢太訳、平凡社、2015年。〕

——— *Cours sur Rousseau (1972)*, édition établie par Yves Vargas, Paris, Le Temps des cerises, 2012.〔『政治と歴史——エコール・ノルマル講義1955–1972』、市田良彦・王寺賢太訳、平凡社、2015年。〕

AUDI, Paul, *Rousseau : une philosophie de l'âme*, Lagrasse, Verdier, 2008.

BACZKO, Bronisław, *Rousseau : solitude et communauté*, trad. Claire Brendhel-Lamhout, Paris, La Haye, Mouton, 1974.

BELAVAL, Yvon « La théorie du jugement dans l'*Émile* », *Jean-Jacques Rousseau et son œuvre : problèmes et recherches : commémoration et Colloque de Paris (16–20 octobre 1962)*, Paris, Klincksieck, 1964, pp. 149–158.

BENSAUDE-VINCENT, Bernadette et BERNARDI, Bruno, « Rousseau chimiste », in *Rousseau et les sciences*, sous la direction de B. Bensaude-Vincent et B. Bernardi, Paris, L'Harmattan, 2003, pp. 59–76.

BERNARDI, Bruno, *La fabrique des concepts : recherches sur l'invention conceptuelle chez Rousseau*, Paris, Honoré Champion, 2006.

——— « Pourquoi la chimie ? Le cas Rousseau », *Dix-huitième siècle*, n° 42, 2010, pp. 37–47.〔ブルーノ・ベルナルディ「なぜ化学なのか？——ルソーの場合」(淵田仁訳)、『現代思想』、青土社、2012年10月号、207–215頁。〕

BLANCHOT, Maurice, *Le livre à venir*, Paris, Gallimard, 1959.〔モーリス・ブランショ『来るべき書物』、粟津則雄訳、ちくま学芸文庫、2013年。

BURGELIN, Pierre, « Rousseau et l'histoire », in *De Ronsard à Breton*, Paris, Corti, 1967, pp. 110–115.

——— *La philosophie de l'existence de Jean-Jacques Rousseau*, Paris, Vrin, 1973.

CASSIRER, Ernst, *Le problème Jean-Jacques Rousseau [1933]*, trad. Marc B. de Launay, Paris, Hachette, 1987.〔エルンスト・カッシーラー『ジャン゠ジャック・ルソー問題』、生松敬三訳、みすず書房、1974年。〕

CHARRAK, André, *Le vocabulaire de Rousseau*, Paris, Ellipses, 2003.

——— *Rousseau. De l'empirisme à l'expérience*, Paris, Vrin, 2013.

CITTON, Yves, « La preuve par l'*Émile* : dynamique de la fiction chez Rousseau », *Poétique*,

n° 100, Paris, Seuil, 1994, pp. 411–425.

CROGIEZ, Michèle, *Rousseau et le paradoxe*, Paris, Honoré Champion, 1997.

DE MAN, Paul, *Allegories of Reading*, New Haven, Yale University Press, 1979.〔ポール・ド・マン『読むことのアレゴリー』、土田知則訳、岩波書店、2012年。〕

DERATHÉ, Robert, *Le rationalisme de J.-J. Rousseau*, Paris, PUF, 1948.〔ロベール・ドゥラテ『ルソーの合理主義』、田中治男訳、木鐸社、1979年。〕

——— *Jean-Jacques Rousseau et la science politique de son temps*, Paris, rééd., Vrin, 1995 [1950].〔『ルソーとその時代の政治学』、西嶋法友訳、九州大学出版会、1986年。〕

DERRIDA, Jacques, *De la grammatologie*, Paris, Éditions de Minuit, 1967.〔ジャック・デリダ『根源の彼方に――グラマトロジーについて』上下、足立和浩訳、現代思潮社、1972年。〕

——— *Marges de la philosophie*, Paris, Éditions de Minuit, 1972.〔『哲学の余白』上下、高橋允昭・藤本一勇訳、法政大学出版局、2007–2008年。〕

EIGELDINGER, Frédéric S., « Sur la date de la "Préface" des *Confessions* », in *Bulletin de l'Association Jean-Jacques Rousseau*, n° 59, 2002, pp. 23–27 et 29–39.

EIGELDINGER, Marc, *Jean-Jacques Rousseau et la réalité de l'imaginaire*, Neuchâtel, Baconnière, 1962.

——— « La Vision de l'histoire dans Émile », *L'Histoire au dix-hutième siècle : Colloque d'Aix-en-Provence, 1–2–3 mai 1975*, Aix-en-Provence, Éditions Sud, 1975, pp. 429–445.

FOUCAULT, Michel, « Introduction à Rousseau juge de Jean-Jacques », dans *Dits et écrits*, t. I, Paris, Gallimard, 1994, pp. 172–188.〔ミシェル・フーコー「ルソーの『対話』への序文」(増田真訳)、『フーコー・コレクション1――狂気・理性』、小林康夫他編、ちくま学芸文庫、2006年、204–243頁。〕

FROESE, Katrin, *Rousseau and Nietzsche: toward an aesthetic morality*, Lanham, Lexington Books, 2001.

FUCHIDA, Masashi, « La cause et l'origine : sur l'épistémologie de Rousseau », *Études sur le 18ᵉ siècle, Jean-Jacques Rousseau. Matériaux pour un renouveau critique*, n° 40, 2012, pp. 185–194.

GOLDSCHMIDT, Victor, *Anthropologie et politique. Les principes du système de Rousseau*, 2ᵉ éd., Paris, Vrin, 1983.

GOUHIER, Henri, *Les méditations métaphysiques de Jean Jacques Rousseau*, Paris, Vrin, 1970.

——— « La "perfectibilité" selon J.-J. Rousseau », *Revue de théologie et de philosophie*, 28, 1978, pp. 321–339.

GOULEMOT, Jean Marie, « Pourquoi écrire ? Devoir et plaisir dans l'écriture de Jean Jacques Rousseau », *Romanistische Zeitschrift für Literaturgeschichte*, IV, 1980, pp. 212–227.

——— « Rousseau et les figures de l'intellectuel », *Saggi e Ricerche di Litteratura francese*, v. 28, 1989, pp. 57–82.

HAKIM, Zeina, « Histoire et fiction dans l'œuvre théorique de Rousseau », *AJJR* 48, 2008, pp. 149–168.

IIDA, Yoshiho, *La « religion civile » chez Rousseau comme art de faire penser*, Thèses de doctorat, Université Grenoble Alpes, 2015.

JANSEN, Albert, *Jean-Jacques Rousseau : fragments inédits*, Paris, Sandoz & Thuillier, 1882.

JIMACK, Peter D., *La genèse et la rédaction de l'*Émile *de J.-J. Rousseau*, *SVEC* 13, 1960.

KOSHI, Morihiko, *Les images de soi chez Rousseau : l'autobiographie comme politique*, Paris, Classiques Garnier, 2011.

KUWASE, Shojiro, *Les confessions de Jean-Jacques Rousseau en France (1770–1794) : les aménagements et les censures, les usages, les appropriations de l'ouvrage*, Paris, Honoré Champion, 2003.

LAUNAY, Michel, *Jean-Jacques Rousseau : Écrivain politique 1712–1762*, Cannes/Grenoble, C.E.L./A.C.E.R., 1971.

LEFEBVRE, Frédéric, « Proportion, finalité, affinité : la notion de rapport chez Rousseau », in *Rousseau et la philosophie*, sous la direction d'André Charrak et Jean Salem, Paris, Publications de la Sorbonne, 2004, pp. 31–55.

LEJEUNE, Philippe, *Le pacte autobiographique*, Paris, Seuil, 1975.〔フィリップ・ルジュンヌ『自伝契約』、花輪光監訳、水声社、1993年。〕

LEVI-STRAUSS, Claude, « Jean-Jacques Rousseau, fondateur des sciences de l'homme », in *Jean-Jacques Rousseau*, Neuchâtel, La Baconnière, 1962.〔クロード・レヴィ゠ストロース「人類学の創始者ルソー」（塙嘉彦訳）、『未開と文明　現代人の思想15』山口昌男編、平凡社、1969年。〕

MAGNAN, André, « Porter tout à l'extrême : la destination des lettres de Rousseau à M. de Malesherbes de janvier 1762 », in *Expériences limites de l'épistolaire : lettres d'exil, d'enfermement, de folie*, Paris, Honoré Champion, 1993, pp. 247–260.

MALL, Laurence, *Émile ou les figures de la fiction*, *SVEC*, 2002.

MARGEL, Serge, *De l'imposture : Jean-Jacques Rousseau, mensonge littéraire et fiction politique*, Paris, Galilée, 2007.〔セルジュ・マルジェル『欺瞞について——ジャン゠ジャック・ルソー、文学の嘘と政治の虚構』、堀千晶訳、水声社、2013年。〕

MASSON, Pierre-Maurice, *La religion de Jean-Jacques Rousseau*, 3 vols., Paris, Hachette, 1916.

MASTERS, Roger D., *La philosophie politique de Rousseau*, trad. Gérard Colonna d'Istria et Jean-Pierre Guillot, Lyon, ENS Éditions, 2002 [1968].

MOREL, Jean, « Recherches sur les sources du Discours de l'inégalité », *AJJR* 5, 1909, pp. 119–198.

MOSTEFAI, Ourida, *Jean-Jacques Rousseau écrivain polémique : querelles, disputes et controverses au siècle des Lumières*, Leiden, Brill, 2016.

OLIVO-POINDRON, Isabelle, « Du moi humain au moi commun : Rousseau lecteur de Pascal », *Les Études philosophiques*, n° 95, 2010/4, pp. 557–595.

PERRIN, Jean-François, *Le Chant de l'origine : la mémoire et le temps dans Les Confessions de*

Jean-Jacques Rousseau, *SVEC* 339, 1996.

RADICA, Gabrielle, *L'histoire de la raison : anthropologie, morale et politique chez Rousseau*, Paris, Honoré Champion, 2008.

RILEY, Patrick, *The General Will before Rousseau*, Princeton, Princeton University Press, 1986.

RUEFF, Martin, « L'élément et le principe : Rousseau et l'analyse », in *Corpus*, n° 36, *Rousseau et la chimie*, 1999, pp. 141–162.

——— « L'ordre et le système : l'empirisme réfléchissant de J.-J. Rousseau » in *Rousseau anticipateur-retardataire*, sous la direction de Josiane Boulad-Ayoub, Isabelle Schulte-Tenckhoff et Paule-Monique Vernes, Presses de l'Université de Laval/L'Harmattan, 2000, pp. 275–344.

——— « La doctrine des facultés de Jean-Jacques Rousseau comme préalable à la détermination du problème de la sensibilité », in *Philosophie de Rousseau*, sous la direction de Blaise Bachofen et al., Paris, Classiques Garnier, 2014, pp. 193–214.

SAITO, Yamato, « Rameau comme ramage : une généalogie oblique dans la *Satire seconde* de Diderot », *Recueil d'études sur l'Encyclopédie et les lumières*, n° 1, 2012, pp. 61–75.

SAUSSURE, Hermine de, *Étude sur le sort des manuscrits de J.-J. Rousseau*, Neuchâtel, H. Messeiller, 1974.

SÉITÉ, Yannick, « Rousseau : penser et faire penser », *AJJR* 46, 2005, pp. 53–77.〔ヤニック・セイテ「ルソー――思考すること、させること」(折方のぞみ、越森彦訳)、『思想』、岩波書店、2009年11月号、65–90頁。〕

——— « "Puisque enfin je dois tout dire" : Rousseau et les métamorphoses du tout dire », in *Lectures de Jean-Jacques Rousseau : Les confessions I–VI*, sous la direction de Jacques Berchtold et al., Paris, Presses universitaires de Rennes, 2012, pp. 73–89.

SÉNÉCHAL, Anicet, « Jean-Jacques Rousseau, secrétaire de Madame Dupin, d'après des documents inédits, avec un Inventaire des papiers Dupin dispersés en 1957 et 1958 », *AJJR* 36, 1963–1965, pp. 173–259.

STAROBINSKI, Jean, *Jean-Jacques Rousseau, la transparence et l'obstacle, suivi de Sept essais sur Rousseau*, Paris, Gallimard, 1971.〔ジャン・スタロバンスキー『透明と障害』、山路昭訳、みすず書房、1993年。〕

——— « Rousseau et la recherche des origines », dans *Jean-Jacques Rousseau : la transparence et l'obstacle, suivi de Sept essais sur Rousseau*, Paris, Gallimard, 1971, pp. 319–329.〔「ルソーと起源の探求」(山路昭訳)、『現代思想』、1974年5月号、206–216頁。〕

——— « L'inclinaison de l'axe du globe », in *Essai sur l'origine des langues*, Collection Folio, Paris, Gallimard, 1990, pp. 165–189.

TISSERAND, Roger, *Les Concurrents de J.-J. Rousseau à l'Académie de Dijon pour le prix de 1754*, Paris, Boivin, 1936.

TOUCHEFEU, Yves, *L'Antiquité et le christianisme dans la pensée de Jean-Jacques Rousseau*, *SVEC* 372, 1999.

TROUSSON, Raymond et EIGELDINGER, Frédéric S., *Jean-Jacques Rousseau au jour le jour : chronologie*, Paris, Honoré Champion, 1998.

VARGAS, Yves, « À propos des 'causes insensibles' politique et philosophie dans Les lettres écrites de la montagne », *AJJR* 48, 2008, pp. 339–359.

浅見臨太郎「ルソーの体系概念」『社学研論集』、早稲田大学大学院社会科学研究科、vol. 28、2016年、32–43頁。

井関麻帆「ルソーの父親像——『告白』における変容と理想化の試み」『日本フランス語フランス文学会関東支部論集』、第18号、2009年、29–42頁。

王寺賢太「起源の二重化——アルチュセールのルソー『人間不平等起源論』読解(一九七二)」『現代思想』、青土社、2010年10月号、86–101頁。

大山賢太郎「ルソー『告白』における説得の戦術——自己像、読者像を中心に」『仏文研究』、第47号、2016年、149–163頁。

小笠原弘親『初期ルソーの政治思想——体制批判者としてのルソー』、御茶の水書房、1979年。

————「ルソーと「ドルバック一派」——対立の諸相」『大阪市立大學法學雜誌』、第40巻、第4号、1994年、727–753頁。

川合清隆『ルソーの啓蒙哲学——自然・社会・神』、名古屋大学出版会、2002年。

————『ルソーとジュネーヴ共和国——人民主権論の成立』、名古屋大学出版会、2007年。

桑瀬章二郎「意志としての作品——自伝の歴史から「書く意志」の歴史へ」『言語社会』、第3号、2009年、68–87頁。

————「ルソーの「統一性」再考——体系、全集、自伝」『思想』、岩波書店、2009年11月号、45–64頁。

————「自己のエクリチュール——『告白』、『対話』、『夢想』をめぐって」『ルソーを学ぶ人のために』、桑瀬章二郎編、世界思想社、2010年、174–202頁。

————「自伝誕生をめぐる神話——ルソー『告白』受容の一側面」『〈生表象〉の近代——自伝・フィクション・学知』、森本淳生編、水声社、2015年、56–74頁。

————『嘘の思想家ルソー』、岩波書店、2015年。

越森彦「自伝の策略——『ボーモンへの手紙』におけるエートス」『ルソーと近代』、永見文雄・三浦信孝・川出良枝編、風行社、2014年、86–98頁。

古茂田宏「ルソーにおける「情念」概念の構造」『倫理學年報』、第29号、1980年、15–28頁。

————「学説の体系性と歴史性——ルソーの認識論を手がかりにして」『日本倫理学会論集17——思想史の意義と方法』、日本倫理学会編、以文社、1982年、98–122頁。

酒井三郎『ジャン-ジャック・ルソーの史学史的研究』、山川出版社、1960年。

坂倉裕治『ルソーの教育思想——利己的情念の問題をめぐって』、風間書房、1998年。

佐藤淳二「声と転倒——ルソーの自伝作品と「真理」の問題」『北海道大学文学研究科紀要』、第104号、2001年、95–101頁。

セイテ、ヤニック「分離した言表から分離可能な言表へ」（増田真訳）、『ルソーと近代』、永見文雄・三浦信孝・川出良枝編、風行社、2014年、68–85頁。

土橋友梨子「論争作品に見られる自伝的側面——ジャン＝ジャック・ルソー『ボーモンへの手紙』と『山からの手紙』についての一考察」『学習院大学人文科学論集』、第19巻、2010年、107–130頁。

ド・マン、ポール『美学イデオロギー』、上野成利訳、平凡社ライブラリー、2013年。

永見文雄『ジャン＝ジャック・ルソー——自己充足の哲学』、勁草書房、2012年。

西嶋法友『ルソーにおける人間と国家』、成文堂、1999年。

バコフェン、ブレーズ「ルソーの政治思想における戦争論——戦争するとは何をすることか？」（三浦信孝訳）、『思想』、岩波書店、2016年9月号、34–55頁。

橋詰かすみ「ジュネーヴ共和国の政治論争と『社会契約論』——意見書（1763年）の分析から」『一橋社会科学』、第10巻、2018年、43–57頁。

前川貞次郎「ルソーと歴史」『ルソー研究』、桑原武夫編、岩波書店、1951年、181–205頁。

増田真「立法者という奇蹟——ルソーにおける言説の権威の問題」『言語文化』、31号、1994年、31–49頁。

安田百合絵『『対話』の賭金——自己のエクリチュールの困難さについて』、修士論文、東京大学人文社会系研究科、2015年。

吉岡知哉『ジャン＝ジャック・ルソー論』、東京大学出版会、1988年。

リュエフ、マルタン「ルソーにおける諸能力の理論」（飯田賢穂、淵田仁訳）、『ルソーと近代』、永見文雄・三浦信孝・川出良枝編、風行社、2014年、142–162頁。

2. コンディヤック研究

Bertrand, Aliénor, *Le vocabulaire de Condillac*, Paris, Ellipses, 2002.
Charrak, André, *Empirisme et métaphysique : l'Essai sur l'origine des connaissances humaines de Condillac*, Paris, Vrin, 2003.
Derrida, Jacques, *L'archéologie du frivole*, Paris, Galilée, 1990.〔ジャック・デリダ『たわいなさの考古学——コンディヤックを読む』、飯野和夫訳、人文書院、2006年。〕
Kourim, Zdenek, « Le nouveau 'Discours de la méthode' de Condillac », *Revue de métaphysique et de morale*, n° 2, 1974, pp. 177–195.
Le Roy, Georges, *La psychologie de Condillac*, Paris, Boivin, 1937.
Monnin, Luc, « Condillac : Le rêve d'un réductionniste », *MLN*, vol. 119, n° 4, 2004, pp. 819–844.

飯野和夫「デリダのコンディヤック論――「たわいなさの考古学」解題」『言語文化論集』、名古屋大学大学院国際言語文化研究科、第29巻、第1号、2006年、3–19頁。

――――「デリダのコンディヤック読解――自同性の問題を中心に」『言語文化論集』、名古屋大学大学院国際言語文化研究科、第30巻、第2号、2009年、21–52頁。

小田昇平「デリダによるコンディヤック――方法としての類比」『待兼山論叢』、第48号、2014年、19–40頁。

――――「コンディヤック『人間認識起源論』における分析的方法――想像が支える真実らしさの論理」『美學』、第246号、2015年、41–52頁。

中田浩司「コンディヤックの教育思想――『パルマ公国王子のための教程』の分析から見る人間観」『人間教育学研究』、vol. 3、奈良学園大学人間教育学部、2015年、61–71頁。

松永澄夫『哲学史を読む』II、東信堂、2008年。

望月太郎「『動物論』とその周辺――ビュフォンとコンディヤック」『待兼山論叢』、第34号、2000年、1–14頁。

山口裕之『コンディヤックの思想――哲学と科学のはざまで』、勁草書房、2002年。

3. 十八世紀啓蒙主義に関する研究

Beaussire, Émile, *Antécédents de l'Hégélianisme dans la philosophie française. Dom Deschamps, son système et son école d'après un manuscrit et des correspondances inédites du XVIII*e *siècle*, Paris, Germer-Baillière, 1865.
Borghero, Carlo, *Les Cartésiens face à Newton : philosophie, science et religion dans la première moitié du XVIII*e *siècle*, traduit de l'italien par Tomaso Berni Canani, Turnhout, Brepols, 2011.
――――« Le roi du Siam et l'historien », *Dix-huitième siècle*, n° 39, 2007, pp. 23–38.
Cassirer, Ernst, *Le problème de la connaissance dans la philosophie et la science des temps modernes*, trad. René Fréreux, Thierry Loisel, 4 vols., Paris, Cerf, 1995–2005 [1907].〔カッシーラー『認識問題』(全4巻)、須田朗、宮武昭、村岡晋一他訳、みすず書房、1996–2010年。〕
――――*La philosophie des lumières*, trad. Pierre Quillet, Paris, Fayard, 1966 [1932].〔カッシーラー『啓蒙主義の哲学』上下、中野好之訳、ちくま文庫、2003年。〕
Cernuschi, Alain, *Penser la musique dans l'Encyclopédie*, Paris, Honoré Champion, 2000.
Charrak, André, *Empirisme et théorie de la connaissance : réflexion et fondement des sciences au XVIII*e *siècle*, Paris, Vrin, 2009.
De Baere, Benoît, *La pensée cosmogonique de Buffon : percer la nuit des temps*, Paris, Honoré Champion, 2004.

Duchet, Michèle, *Anthropologie et histoire au siècle des Lumières*, Paris, rééd., Albin Michel, 1995 [1971].

Gilain, Christian, « La place de l'analyse dans la classification des mathématiques : de l'*Encyclopédie* à la *Méthodique* », *Recherches sur Diderot et sur l'Encyclopédie*, 45, 2010, pp. 109–128.

Grell, Chantal, *L'histoire entre érudition et philosophie : étude sur la connaissance historique à l'âge des Lumières*, Paris, PUF, 1993.

——— *Le Dix-huitième siècle et l'antiquité en France 1680–1789*, 2 vols., *SVEC* 330–331, 1995.

Hayes, Julie Candler, *Reading the french enlightenment. System and subversion*, Cambridge, Cambridge University press, 1999.

Hubert, René, *Les sciences sociales dans l'encyclopédie : la philosophie de l'histoire et le problème des origines sociales*, Paris, F. Alcan, 1923.

Mckenna, Antony, « Pascal et le cœur », *Courrier du Centre international Blaise Pascal*, 16, 1994, pp. 3–8.

Schøsler, Jørn, « L'Essai sur l'entendement de Locke et la lutte philosophique en France au XVIIIe siècle : l'histoire des traductions, des éditions et de la diffusion journalistique (1688–1742) », in *La diffusion de Locke en France. Traduction au XVIIIe siècle. Lectures de Rousseau*, *SVEC*, 2001.

Yolton, John W., *Locke and French materialism*, Oxford, Oxford University Press, 1991.

石井三記『18世紀フランスの法と正義』、名古屋大学出版会、1999年。

イスラエル、ジョナサン『精神の革命——急進的啓蒙と近代民主主義の知的起源』、森村敏己訳、みすず書房、2017年。

金森修『動物に魂はあるのか——生命を見つめる哲学』、中公新書、2012年。

木崎喜代治『マルゼルブ——フランス一八世紀の一貴族の肖像』、岩波書店、1986年。

コゼレック、ラインハルト『批判と危機——市民的世界の病因論』、村上隆夫訳、未來社、1989年。

酒井三郎『啓蒙期の歴史学』、日本出版サービス、1981年。

杉本隆司『民衆と司祭の社会学——近代フランス〈異教〉思想史』、白水社、2017年。

長尾伸一『ニュートン主義とスコットランド啓蒙——不完全な機械の喩』、名古屋大学出版会、2001年。

逸見龍生、小関武史編『百科全書の時空——典拠・生成・転位』、法政大学出版局、2018年。

増田都希『十八世紀フランスにおける「交際社会」の確立——十八世紀フランスの処世術論』、博士論文、一橋大学、2008年。

松永澄夫責任編集『哲学の歴史——知識・経験・啓蒙：人間の科学に向かって』第

6巻、中央公論新社、2007年。

森岡邦泰『増補版　深層のフランス啓蒙思想——ケネー、ディドロ、ドルバック、ラ・メトリ、コンドルセ』、晃洋書房、2003年。

4. その他の研究／Webサイト

ALQUIÉ, Ferdinand, *Le cartésianisme de Malebranche*, Paris, Vrin, 1974.
ANSELL-PEARSON, Keith, *Nietzsche contra Rousseau: a study of Nietzsche's moral and political thought*, Cambridge, Cambridge University Press, 1991.
BELAVAL, Yvon, *Leibniz critique de Descartes*, Paris, Gallimard, 1960.〔イヴォン・ベラヴァル『ライプニッツのデカルト批判』上下、岡部英男・伊豆藏好美訳、法政大学出版局、2011–2015年。〕
BLOCH, Marc, *Apologie pour l'histoire ou métier d'historien*, Paris, Armand colin, 1974.〔マルク・ブロック『新版　歴史のための弁明——歴史家の仕事』、松村剛訳、岩波書店、2004年。〕
DUBOUCLEZ, Olivier, *Descartes et la voie de l'analyse*, Paris, PUF, 2013.
GASCHÉ, Rodolphe, *The Honor of Thinking: Critique, Theory, Philosophy*, Stanford, Stanford University Press, 2007.
GILBERT, Neal Ward, *Renaissance concepts of Method*, New York/London, Columbia University Press, 1960.
GOHAU, Gabriel, *Histoire de la géologie*, Paris, La Découverte, 1987.〔ガブリエル・ゴオー『地質学の歴史』、菅谷暁訳、みすず書房、1997年。〕
GRANDIÈRE, Marcel, *L'idéal pédagogique en France au dix-huitième siècle*, *SVEC* 361, 1998.
GUEROULT, Martial, *Descartes selon l'ordre des raisons*, t. I, *L'âme et Dieu*, Paris, Aubier, 1953.
HAZARD, Paul, *La Crise de la conscience européenne (1680–1715)*, Paris, Fayard, 1961 [1935].〔ポール・アザール『ヨーロッパ精神の危機—— 1680–1715』、野沢協訳、法政大学出版局、1973年。〕
LEJEUNE, Philippe, *L'autobiographie en France*, 2e éd., Paris, Armand Colin, 2010.〔フィリップ・ルジュンヌ『フランスの自伝』、小倉孝誠訳、法政大学出版局、1995年。〕
PÉROUSE, Marie, *L'invention des Pensées de Pascal. Les éditions de Port-Royal (1670–1678)*, Paris, Honoré Champion, 2009.
ROUX, Sophie, *L'essai de logique de Mariotte : archéologie des idées d'un savant ordinaire*, Paris, Classiques Garnier, 2011.
WAHL, Jean, *Traité de métaphysique*, Paris, Payot, 1957.
エアーズ、M・R「ロック哲学における力能と実体の観念」（藤井誠訳）、『久留米大学論叢』、30巻1号、1981年、103–122頁。
加藤信朗『哲学の道——初期哲学論集』、創文社、1997年。
ギリスピー、チャールズ『客観性の刃——科学思想の歴史［新版］』、島尾永康訳、

みすず書房、2011年。

ゲイ、ピーター『自由の科学——ヨーロッパ啓蒙思想の社会史』全2巻、中川久定他訳、ミネルヴァ書房、1982–1986年。

後藤愛司「ロックの力能概念について（I）」『聖徳学園女子短期大学紀要』、第8集、1982年、17–26頁。

佐々木健一「近世美学の展望」『講座美学1——美学の歴史』、今道友信編、東京大学出版会、1984年、87–134頁。

佐々木拓「ロック自由論の独自性について」『実践哲学研究』、24巻、2001年、37–51頁。

佐々木力『デカルトの数学思想』、東京大学出版会、2003年。

椎原伸博「オネットムの美学」『美學』、第169号、1992年、1–12頁。

塩川徹也『虹と秘蹟——パスカル「見えないもの」の認識』、岩波書店、1993年。

志々見剛「「驚嘆すべきこと」と「真実の話」——アンリ・エチエンヌの『ヘロドトス弁護』」『仏語仏文学研究』、34号、2007年、3–27頁。

玉田敦子「世界表象の光と闇——エナルゲイアとエネルゲイアの概念をめぐって」『Stella』、九州大学フランス語フランス文学研究会、36号、2017年、55–75頁。

田村均「「観念」という装置——ジョン・ロックとスティリングフリートの論争から」『理想』、648号、1992年、65–76頁。

津崎良典「デカルト『方法序説』第二部における方法と徳について」『哲學』、日本哲学会、59号、2008年、211–226頁。

手塚博『ミシェル・フーコー——批判的実証主義と主体性の哲学』、東信堂、2011年。

福島清紀「ライプニッツ『人間知性新論』再考——仏語版『人間知性論』の介在」『人文社会学部紀要』、富山国際大学、2号、2002年、83–92頁。

————「ライプニッツとロック——仏語版『人間知性論』による思想伝達をめぐって」『言語と文化』、法政大学言語・文化センター、1号、2004年、111–131頁。

————「ロック、コスト、ライプニッツ——「意識」概念をめぐる異文化接触」『言語と文化』、法政大学言語・文化センター、2号、2005年、223–245頁。

松枝啓至『デカルトの方法』、京都大学学術出版会、2011年。

————「デカルト『省察』における「分析」概念——「方法的懐疑」と「蜜の分析」」『思想』、岩波書店、2017年1月号、25–45頁。

宮原琢磨「『ポール・ロワイヤル論理学』序説」『日本大学人文科学研究所研究紀要』、第45号、1993年。

————「ポールロワイヤル論理学序説III——方法について」『精神科学』、日本大学哲学研究室、36号、1997年、13–29頁。

村上勝三「デカルト形而上学の方法としての「省察meditatio」について、あるいは、形而上学は方法をもたないこと」『国際哲学研究』、3号、2014年、143–155頁。

村松正隆「観念学派とその周辺」『哲学の歴史——知識・経験・啓蒙』第6巻、中

央公論新社、2007年、572–597頁。
山口正樹『初期近代における方法の概念の誕生と智恵の伝統――ホッブズとヴィーコを中心にして』、博士論文、早稲田大学、2007年。
The ARTFL Encyclopédie, University of Chicago : http://encyclopedie.uchicago.edu/
Édition électronique des *Pensées* de Blaise Pascal（par Dominique Descotes, Gilles Proust）: http://www.penseesdepascal.fr/index.php
Édition Numérique, Collaborative et CRitique de l'*Encyclopédie*（ENCCRE）: http://enccre.academie-sciences.fr/encyclopedie/

淵田 仁（ふちだ・まさし）
1984年、福井県生まれ。一橋大学大学院社会学研究科博士後期課程単位取得退学。博士（社会学）。哲学・思想史専攻。現在、一橋大学大学院社会学研究科特任講師。共著に『百科全書の時空——典拠・生成・転位』（逸見龍生・小関武史編、法政大学出版局、2018年）、『〈つながり〉の現代思想——社会的紐帯をめぐる哲学・政治・精神分析』（松本卓也・山本圭編著、明石書店、2018年）、翻訳にルソー「自然の多様な混合物と構成物について」（飯田賢穂と共訳、『多様体』第1号、月曜社、2018年）などがある。

ルソーと方法

2019年9月25日　初版第1刷発行
著　者　淵田 仁
発行所　一般財団法人　法政大学出版局
〒102-0071 東京都千代田区富士見2-17-1
電話03（5214）5540　振替00160-6-95814
組版：HUP　印刷：三和印刷　製本：誠製本

Printed in Japan
ISBN 978-4-588-15104-0

第2巻　**寛容論争集成**　上・下　各25,000円

補　巻　**良心の自由**　14,000円

ディドロ著作集（全4巻）

第1巻　**哲学**　I　小場瀬卓三・平岡昇監修／5,800円

第2巻　**哲学**　II　小場瀬卓三・平岡昇監修／5,800円

第3巻　**政治・経済**　小場瀬卓三・平岡昇監修／4,000円

第4巻　**美学・美術**　付・研究論集　鷲見洋一・井田尚監修／6,600円

関連書

啓蒙の地下文書　I

野沢協監訳／三井吉俊・石川光一・寺田元一・逸見龍生他訳／23,000円

啓蒙の地下文書　II

野沢協監訳／藤原真実・寺田元一・三井吉俊・石川光一他訳／24,000円

ドン・デシャン哲学著作集

野沢協訳／22,000円